战略转型与转型战略

——基于白酒行业的分析

曾绍伦 黄平 龙志 著

科学出版社
北京

内 容 简 介

本书以白酒行业为研究对象，探讨白酒行业战略转型与白酒企业转型战略问题。首先，通过对白酒行业发展环境的调查分析，研究白酒行业转型的动因。然后，基于商业生态系统理论、产业组织理论、生命周期理论剖析白酒行业战略转型的目标定位、动力机制、商业生态系统重构、核心价值体系构建，在此基础上提出白酒行业战略转型的路径。同时，研究白酒企业转型的公司战略、业务战略及白酒行业商业生态系统中各类企业的竞争战略，分析白酒企业战略转型中的生态网络重构及白酒企业实施转型战略中的产业链治理问题，并讨论白酒行业战略转型中的风险及其防范对策。

本书可供企业战略管理、产业经济学相关专业的高等院校教师、研究生和高年级本科生阅读参考，也可供白酒行业的研究人员、企业家、政府工作人员阅读参考。

图书在版编目(CIP)数据

战略转型与转型战略：基于白酒行业的分析 / 曾绍伦，黄平，龙志著. — 北京：科学出版社，2021.4

ISBN 978-7-03-067033-5

Ⅰ. ①战… Ⅱ. ①曾… ②黄… ③龙… Ⅲ. ①白酒工业-工业发展战略-研究-中国 Ⅳ. ①F426.82

中国版本图书馆 CIP 数据核字（2020）第 241030 号

责任编辑：叶苏苏/ 责任校对：彭 映

责任印制：罗 科 / 封面设计：义和文创

科 学 出 版 社 出版

北京东黄城根北街16号

邮政编码：100717

http://www.sciencep.com

四川煤田地质制图印刷厂印刷

科学出版社发行 各地新华书店经销

*

2021 年 4 月第 一 版 开本：B5（720×1000）

2021 年 4 月第一次印刷 印张：12 1/4

字数：247 000

定价：139.00 元

（如有印装质量问题，我社负责调换）

前　言

2002～2011年，被称为中国白酒行业的“黄金十年”。这十年间，白酒行业取得了骄人的业绩。2002年，全行业白酒产量378.47万千升，完成产品销售收入495.88亿元，实现利润32.15亿元。而2011年，全年规模以上企业白酒总产量1025.55万千升，工业销售产值3618.40亿元，实现利润571.59亿元。十年间，白酒实现了从嗜好性消费向嗜好性消费与社交性消费、礼品性消费并存的转变，产品中高端化明显，产品定价能力和盈利能力显著增强，行业产品平均售价和利润逐年提升。这十年间白酒吨酒均价提升约2.8倍，利润总额提升约18倍。

2008年全球金融危机引发世界经济步入“大调整”与“大过渡”时期，其与中国阶段性因素的叠加使中国经济进入增速阶段性回落的“新常态”，即经济增速放缓、结构优化调整、增长动力转型。在此背景下，产业结构的调整与转型升级成为保证经济增长的必然路径。而产业转型升级问题已经突破传统资源性产业的范畴，各行各业均面临适应经济“新常态”的问题，白酒行业也不例外。

“黄金十年”，白酒行业特别是高端白酒进入鼎盛时期，但整个行业的产能过剩、结构失衡、标准模糊、市场泡沫、价格虚高、经销商库存高企、渠道不畅、厂家压货、终端消费需求快速变化，以及塑化剂、年份酒、酒精勾兑等问题不断凸显。同时，洋酒大肆“入侵”、国际酒业巨头大举并购、外来资本渗透、葡萄酒和啤酒等替代产品蓬勃发展，不断压缩白酒行业生存空间。伴随着“醉驾入刑”、限制“三公消费”“禁酒令”、低端消费引导等政策出台，我国白酒行业结束十年高速增长，进入深度调整期。

2012年起，白酒行业面临更加复杂多变的宏观形势与行业态势：经济一体化加快、信息传播加速、消费者对产品的需求更复杂与精细、产品生命周期缩短等。进入“十三五”后，白酒行业面临深度战略转型，经济环境、政策环境更加复杂多变，党中央以“供给侧”改革方向推动白酒及其他传统行业改革与转型，从企业源头出发调节行业结构，减少供需错位、产能过剩等问题。而“互联网+”平台的运作与共享，促进更多行业合作与融合，使白酒行业线上线下创新、产品电子化、行业规范化等需求得到满足，给传统白酒行业的发展带来一系列新契机。

学界和业界已关注白酒行业转型发展的问题，但不管是关注的广度还是深度，均与我国“白酒大国”这一现实不契合。目前，关于白酒行业的主要研究集中在白酒营销、白酒发展战略、白酒生产标准、酿酒技术等方面；关于白酒行业转型问题的理论分析与实证研究相对较少，尤其是对白酒行业转型的系统性研究还相对缺乏。因此，本书基于白酒行业发展现实，采用商业生态系统、产业生命周期、企业战略转型等理论，研究白酒行业的战略转型及其转型路径，尤其在宏观经济不稳定的背景下，分析白酒行业环境、产业组织及产业竞争，探讨如何重塑白酒行业商业生态系统，讨论战略转型中的风险及其防范对策，给不同层次的白酒企业提供针对性的转型战略及产业链治理建议。白酒行业战略转型与转型战略研究不仅对白酒行业本身，乃至对其他行业的转型发展均具有很好的示范作用，本书可以为白酒行业的战略转型提供借鉴和参考，为白酒主产区地方政府做大做强白酒行业、获取竞争优势及为我国白酒行业实施“走出去”的战略目标提供决策和建议。

值得注意的是，白酒行业作为传统制造业，由于其行业及产品的文化符号属性，且与一般制造业存在显著差异，研究白酒行业的战略转型问题显得更为复杂。因而，在白酒行业战略转型中，关于白酒行业及产品的文化符号属性对战略转型的影响需要进一步深入研究。就整个白酒行业而言，在高质量发展背景下，对于如何提升产业基础能力及实现产业基础高级化、如何打造具有战略性和全局性的产业链、如何围绕“巩固、增强、提升、畅通”八字方针推进供给侧结构性改革等问题，均需要系统探讨。另外，对于白酒主产区，特别是以白酒为主导产业的区域，如四川省、贵州省，如何协同打造产业创新共同体，如何打造世界级白酒产业基地，是上述区域需要重点关注的问题。

从2010年起，笔者作为四川省哲学社会科学重点研究基地川酒发展研究中心研究员，承担了酿酒生物技术四川省重点实验室“白酒节能减排技术经济评价研究”，四川省哲学社会科学规划办公室“‘十三五’期间川酒产业转型发展研究”“川酒文化旅游资源开发研究”“中国酒类上市公司履行社会责任行为差异的实证研究”“白酒行业核心价值体系的构建研究”“提升川酒企业创新与发展能力的机制与对策研究”，以及四川省哲学社会科学重点研究基地川酒发展研究中心“白酒行业战略转型路径研究”“白酒类上市公司企业社会责任研究”“川酒企业创新能力评估研究”“川酒企业创新效率研究”等课题研究，在《四川轻化工大学学报(社会科学版)》《酿酒科技》《中国酿造》等核心期刊发表《白酒行业商业生态系统构建研究》《白酒上市公司动态竞争水平评价研究》等十余篇论文，指导(含合作指导)研究生完成《白酒企业社会责任竞争力评价研究》《白酒企业社会责任对品牌价值的影响研究》《贵州白酒企业战略转型研究》《四川省白酒企业创新能力评估研究》《白酒行业上市公司成长性研究》等硕士学位论文。之后获批四川省哲学社会科学规划研究后期资助项目“战略转型与转型战略——基于白酒行业的分析”(编号：SC16H015)，本书即是该课题研究的最终成果。本书的出版得到了贵州财经大学中央财政支持地方高校发展专项基金的资助。需要说明的是，本研究仅以上市公司作为样本进行实证，分析白酒行业的发展质量、竞争能力及动态竞争水平，而上市公司数量较少，可获取的数据时间序列较短，可能会对部分研究结果产生影响。本书涉及的各白酒品牌及白酒企业的排名仅代表个人学术观点，不代表行业排名。

目　录

第 1 章　白酒行业战略转型的理论依据

关于产业或行业战略转型，Porter 和 van der Linde（1995）认为，技术进步、市场饱和及行业整合等客观因素既造成全球化市场竞争激烈，又由于政治经济环境的持续变动，迫使行业和企业必须转型以提升竞争力。白酒行业自 2012 年起销量大幅下滑，已呈现出产业衰退的趋势；白酒行业的商业生态系统由于产业自身的原因和政策环境、经济环境的变动，需要进行重构；白酒产业组织内的市场结构有待优化，效率有待提高。基于此，本书认为，产业组织理论、产业竞争理论、商业生态系统理论、生命周期理论、企业转型战略理论为白酒行业战略转型提供了理论支撑。其中，产业组织理论与产业竞争理论用于分析白酒产业组织现状与产业竞争状况，为白酒行业战略转型提供环境支持；商业生态系统理论为白酒行业战略转型提供路径支持；生命周期理论分析表明白酒行业、白酒企业、白酒产品存在不同程度的衰退，为白酒行业战略转型提供理论支持；白酒行业战略转型实施主体是白酒企业，战略转型还需从白酒企业角度进行，企业转型战略理论为白酒企业战略转型提供方法支持。

1.1　产业组织与竞争理论

产业组织与竞争有着密切关系，在某一区域通过优化产业组织形式，可以对生产同类或可替代商品的企业进行优化整合，将产业资源重新配置，以实现产业竞争力的提升。

1.1.1　产业组织理论

产业组织理论最早可追溯到亚当·斯密在 1776 年出版的著作《国富论》中提出的企业市场行为。1879 年，马歇尔在其著作《产业经济学》中首次划分产业内部结构并将其定义为产业组织理论，继而提出著名的“马歇尔冲突”理论，由此引出产业组织理论的解决目标，即产业内企业规模经济与垄断导致低效率、低社会福利的经济矛盾问题。随后，大量学者从推理与经验研究（实证研究）两个分支，对不完全竞争理论中的产业组织问题展开深入研究，如贝恩、梅森等哈佛学派学者以实证研究为方法论，从企业角度分析市场结构与企业行为间的关系。1959 年，贝恩在其著作《产业组织》中，系统阐述了结构（structure）—行为（conduct）—绩效(performance)产业组织研究范式(SCP 范式)，标志着传统产业组织理论体系的形成。

在传统产业组织理论的 SCP 范式中，产业组织分析的基本思路为市场结构—厂商行为—市场绩效—产业组织政策，即市场结构、厂商行为、市场绩效间存在单向因果关系：结构决定行为，行为决定绩效，而产业组织政策则根据产业发展目标有计划地调整市场结构及改变厂商行为。哈佛学派代表贝恩认为，产业内企业会制定较高价格，阻止潜在进入者进入产业，从而获得长期超额利润，这种不均衡来自市场结构，其中包括买方和卖方数量、新厂商进入或退出壁垒、产品差异化、纵向一体化等；这种市场结构决定了厂商行为，即厂商在考虑市场供求条件和与其他厂商关系后采取的策略互动行为，包括定价行为、产品决策、广告策略、兼并与合约、投资行为等；在一定的市场结构、厂商行为条件下，产业运行结果为绩效，通常用资源配置效率、利润率、与规模经济相关的生产相对效率、技术水平等指标来衡量。传统 SCP 范式强调经验性验证分析，具有一定经验主义色彩，存在一定争议。20 世纪 70 年代，施蒂格勒等学者对传统 SCP 范式进行修正，提出该范式的分析框架是循环往复的，结构、行为、绩效间存在双向因果关系。如图 1.1 所示，当企业具有竞争实力时，会产生较高的生产效率、获得较大利润，反之则会扩大企业规模、增加投资，进而增大市场集中度，形成市场绩效决定厂商行为、厂商行为影响市场结构的因果关系。修正后的 SCP 范式分析框架得到更多学者支持，在实际分析中运用较多。

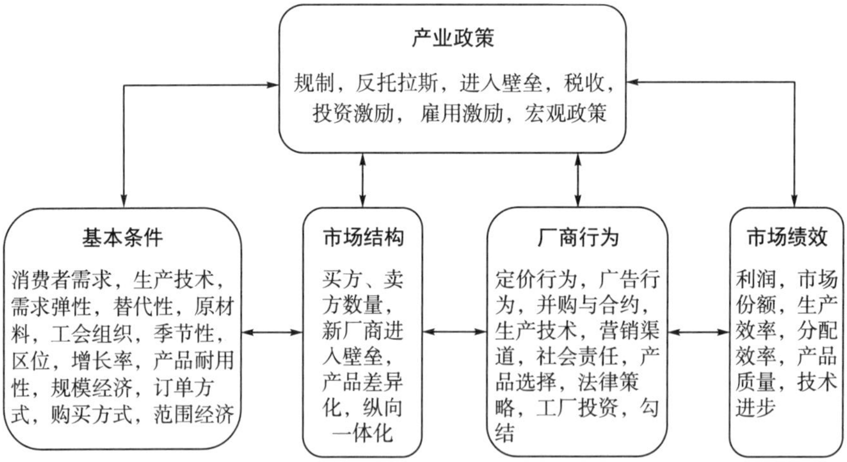

图 1.1　产业组织理论 SCP 范式分析框架

20 世纪 70 年代，随着可竞争市场理论、交易成本理论、博弈论、信息经济学、新制度经济学及合约理论等新理论的引入，产业组织理论在研究基础、方法工具及研究方向上都产生了显著变化，形成新产业组织(new industrial organization，

NIO) 理论。新产业组织理论基于信息不对称、有限理性、交易成本的不完全竞争市场假设，以及可竞争市场中高集中度的市场结构与效率并存，运用博弈论分析垄断厂商行为，形成新实证产业组织(new empirical industrial organization，NEIO) 理论方法，即运用博弈论建立计量模型的分析方法，包括结构模型法与无参数估计法等。新产业组织理论已经不再局限于结构、行为和绩效之间的相关性问题，尽管它分析的对象没有改变，但解释问题的范围大大扩展，使得现在的产业组织理论更加具体化、复杂化、微观化和贴近现实。

两种产业组织研究方法各有所长。传统产业组织理论的 SCP 范式突出不同行业的共性，从行业整体角度把握产业发展动向，但缺少行业间的差异分析。新实证产业组织理论方法强调行业个性，有力解剖企业现状，但缺陷是模型不具有复制性，仅限于某一行业。这两种产业组织分析方法是分析白酒产业组织结构的重要方法和手段，其研究结果是白酒行业转型中政策实施的重要依据，即对市场结构如何进行引导与规划，对厂商行为如何进行规制，如何进行市场绩效分析等。

1.1.2 产业竞争理论

产业竞争理论最早来源于区域竞争理论，主要用于描述一个国家或地区的竞争力在经济增长、贸易水平和收入水平上与其他国家或地区相比表现出来的差异性优势。1776 年，亚当・斯密首次在其出版的著作《国富论》中阐述竞争优势来源于各地区劳动生产率的绝对差异，即绝对优势理论；1817 年，大卫・李嘉图提出比较竞争优势，认为竞争差异归因于劳动生产率的比较差异而不是绝对差异；1933 年，赫克歇尔和俄林扩展了产生竞争差异的要素，认为资本、土地和劳动力一样能产生差异，即要素禀赋论。以上理论均从国家与区域角度，研究竞争差异产生的原因。产业竞争作为国家或区域竞争理论的一个分支，继承了国家或区域竞争的研究方法，只是细化和具体化了研究对象。在开放经济下，对于产业竞争也需要从国家与产业两个层面进行分析，二者互为条件，辩证统一。关于产业竞争力来源的分析也从劳动力、资源等扩展到政策、产业文化、技术、地理等难以定量的因素。20 世纪 80～90 年代，在生命周期理论、战略资源理论、人力资本理论、规模经济理论、博弈论等发展的基础上，迈克尔・波特(Michael E. Porter)在《竞争战略——分析产业和竞争者的技术》《全球产业的竞争》《国家竞争优势》等一系列著作中，全面深入地阐述了产业竞争理论，认为竞争优势是在比较竞争优势理论的基础上，考虑多种要素投入，使一个产业在世界竞争中彰显竞争优势的能力。他的“钻石模型”揭示出影响一个产业国际竞争力的要素包括：生产要素、需求要素、相关与支持性产业、企业战略与组织结构。

国内学者金碚(1997) 从有利于开拓与占据市场的因素、工业品所占市场份额这两个事前、事后角度入手，建立工业品国际竞争力分析框架；陈志等(2009) 通过分析2006～2009年我国产业竞争力，认为外商直接投资、产业内分工、产业集群、汇率、技术创新与技术标准等是我国产业竞争力的来源；汪莹(2008)在梳理国内外产业竞争力概念、理论基础、分析模型及实证分析等的基础上，提出产业竞争力研究范式缺乏创新性突破，评价指标设计不规范，实证研究方法亟待创新。

现有的关于产业竞争理论的研究主要包括产业竞争优势影响因素分析、产业竞争力或竞争优势评估、产业竞争战略等方面。在产业竞争优势影响因素分析中，董保宝等(2011)将资源整合过程、动态能力、竞争优势纳入研究框架，运用结构方程分析三者间的关系，其结果表明：动态能力在拾取外部资源、优化资源配置以获取竞争优势的过程中起中介作用，因此，产业组织可通过提升动态能力来提高竞争优势；郑亚莉和宋慧(2012)运用改进后的知识产权保护强度指标，实证分析知识产权保护强度对高技术产业竞争力的影响，其结论显示：知识产权保护强度、政府支持力度、专利密度等与高技术产业竞争力呈正相关，科学研究与试验发展(research and development，R&D)、人力强度则与其呈负相关。

在产业竞争力或竞争优势评估方面，王德章等(2006)在钻石模型的基础上，构建产业竞争优势评价体系，运用模糊综合评价法、层次分析法对黑龙江绿色食品产业进行评价，其结果显示：生产要素与需求条件所占的影响权重较大，企业战略与相关支持产业所占的影响权重较小；刘炳胜等(2011)以我国建筑业为研究对象，建立建筑业产业竞争优势五大因素评价体系，运用主成分分析法与DEA-DA方法评价我国30个省份(除西藏外)的建筑业竞争优势，并进行排序，对各地区提出针对性建议；刘国亮和薛欣欣(2004)以山东制造业为研究对象，从产业实力、产业效益、技术水平与市场绩效四个方面设计产业竞争力评估指标体系，运用主成分分析法分析制造业的竞争优势与比较优势，并得出制造业竞争矩阵图。

关于产业竞争战略的研究，融合了产业组织、产业竞争、产业战略、企业战略等理论，典型的有：韩珍堂(2014)针对我国钢铁产业竞争力，提出服务转型升级战略、绿色生产战略、技术驱动战略、产能压缩战略、产业集中战略、节能减排战略、质量为先战略、效率提升战略及供应链成本领先战略九大战略；熊德平等(2003)以产业可持续性发展为目标，研究金融产业建构核心竞争力的依据，并就实现金融产业核心竞争力提出战略路径。

近年来，产业竞争理论已与产业组织理论、战略管理理论交叉融合，从产业竞争角度研究战略问题或从战略角度研究产业竞争问题正成为热点。

1.2 商业生态系统理论

1993年，美国著名经济学家James Moore在《哈佛商业评论》上发表了文章“Predators and Prey：A New Ecology of Competition”，首次提出“商业生态系统”

的概念(Moore，1993)；之后，在其文章“The Death of Competition: Leadership and Strategy in the Age of Business Ecosystems”中对商业生态系统进行了系统阐释(Moore，1996)。商业生态系统指组织与个人相互作用的经济体，包括供应方、生产方、销售方、市场中介机构、投资方、政府机构、消费者及其组成的生产与消费网络。在该网络中，不同的企业占据不同的“生态位”，企业之间通过“生态位”形成的动力系统网络相互关联，企业之间存在联动机制，一个企业的突变会引发多个企业变动，从而在商业生态系统中形成反馈机制和反馈网络，即一个完整的静态商业生态系统。而动态的商业生态系统，从微观角度看是一种耗散结构，即一个处于混沌状态的开放的非线性系统，在远离平衡态的条件下，不断地与外界形成物质和能量交换，当系统内某一参数或变量突破阈值后，经过涨落，突变为一种新的有序的耗散结构平衡态(Moore，1996)。此过程交替往复，即旧的商业生态系统不断地被新的商业生态系统替代。从宏观角度看，动态的商业生态系统是一种自组织能力，表现为系统整体自动地从局部无序向整体有序、从低级向高级、从简单向复杂的演进过程；而本质上，它是一种协同激励机制，即不同“生态位”的系统成员，为实现系统共同意志，在信任、互联互通的基础上，在激励机制的作用下，采取部分“让步妥协”，实现组织内、组织间协作整合。

自商业生态系统理论被提出之后，关于商业生态系统的研究主要涉及以下六个方面。

(1)构建商业生态系统的战略意义。例如，范保群和王毅(2006)分析了在经济动态发展背景下，如何运用商业生态系统的整体思维构建动态的商业生态系统框架模型，并基于价值再造、价值分享机制，探讨了如何巩固生态系统以维持竞争优势；Li(2014)提出基于商业生态系统重新定位公司的策略，以此取得自身利益和促进整体生态系统健康，并以思科公司为案例，从技术角度实证思科公司利用该战略实施了企业的兼并和收购，进而实现了企业长效增长。

(2)商业生态系统内各主体关系的研究，包括共生关系研究、竞争与合作关系研究等。例如，顾力刚和谢莉(2015)利用灰色关联法分析丰田商业生态系统内企业的共生关系，发现非对称性共生与对称性共生并存；田世海和韩琳(2013)研究了物联网商业生态系统中主体的竞争关系和特征，构建了运营商与系统集成商的合作竞争演化模型，并进行了 MATLAB 仿真研究。其中，关于系统内主体划分的研究较多，例如，钟耕深和崔祯珍(2009)详述了商业生态系统的概念、结构，并对商业生态系统的几个划分依据进行了阐述；郭喜明(2003)对商业生态系统内不同的构成因子做了划分并进行研究；王兴元(2005)对 Moore 提出的商业生态系统“4p3s”七维(顾客、市场面、产品或服务、过程、结构、风险承担者和社会环境)分析模式进行了系统分析。

(3)商业生态系统维度的分析研究。例如，Hu 等(2014)对碳交易行业从“3C”即环境(context)、配置(configuration)、合作(cooperation)三个维度出发，探讨如何培育商业生态系统以促进新兴碳交易产业发展，并分析了商业生态系统进化的模式。在三维分析框架的基础上，不少学者对其进行了拓展，如 Rong 等(2015)在“3C”分析框架的基础上扩展出“6C”分析框架，从环境(context)、合作(cooperation)、构建(construction)、配置(configuration)、能力(capability)和改变(change)六个维度分析物联网商业生态系统如何产生共赢。

(4)商业生态系统内企业战略的研究。例如，钟耕深等(2011)以奇虎 360 公司与腾讯公司的商业纠纷案为案例，分析系统内企业的角色与战略不匹配导致商业生态系统失调的原因，呼吁构建健康商业生态系统，明确企业角色与战略；崔祯珍(2009)分析了影响企业生命力的因素，并结合商业生态系统框架，阐述企业战略；梁运文和谭力文(2005)从匹配视角探讨了成功商业生态系统内各企业的角色，并阐明骨干型企业的战略如何在商业系统内实施；潘剑英和王重鸣(2012)提出商业生态系统内的企业角色与战略匹配模型；祝立群(2007)分析了商业生态系统战略进化的作用机理及其本质。

(5)商业生态系统的评价研究，包括系统稳定性、企业绩效评价等。例如，肖磊和李仕明(2009)从时间结构、价值结构、形态结构等多维度刻画了商业生态系统的稳定状况，并分析了商业生态系统稳定性的影响因素；杜国柱(2008)提出用于商业生态系统评估的要素结构模型，该模型利用层次分析、模糊评判等方法定量测度商业生态系统健壮性的变化情况，由此可探讨如何保持商业生态系统的稳定性；王国顺和杨晨(2013)运用专家打分法、层次分析法，构建了商业生态系统内缝隙型企业成长性评价指标体系。

(6)商业生态系统的更新及治理。动态的商业生态系统既是商业生态系统不断更新的过程，也是商业生态系统不断壮大的过程(直接或间接作用于该系统的利益相关者不断融入)，这一过程模糊了传统产业边界，又不同于传统范围经济考虑的纵向、横向一体化战略。各系统成员通过激励机制调节，由“零和”思维方式转变为“双赢”的战略模式，在此基础上培育产业核心价值，识别行业内企业的核心能力。整个螺旋式演进过程，会不断地完善与识别新的“生态位”，即实现“源”创新，从而将现有资源不断地整合并创造新价值，组合创造新理念，融入更多关联产业与利益相关者，实现商业生态系统更新(尹波等，2015)。

商业生态系统理论作为白酒行业转型发展重要理论依据的原因在于原酒供应商、白酒企业、储运机构、中间商、顾客，即整个白酒行业的相关机构构成了商业生态系统的核心供应链，白酒行业生态系统稳定与否对白酒行业的发展有重要影响。党的十九大报告指出：“我国经济已由高速增长阶段转向高质量发展阶段，正处在转变发展方式、优化经济结构、转换增长动力的攻关期”，这意味着中国经济步入提质增效的新时期。伴随着供给侧结构性改革的效率变革、动力变革、质量变革，在互联网、大数据时代背景下，商业生态系统正成为白酒行业商业模式的创新源，产业、技术的各种排列组合及兼容都促进迸发新的产业增长极。O2O

模式、柔性生产、白酒二维码、白酒体验店等商业模式创新层出不穷，为白酒行业转型发展带来生机。基于产业转型发展的需要，白酒行业亟须围绕高质量发展和供给侧结构性改革重构商业生态系统。

1.3　生命周期理论

生命周期理论包括产业生命周期、产品生命周期及企业生命周期三个层面。

产业生命周期(industry life cycle)指从产业出现到产业完全退出经济活动的过程。一般将这一过程分为初创阶段(导入期)、成长阶段、成熟阶段和衰退阶段这四个发展阶段(芮明杰，2012)。关于这一方面的研究比较成熟，例如，Gort 和 Klepper(1982)通过对 73 年的时间序列进行分析，对产业中的厂商数目进行划分，构建了产业经济学史上第一个产业生命周期理论模型——G-K 模型，并将产业生命周期划分为引入、大量进入、稳定、大量退出和成熟五个阶段；之后，Klepper 和 Graddy(1990)对 G-K 模型进行深化，将发展阶段重新划分为成长、稳定、淘汰三个阶段。Agarwal 和 Gort(1996)对产业生命周期的划分方式与 G-K 模型一致，但在阶段长度上做出修正。国内学者在借鉴国外研究成果的基础上进行了深入研究，典型的有：李靖华和郭耀煌(2001)梳理了产业生命周期理论的 A-U 模型、G-K 模型和 K-G 模型，并在此基础上介绍了国外产业生命周期理论最新成果；刘婷和平瑛(2009)分析了国内从传统产业生命周期理论到现代产业生命周期理论和国外产业生命周期理论的演变，并探讨了产业生命周期理论在营销战略动因、企业回购形势演变及企业危机管理动态分析中的应用。

产品生命周期(product life cycle)指一种新产品从进入市场到退出市场的整个过程。哈佛大学教授 Vernon(1966)最早提出产品生命周期理论，并将产品生命周期划分为创新阶段或新产品阶段、产品成熟阶段、产品标准化成熟阶段。之后，Utterback 和 Abernathy(1975)提出基于技术创新的产品生命周期理论模型——A-U 模型，将产品生命周期划分为不稳定阶段、转换阶段、稳定阶段。

企业的产生、成熟、消亡也呈现出生命周期性态势。新制度经济学的创始人科斯提出企业本质是节约交易费用，其发展规模存在边界(Coase，1937)。当交易费用存在时，企业存在扩大规模的倾向，当企业规模扩大至企业组织费用等于市场上交易费用时，企业停止扩张。企业生命周期理论创始人 Adizes(1989)将企业生命周期划分为孕育期、婴儿期、学步期、青春期、壮年期、稳定期、贵族期、官僚化早期、官僚期、死亡十个阶段，并提出影响企业发展与衰亡的因素是灵活性与可控性：企业在成立初期弹性很大，组织结构还没成型，规章制度较少，灵活性大，但控制力小；随着企业越渐成熟，制度条例被完善，组织层次变复杂，企业的灵活性减弱、控制力增强，但随着企业进入衰老期，其控制力再次减弱。

企业生命周期理论对转型期企业有重要指导作用。例如，崔志等(2006)基于商业生态系统理论，针对转型期企业构建基于资源能力的企业优势提升模型，在此基础上修正并构建产业景气、行业地位、企业生命周期三维企业转型路径模型；陈朝龙和陈蛇(2005)针对家族企业生命周期问题，绘制不同类型家族企业的生命周期曲线，并阐明家族企业转型的需求。

生命周期理论阐述产业、产品、企业的动态发展规律，对白酒行业在经历"黄金十年"高速发展后出现的衰退迹象给予科学理论解释，产业、产品、企业的周期性波动并不会颠覆白酒行业，反而为新时代的白酒行业、白酒企业、白酒产品转型提供理论支持。

1.4 企业战略转型理论

1.4.1 企业战略转型的内涵

企业战略转型，简称战略转型，是企业经营模式发生重大变化的过程，标志着原有战略结束与新战略开始。国内外学者对战略转型进行了多方面的深入研究，典型的有：Levy 和 Merry(1986)强调战略转型的动因来自企业经营出现问题；芮明杰(2004)提出战略转型的原因来自企业外部环境变化或企业经营模式存在问题；芮明杰等(2005)的研究进一步指出，企业战略转型是企业与变化的环境不断对话的过程，当经营环境发生重大改变时，已有的战略理念、组织结构、人力及企业文化等均需要发生相应的变化，以获取企业的核心竞争优势；邓少军等(2011)提出，战略转型是特殊形势下的战略变革，是一种与"渐进式变革"相反的"转型式变革"；唐健雄等(2008)指出企业为谋求竞争优势，需要审视复杂的动态环境、自身内部资源，并对战略内容进行变革；孟卫东等(2014)认为，战略转型是维持外部环境、内部资源优势及企业战略目标三者动态平衡的过程。本书认为，战略转型是指企业外部环境发生重大变化，导致其无法与企业内部资源优势及已有战略匹配，或因企业经营方式存在重大问题，以致企业变更战略内容及形式的过程；并且，企业战略转型实质上是基于经营环境如市场趋势、消费需求等的变化，对企业异质性知识进行再创造，重构符合环境发展的异质性知识，确保企业所拥有的异质性与经营环境动态平衡。

1.4.2 战略转型相关概念的比较

与战略转型密切关联的还有战略变化、战略变革、战略调整、战略转移、战略更新、战略调适等概念。李小玉等(2015)的研究指出，战略转型(strategic transformation)是包含战略内容和战略决策程序两个维度，并且在战略内容维度内，公司层、经营层和职能层三个层次战略内容的变化相互支持和制约，从而使整个企业战略发生系统性变化的过程；而战略变化(change in strategy)通常是指公司战略内容的小幅度调整，更多的是指战略内容维度内经营层或职能层战略发生的变化，此时并没有发生公司层面甚至整个企业战略系统的重大变化。战略变革(strategic change)则是指战略内容维度内公司层战略的变化，包括企业战略资源配置模式的变化，产品、市场经营范围及经营地域的变化，战略方向、逻辑的调整及组织使命或经营理念的变化(李小玉等，2015)；而且，它既包括企业目标的改变，也包括执行手段的改变，该改变过程不仅在战略的形成阶段就已经发生，在战略的执行阶段也会持续发生(陈传明和刘海建，2006)。战略变革与战略转型的本质区别在于，战略转型是整个企业战略多维度、多层次的系统性变化，战略变革则只涵盖战略内容维度内的某个单一层次，通常是公司层战略内容的变化(李小玉等，2015)。战略调整(strategic adjustment)是企业在经营发展过程中对过去选择的、目前正在实施的战略方向或线路的改变；核心能力、企业文化及经营者的行为特征是企业战略调整的主要影响因素(陈传明，2002)。战略转移(strategic shift)是企业在成长过程中的某一时期所采取的重大战略行动，企业基于长远发展的需要，对发展方向、目标、经营领域或地域进行重大调整，改变原来的资源投向，形成新的经营模式，并且期望通过经营重心的转移获得更大的收益(李业等，2001)。战略更新(strategic renewal)是企业的核心责任(Schendel，1990)，意在实现资产和市场机会的匹配，包括：思想更新，业务更新，组织更新，产品、流程及市场定位的改变，资源组合、能力/竞争力的更新，组织结构和战略思想的改变。Agarwal 和 Helfat(2009)认为战略更新包含过程、内容和结果三个维度，即更新的动作与过程、被更新的特质或状态、被更新了什么三个方面；战略变革则意味着变得不同，可能包括重新恢复或替代、扩展、添加或删除，而这些都与更新无关。因此，某种程度上来说，更新是变革的一种类型。战略调适(strategic adaptive-adjustment)是企业通过感知内、外环境的变化，根据需要适时地对战略进行调整、变革乃至转换，最终实现与内、外环境的高度统一、协调与适应。因此，战略调整、战略更新、战略变革乃至战略转换只是战略调适的一种手段与方式。战略调适将战略管理、企业行为、内部属性和外部环境等不同变量结合在一起，具有动态性、主动性、过程性、协同性和综合性等特征(姚秋明，2010)。

1.4.3　战略转型的动因与阻力

战略转型的动因包括外部动因与内部动因。外部动因体现在企业竞争对手状态发生改变、科技革命与技术进步、消费者消费习惯与偏好发生变化、供应商更换供应要求、合作增减、政策变更时，这些会导致外部环境与企业战略无法匹配，从而推动企业进行战略转型。当企业内部核心能力更新及发展促使战略与核心能力相背离或者企业物质资本资源、人力资本资源及组织资本资源具有竞争优势时，企业内部条件变化促使企业战略转型。

确定战略转型后，企业同样面临战略转型阻力。当企业存在较大的惯性(如企业文化等隐性知识或企业制度等路径依赖)时，企业战略转型会失败。另外，企业员工对企业战略转型的未知与恐惧使战略转型在实施中存在障碍；当企业技术无法支撑战略转型的顺利实施时，也同样制约战略转型的发展。典型研究有：唐健雄等(2008)从企业内、外环境角度，设计动态环境下的企业战略转型动因模型，指出企业外部环境、生命周期阶段及企业的资源、能力、绩效与高管层等要素是企业实施战略转型的动因，惯性阻力、员工阻力、技术阻力等是企业战略转型的主要阻力；刘鑫和薛有志(2014)以新任 CEO 为研究对象，认为战略环境匹配观、认知心理差异及经理人防御是战略转型三个方面的动因；Amatucci 和 Grant(1993)以海湾石油公司为例，对该企业 30 年内的关键战略转型决策进行分析，结果表明，企业惯性阻力会扼杀企业创新，使企业内部动态下降、组织生活变复杂及高管矛盾增加。

1.4.4 战略转型的实现

根据战略转型中采取的策略、实施途径以及转型的程度和方向，可以将战略转型划分为激进型、渐进型、侵蚀型和结构型四类，见表 1.1。激进型战略转型指战略要素及战略方向发生革命性转变，表现为企业放弃原有组织结构与企业竞争力，转向一种发生根本性变化的战略，战略转型的程度剧烈；由于对此种转型的发生没有预期，在实施中组织人员会产生负面情绪，需要高层管理人员自上而下地进行疏通与控制。渐进型战略转型指战略要素与战略方向发生微小的变化，这种变化是非根本性的，主要依靠维持现有企业的组织结构及企业竞争力水平，对原有战略进行非计划性的微调；这种调整通常依赖于企业高管外的员工自下而上地进行，通过这种战略积累实现战略转型。侵蚀型战略转型的转型程度为细微调整，但转型方向是革命性的，通过对战略要素进行细微、持续的调整，重新建构企业组织结构与企业竞争力，顺利侵蚀原有战略，以实现战略转型；这种转型需要高层管理人员有计划、有控制地保证战略进行，同时需要员工具备参与战略转型的自觉性。结构型战略转型在转型方向上没有革命性改变，其转型过程在延续原有战略的基础上呈跨越性、持续性的战略调整，因此表现较为剧烈；这种战略转型的实施既希望企业员工自发地、有组织地、有目的地进行，也需要高层管理人员严格把控实施过程，进行指导性干预。

表 1.1　战略转型策略与实施途径的类别

战略转型策略	实施途径	转型程度	转型方向
激进型	自上而下	剧烈	革命性
渐进型	自下而上	微调	调整性
侵蚀型	自上而下为主导、自下而上为辅	微调	革命性
结构型	自下而上为主导、自上而下为辅	剧烈	调整性

也有学者从组织学习的视角分析企业战略转型的实现路径。例如，唐健雄等(2012)利用结构方程研究我国 320 家战略转型企业是否受到组织学习影响，结果表明，组织学习是影响企业战略转型的重要因素，企业可以通过知识的获取、共享、运用与记忆四个阶段提高企业战略转型能力；芮明杰等(2005)提出通过组织学习获取知识，使企业拥有异质性知识以适应市场结构与消费者需求的改变，从而令企业外部环境与企业异质性知识达到战略柔性匹配，进而顺利实现战略转型；邓少军等(2011)基于动态能力理论研究战略转型的过程传导机制，并应用动态能力、转型要素与转型成功的框架模型进行案例研究，结果表明，战略转型成功的前提是企业拥有与环境匹配的动态能力，企业应重点培育动态能力以实现战略转型。

第 2 章　白酒行业战略转型的环境与条件分析

白酒行业内部矛盾与外部环境共同推动白酒行业转型。白酒行业的问题根源在于供需结构不匹配：当外部环境动态变化产生的新需求与行业内部条件供给不匹配时，行业即暴露一系列问题，但有上千年白酒消费历史的国内市场，不会因环境变动而使白酒行业衰亡。因此，白酒行业可以通过实施产业转型与企业转型，调整结构化供需不匹配，从供需两侧分析根源问题，从而实现行业转型发展。本章通过运用宏观环境分析方法、波特竞争结构模型、战略群体分析方法、巴尼的内部分析框架及价值链分析方法，并借鉴企业战略分析框架，系统剖析白酒行业的外部环境与内部条件。其中，宏观环境分析方法重点分析白酒行业的政策、经济、社会、技术环境；竞争结构模型旨在分析白酒行业的竞争环境，它从白酒行业内部竞争、替代产品竞争、产业链上下游议价能力、潜在进入者进入壁垒等方面分析白酒行业面临的内部竞争压力与外部冲击；战略群体分析旨在划分白酒行业内部的战略群体；内部分析框架对白酒行业内部资源条件的价值、稀有性、模仿性、组织方面进行分析；价值链分析将白酒行业价值链分为需求价值链、渠道价值链、文化价值链，并阐述上述价值链的构建方式，以维持白酒行业价值链的稳定性。需要指出的是，白酒行业的宏观环境、竞争环境、内部条件之间存在双向作用关系，宏观环境变化会影响内部条件、竞争环境的调整，内部条件反作用于宏观环境、竞争环境，竞争环境与内部条件互为因果，此即为白酒行业的战略分析总体框架。

2.1　白酒行业宏观环境分析

2.1.1　政策法律环境

酿酒行业是传统制造业，有着历史悠久、技艺独特的酿造工艺，且生产周期较长，文化艺术价值较高。鉴于保护粮食安全，以及控制酿酒企业生产中产生的酒糟、废水等污染，2005 年白酒行业被列入“限制类”生产产业。而且，白酒行业内酿酒企业生产标准参差不齐，“毒酒”“塑化剂”污染等危害白酒产品质量安全的事件时有发生，为此，我国建立了白酒生产许可证制度，相继出台了白酒质量监管标准，用于规范白酒行业生产标准。为宏观调控白酒产量，限制白酒行业利润，我国对白酒产品实行复合计税法，加大消费税力度。1998～2018 年，白酒行业共经历酒企改革(政府主导重组、外资并购、收购、破产等)、“黄金十年”、产能过剩、产业转型四个阶段，其中穿插质量问题、限制生产、限制广告等几大节点。

表 2.1 为 1998～2016 年白酒行业主要政策汇总，内容包括发展规划纲要、产业政策、税收法规、白酒生产许可证制度、白酒行业规范、酒类流通管理(限制)政策、质量安全监督等七大类。其中：规划纲要类政策对白酒行业产生正面影响；针对白酒行业的产业政策均表现为限制性的负面影响；税收类政策一部分为以提高税收、降低白酒行业利润为目的的限制性政策，另一部分为以完善白酒行业税收规范为目的的正面影响政策；白酒生产许可证制度类政策在短期内打压潜在生产者进入行业的积极性，但会长期规范行业生产标准；行业规范类政策对白酒行业产生正面影响，如《纯粮固态发酵白酒行业规范》成为规范行业标准的重要推动力，是行业标准化的标志性政策；流通管理类政策则是促进流通政策与限制流通政策并存，以《酒类流通管理办法》为代表的流通类政策出台，标志着白酒行业已形成从材料采购、生产、包装、运输到消费环节的质量安全标准体系，对白酒市场公平、有序的流通产生积极作用；质量安全监督从长期发展看均产生正面影响。从政策对白酒行业的影响看，负面影响与正面影响并存，全国白酒行业政策环境严峻。

表 2.2 和表 2.3 分别是 2002～2019 年四川省和 2007～2018 年贵州省出台的主要白酒政策。从两省的白酒政策影响看，有利于白酒行业发展的正面政策较多，其中充分挖掘白酒产区的优势地位、结合相邻区域合作、多种产业融合的模式为白酒行业提供有利的政策环境，这些政策从不同角度、利用多种途径鼓励白酒行业转型升级与健康持续发展。除四川省和贵州省外，很多省份近些年也颁布了振兴白酒行业的相关政策，见表 2.4。

表 2.1　1998～2016 年全国白酒行业主要政策

序号	类别	年份	文件名称	内容	影响分析	影响方向
1	发展规划纲要	2001	《中华人民共和国国民经济和社会发展第十个五年计划纲要》	深化改革；产业结构优化升级，国际竞争力增强；通过上市、兼并、联合、重组等形式，形成一批拥有著名品牌和自主知识产权、主业突出、核心能力强的大公司和企业集团；提高产业集中度和产品开发能力	增强产业实力，提高产业竞争力	+
		2006	《中华人民共和国国民经济和社会发展第十一个五年规划纲要》	加强食品、药品监管设施建设，完善技术标准体系，创新监管机制，规范监管行为；着力打造自主品牌，提高质量标准，增加品种，满足多样化需求，扩大高端市场份额，巩固和提高轻纺工业竞争力	加强质量监管，培育竞争力	+
		2011	《中华人民共和国国民经济和社会发展第十二个五年规划纲要》	转变经济发展方式；深化改革；扩大内需；保证食品、药品安全；提升制造业核心竞争力；加强企业技术改造；促进中小企业发展	改变白酒行业经济增长模式	+

续表

序号	类别	年份	文件名称	内容	影响分析	影响方向
		2012	《轻工业“十二五”发展规划》	重点在酒类生产等领域大力推进产业结构调整，支持关键技术创新和应用，提高创新能力；重点推进节能减排和清洁生产	调整优化白酒行业结构	+
		2016	《中华人民共和国国民经济和社会发展第十三个五年规划纲要》	实施食品安全战略，完善食品安全法规制度，提高食品安全标准，实行全产业链可追溯管理	强化食品安全，提高产品链的可追溯性	+
		2016	《轻工业发展规划(2016—2020年)》	推动食品工业向安全、健康、营养、方便方向发展，重点在酒类生产等领域大力推进产业结构调整；提高食品质量安全检测能力，推进食品质量安全信息追溯体系建设	调整优化白酒行业结构，提高白酒产品的安全性和可追溯性	+
2	产业政策	2005	《国务院关于发布实施〈促进产业结构调整暂行规定〉的决定》(国发〔2005〕40号)	督促改造和禁止新建的生产能力、工艺技术、装备及产品；允许企业在一定期限内采取措施改造升级，金融机构按信贷原则继续给予支持	对白酒行业生产规模产生冲击	—
		2005	《产业结构调整指导目录(2005年本)》(国家发改委令第40号)	将“白酒生产线”列入“限制类”		
		2011	《产业结构调整指导目录(2011年本)》(国家发改委令第9号)			
3	税收法规	2000	《国家税务总局关于印发〈企业所得税税前扣除办法〉的通知》(国税发〔2000〕84号)	白酒企业的广告费用不得超过销售额的2%，超过部分不能在缴纳所得税前扣除	白酒行业利润大减；对低端白酒企业的打击较大	—
		2001	《财政部 国家税务总局关于调整酒类产品消费税政策的通知》(财税〔2001〕84号)	实行从量定额和从价定率相结合的复合计税法；定额税率——每斤(500克)0.5元；比例税率——粮食白酒25%，薯类白酒15%		
		2006	《财政部国家税务总局关于调整和完善消费税政策的通知》(财税〔2006〕33号)	复合计税法；比例税率——20%；定额税率——每斤(500克)0.5元		
		2009	《中华人民共和国消费税暂行条例》(中华人民共和国国务院令第539号)	与修订前相比，计税价格公式中的分子增加了“委托加工数量×定额税率”	税收加大	
		2009	《国家税务总局关于加强白酒消费税征收管理的通知》(国税函〔2009〕380号)	对计税价格偏低的白酒核定消费税最低计税价格	加强税务管理，有效遏制白酒生产企业利用关联交易规避消费税行为	—(短期)、+(长期)
		2009	《白酒消费税最低计税价格核定管理办法(试行)》(国税函〔2009〕380号)			
		2015	《国家税务总局关于白酒消费税最低计税价格核定问题的公告》(国家税务总局公告2015年第37号)	纳税人将委托加工收回的白酒销售给销售单位，消费税计税价格低于销售单位对外销售价格(不含增值税)70%以下的，属于《中华人民共和国消费税暂行条例》第十条规定的情形，应该按照《国家税务总局关于加强白酒消费税征收管理的通知》(国税函〔2009〕380号)规定的核价办法，核定消费税最低计税价格		
4	白酒生产许可证制度	1999	《关于白酒产品生产许可证发证工作有关问题的通知》(质技监局质发〔1999〕282号)	白酒生产需要许可证	规范白酒生产许可证制度，保证白酒质量	—(短期)、+(长期)
		2004	《食用酒精产品生产许可证换(发)证实施细则》	规范换(发)证标准		

续表

序号	类别	年份	文件名称	内容	影响分析	影响方向
		2005	《食品生产加工企业质量安全监督管理实施细则(试行)》	规范质检标准		
		2006	《白酒生产许可证审查细则(2006版)》	发证审查细则		
		2006	《关于工业产品生产许可工作中严格执行国家产业政策有关问题的通知》(国质检监联〔2006〕632号)	完善许可证制度		
		2010	《关于调整部分食品生产许可工作的公告》	将生产许可审批发证工作调整为由各省级质量技术监督部门组织实施		
		2010	《食品生产许可管理办法》(国家质检总局令第129号)	食品生产许可证有效期为三年		
		2010	《食品生产许可审查通则(2010版)》(国家质检总局2010年第88号公告)	规范审查标准		
		2016	《食品生产许可审查通则》(食药监食监一〔2016〕103号)	优化许可流程，提高许可效率，加强监督管理		
5	白酒行业规范	2005	《全国白酒行业纯粮固态发酵白酒行业规范》	行业生产行为规范；行业经营行为规范；行业监督与管理规范	形成白酒行业自主管理	+
6	酒类流通管理(限制)政策	1998	《关于粮食类白酒广告宣传费不予在税前扣除问题的通知》	粮食类白酒(含薯类白酒)的广告宣传费一律不得在税前扣除	限制白酒行业发展	−
		2005	《酒类流通管理办法》(商务部令2005年第25号)	实现酒类商品自出厂到销售终端全过程流通信息的可追溯性	规范白酒产品来源渠道；不得向未成年人销售酒类商品	+
		2010	《广播电视广告播出管理办法》	电视台每套节目每日播出的烈性酒类商业广告不得超过12条，其中19:00～21：00不得超过2条	限制白酒广告	−
		2011	《商务部关于“十二五”期间加强酒类流通管理的指导意见》	实现以酒类流通电子随附单、无线射频等为支撑的追溯体系	指导白酒流通管理	+
		2011	《公开三公经费》	公开公款消费费用	对白酒产品产生冲击	−
		2012	《中央军委加强自身作风建设十项规定》	禁酒		
7	白酒质量安全监督	2003	《蒸馏酒与配制酒卫生标准的分析方法》(GB/T 5009.48—2003)	规范蒸馏酒与配制酒的卫生标准	保障白酒产品质量	+
		2005	《预包装饮料酒标签通则》(GB10344—2005)	细化酒类标签标识		
		2011	《关于进一步加强酒类质量安全工作的通知》	严格监管酒类生产、流通、餐饮服务、进出口环节；加强检验检测和监测评估		
		2012	《国务院关于加强食品安全工作的决定》(国发〔2012〕20号)	健全食品安全工作机制；落实食品生产经营单位的主体责任		
		2013	《关于进一步加强白酒质量安全监督管理工作的通知》	强调对塑化剂污染物的控制措施，严禁使用非食品原料生产白酒，严禁超范围使用食品添加剂		
		2014	《预包装食品标签通则》(GB7718—2011)	标准细化食品添加剂标示要求		
		2015	《食品安全国家标准食品添加剂使用标准》(GB2760—2014)	标准细化食品添加剂标示要求		
		2015	《中华人民共和国食品安全法》	规范白酒质量安全标准		

表 2.2 2002～2019 年四川省出台的白酒行业主要政策

年份	文件名称	内容	影响分析	影响方向
2002	《四川白酒生产业户税收查实征收管理办法(试行)》(川国税发〔2002〕57 号)	适用于会计核算不健全的小白酒生产业户	规范小酒厂纳税标准	+
2006	《四川省国民经济和社会发展第十一个五年规划纲要》	发挥“六朵金花”的品牌优势，增加名优白酒市场占有率	发挥白酒行业优势	+
2010	《四川省工业八大产业调整和振兴行动计划 2010 年度计划》	加快白酒金三角发展步伐，加快开展名酒建设工作，提高川酒市场占有率	促进川酒产业发展	+
2011	《四川省国民经济和社会发展第十二个五年规划纲要》	依托泸州酒业集中发展区、宜宾五粮液工业集中发展区等“中国白酒金三角”核心区建设及五粮液、泸州老窖、剑南春、郎酒、全兴、沱牌等名酒名镇打造，创建以酒窖、酒肆、酒庄、酒街、酒镇为特色，横跨酿酒原料基地、白酒生产基地、白酒物流交易中心、酒文化展示体验和旅游等为一体、三次产业共生的示范新城区	打造白酒优势产业	+
2011	《四川省“十二五”轻工产业发展规划》	加大白酒酿造行业技术进步和产品结构调整，推进现代生物工程技术在生产中的应用，鼓励发酵酒和非粮食原料酒的发展，稳定提高白酒优质品率	促进白酒行业技术进步和产品结构调整	+
2015	《四川省酒类管理条例》	白酒企业需在年份酒配料表中注明各类基础酒、调味酒的存储年份及量比；在预包装白酒标签标识上标示固态法白酒、液态法白酒、固液法白酒的执行标准；酒类销售商应当在显著位置设置禁止向未成年人销售酒类的标志	规范年份酒标准	—(短期)、+(长期)
2015	《关于促进白酒产业转型升级健康发展的指导意见》	四个转变；六大任务；四项保障措施	促进白酒行业转型升级	+
2015	《川贵两省白酒产业合作会议备忘录》	推进两省白酒行业全面合作，共同打造具有世界知名度和国际影响力的白酒区域品牌	打造国际区域品牌“中国白酒金三角”	+
2017	《四川省“十三五”轻工行业发展指南》	发展绿色轻工，发展循环经济，单位工业增加值能耗、水耗及主要污染物排放总量指标降幅达到全国同行业先进水平	促进白酒行业绿色发展	+
2017	《关于推进白酒产业供给侧结构性改革加快转型升级的指导意见》	鼓励白酒行业并购重组，支持重点企业兼并、收购，实现规模扩张；抢抓“一带一路”机遇，推动组建川酒进出口公司，整体推动和实施川酒进出口项目	促进白酒行业并购重组和面向世界	+
2019	《优质白酒产业振兴发展培育方案》	引导全省白酒资源向优质产区、名优企业聚集；做专做优做强白酒主业，提升企业效益，增强企业核心竞争力；支持名优企业通过兼并、收购等多种方式整合省内中小企业	促进白酒行业资源在区域和企业集中	+

表 2.3　2007～2018 年贵州省出台的白酒行业主要政策

年份	文件名称	内容	影响分析	影响方向
2007	《贵州省人民政府关于促进贵州白酒产业又好又快发展的指导意见》	打造“贵州白酒”品牌，提升贵州白酒整体竞争力；加强资源综合利用与环境保护；加快专用优质原料基地建设；发展白酒关联行业，形成配套产业和产能	加快白酒行业区域纵向一体化发展	+
2009	《贵州省白酒产业振兴计划》	实施年新增 2000 千升茅台酒项目；实施大曲酱香技改专项等	产业振兴策略	+
2010	《省人民政府办公厅关于印发贵州白酒品牌基地建设方案的通知》	重点部署黔北地区、黔中地区和黔南地区 3 个“贵州白酒”品牌基地	提升“贵州白酒”产业品牌效应和品牌价值	+
2011	《贵州省国民经济和社会发展第十二个五年规划纲要》	打造黔北地区、黔中地区、黔南地区 3 个“贵州白酒”品牌基地和仁怀白酒工业园；力争到“十二五”期末，白酒产业总产值达到 500 亿元，白酒产量达到 50 万千升，茅台酒产量达到 4 万千升	规划白酒行业发展	+
2011	《贵州省“十二五”白酒产业发展规划》	全力提升白酒生产总量；做大做强“国酒茅台”标杆品牌；打造“贵州白酒”集体品牌；发展白酒关联产业	提升白酒行业规模	+
2012	《省人民政府关于贯彻落实〈质量发展纲要 2011－2020 年〉全面推进质量兴省工作意见》	实施质量安全工程；实施品牌带动工程；实施质量兴企工程	提高白酒行业质量	+
2013	《中共贵州省委贵州省人民政府关于深入实施工业强省战略加快推进工业转型升级的意见》（黔党发〔2013〕20 号）	推进工业转型升级	促进白酒行业转型升级	+
2016	《贵州省推动白酒行业供给侧结构性改革促进产业转型升级的实施意见》	打造贵州白酒整体品牌；调整优化产品层次；提升酱香酒产品品质；加快形成企业梯队；促进生态绿色发展	促进白酒行业绿色转型发展	+
2016	《贵州省国民经济和社会发展第十三个五年规划纲要》	大力推进以酒、烟、茶、药、食品“五张名片”为重点的特色产业规模化，打造一批在国内外有影响力的“贵州品牌”；提高产业集约集聚发展水平，形成一批承载大数据信息、大健康医药、装备制造、食品、烟酒的千亿级产业园区	促进白酒行业规模化和集聚化	+
2018	《贵州省十大千亿级工业产业振兴行动方案》	以龙头企业为引领，着力打造企业梯队；以市场为导向，调整、优化产品层次；以品牌为核心，创新营销方式	促进白酒行业提质增效	+

表 2.4 其他省份出台的白酒行业振兴主要政策

省份	年份	文件名称	内容	影响分析	影响方向
江苏	1998	《江苏省人民政府关于"振兴苏酒"的意见》	对洋河、双沟实行倾向性政策；对接待部门等活动要求使用苏酒	地方产品保护	+(短期)、−(长期)
	2011	《江苏省食品工业"十二五"发展规划》	支持优势品牌企业通过收购、控股、并购和重组，形成规模化和集团化的大型企业集团；建设酿酒工业生产基地，打造特色经济区域集群，培育优质酿酒原辅料产区，提高优质酒生产比例	促进白酒行业并购重组，夯实白酒行业发展基础	+
	2016	《江苏省"十三五"食品产业发展规划》	鼓励酒类等 4 类具有高附加值的食品产业发展，积极适应现代消费升级形势，满足消费者更健康、更安全、更方便和更有特定功能性的个性化、多样化需求，扩大产品市场份额，进一步增强区域市场与国内国际竞争力	促进白酒产品升级转型	+
吉林	2008	《吉林省人民政府关于加快发展食品工业的意见》	开发"大酒精、小固体"新工艺白酒；三年内形成 3～5 个知名品牌	产业振兴策略；规划白酒行业发展	+
山东	2009	《山东省白酒工业调整振兴指导意见》	提升鲁酒知名度；三年内实现产量过 100 万千升、销售收入过 10 亿元的白酒企业达到 5 家	提升知名度和产业规模	+
	2011	《山东省白酒工业"十二五"发展规划》	以现有龙头骨干企业为基础，加快联合重组，优化要素资源配置，加强品牌研究和创建，打造鲁酒领军企业；坚持科技创新和技术改造，改进酿造工艺、技术和生产装备水平，创新产品品种，提高产品质量，减少原料消耗和能耗排放	促进联合重组和品牌培育，促进技术进步与节能环保	+
	2017	《山东省制造业"十三五"发展规划》	重点发展芝麻香型、浓香型等纯粮固态发酵优质白酒，加强白酒技术基础研究，创新香型融合，打造具有山东特色的芝麻香型、低度浓香型两大系列品牌，开发适合市场多样化需求的新型白酒	白酒产品特色多样化	+
湖北	2009	《湖北省轻工产业调整和振兴实施方案(2009—2011 年)》	推进枝江、稻花香、白云边、劲牌企业重组与兼并；提升省内白酒品牌声誉	促进白酒行业重组兼并和品牌提升	+
	2012	《湖北省工业"十二五"发展规划》	继续做强酒业，改造传统酿酒工艺，调整产品结构，提高产品质量和档次；支持劲酒集团发展保健类酒，支持稻花香、枝江、白云边等企业发展高档白酒，提高市场占有率	促进白酒行业高质量发展	+
	2016	《湖北省工业"十三五"发展规划》	推进酒业发展行动计划，重视产品差异化创新，在确保粮食安全的基础上，鼓励酿酒企业通过改造升级实现酿造机械化，提升酿酒出产率和优级品率，加快淘汰落后产能	促进白酒行业转型升级	+
山西	2010	《山西省酿酒行业调整振兴实施方案》	以汾酒集团为龙头，加快对省内及周边白酒资源的有效整合，通过收购、兼并、控股、合作等方式，推进低成本扩张，扩大生产规模。推进汾阳王、梨花春等企业实施优质优价白酒扩张计划，在做实省内市场的基础上，积极拓展外省市场，整体提升晋酒品牌实力；进一步提高清香型白酒原酒的产量	做大做强汾酒品牌，培育壮大白酒集群	+

续表

省份	年份	文件名称	内容	影响分析	影响方向
	2013	《山西省食品工业发展“十二五”规划》	依托汾酒集团、汾阳王等企业，利用高粱资源优势和原酒基地制造优势，推进白酒资源整合，加大产品结构调整，提高产品档次和附加值，重点发展中高档清香型白酒、浓香型白酒和清香型原酒，集中力量推进杏花村酒业集中发展区建设，确保清香型白酒在国内白酒市场的品牌地位	促进白酒资源整合和产品结构调整	+
	2017	《山西省“十三五”食品工业发展规划》	白酒行业注重发挥杏花村酒业集中发展区的示范效应和汾酒集团的带动作用，巩固并提升汾酒等知名品牌的地位。加强生物技术、信息技术在传统发酵工艺中的运用，重点开发不同香型融合型白酒。加快白酒用高粱的种植基地建设，提高酒糟利用率，延伸养殖产业链发展	促进白酒工艺转型升级	+
河南	2010	《河南省食品工业调整振兴规划》	培育宋河、杜康、金星等知名品牌；提升中高端白酒规模	扩大产业规模，培育产品知名度	+
河北	2011	《河北省食品工业“十二五”规划》	稳步发展白酒生产。以衡水老白干酿酒(集团)有限公司等为依托，积极推进白酒行业的资产重组和兼并，挖掘冀酒文化、打造冀酒品牌，提升冀酒地位	促进白酒行业重组兼并，挖掘文化打造品牌	+
	2016	《河北省消费品工业发展“十三五”规划》	白酒行业重点稳定中低端产品生产，丰富产品品种，改进酿造技术，改善产品口感；针对消费者个性化需求，适度发展中高端定制酒和专用酒，打造高档白酒系列产品	以中低端产品为主，适度发展中高端定制酒产品	
安徽	2017	《安徽省“十三五”食品产业发展规划》	支持安徽省重点白酒企业的兼并重组，组建一批规模大、竞争力强的白酒企业集团；通过技术改造，构建循环经济发展模式，发展生态酿酒	支持白酒行业重组兼并，促进白酒行业生态发展	

2.1.2　宏观经济环境

自 1985 年白酒价格放开以来，白酒行业已经走过 30 多年市场化历程。20 世纪 90 年代白酒企业改革之后，进入 2002～2011 年的“黄金十年”，即量价齐涨的快速发展阶段。2012 年后产能过剩、产业转型，白酒行业呈现出从成长、成熟到衰退、转型的生命周期迹象，这与我国及世界宏观经济形势的发展有关。从表 2.5 可以看出，2002～2007 年，我国国内生产总值(GDP)不断增长，GDP 增长率保持在 10%以上，经济形势向较好较快方向发展。伴随着经济增长，反映物价水平的居民消费价格指数(CPI)、酒类居民消费价格指数(酒类指白酒、葡萄酒、啤酒等酒精饮料)也显著增长。其中，2004 年粮食等物价上涨引发的食品价格上涨成为推动 CPI 上涨的主要原因，受粮食价格变动影响的酒类居民消费价格指数也相应增长。这一现象在经过宏观调控、央行调整存款准备金率等措施后，从 2005

年开始得到有效控制。2007～2008 年上半年再次出现经济过热，伴随新一轮农产品、原材料、原油价格上涨，CPI 与酒类居民消费价格指数暴涨。2008 年，受全球金融危机爆发影响，出口受到重创，GDP 增长率跌至 10.00%以下，但相比 2008 年全球平均 2.80%的增长率而言，依旧保持较快经济增长；CPI 与酒类居民消费价格指数也延续了 2007 年的增长态势。2009 年，应对国际金融危机的一揽子计划使 GDP 维持 9.21%的高增长速度，但 CPI 与酒类居民消费价格指数却受到金融危机回调、物价调控等影响，CPI 下降，酒类居民消费价格指数大幅下降。2010～2011 年，GDP 增速依旧较高，而需求增长和部分农产品供给紧张推动 CPI 指数上扬，原材料与劳动力成本上涨也助推 CPI 指数上行；受粮食价格影响，酒类居民消费价格指数较高。2012 年，宏观经济下行趋势进一步显现，GDP 增长率降至 8.00%以下，社会资源配置效率降低，产能过剩现象严重。2013～2014 年，我国经济步入新常态阶段，GDP 增长率稳定在 7.00%～8.00%，经济工作中心从快速发展转向稳定增长、优化结构；CPI 回归合理区间。受产业转型、公务消费减少等影响，酒类居民消费价格指数降低。2015～2018 年，我国经济转为中低速稳定增长，GDP 增长率稳定在 6.60%～6.90%；CPI 指数略微波动上扬。总体来看，白酒价格与宏观经济形势有较强的正相关性。

表 2.5　2002～2018 年宏观经济发展指标

年份	国内生产总值/亿元	GDP 增长率/%	居民消费价格指数/%	酒类居民消费价格指数/%
2002	121717.4	9.10	99.2	100.1
2003	137422.0	10.03	101.2	100.1
2004	161840.2	10.09	103.9	102.2
2005	187318.9	11.31	101.8	100.6
2006	219438.5	12.68	101.5	101.2
2007	270092.3	14.16	104.8	103.5
2008	319244.6	9.63	105.9	107.5
2009	348517.7	9.21	99.3	103.4
2010	412119.3	10.45	103.3	103.6
2011	487940.2	9.30	105.4	106.7
2012	538580.0	7.65	102.6	106.3
2013	592963.2	7.67	102.6	100.3
2014	641280.6	7.40	102.0	98.2
2015	685992.9	6.90	101.4	99.2
2016	740060.8	6.70	102.0	101.5
2017	820754.3	6.80	101.6	100.8
2018	900309.5	6.60	102.1	101.2

数据来源：国家统计局。

2013 年以来，宏观经济走势发生变化，经济增速减缓。2013～2018 年全社会固定资产投资额分别为 446 294 亿元、512 021 亿元、562 000 亿元、606 466 亿元、641 238 亿元和 645 675 亿元，固定资产投资增长率持续减缓，如图 2.1 所示，2018 年比 2013 年减少 13.2%，表明固定资产投资热度持续减弱。

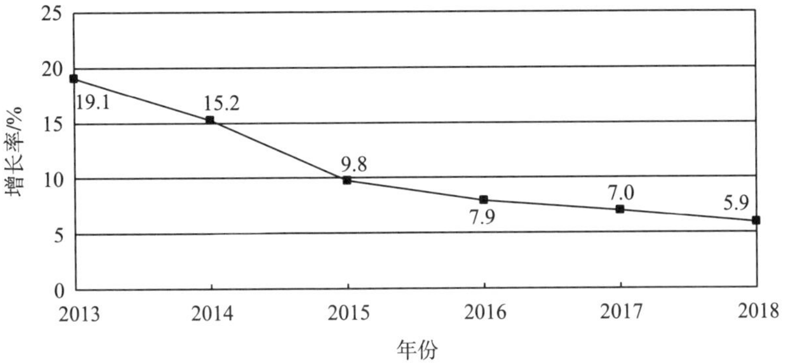

图 2.1　2013～2018 年固定资产投资增长率变化趋势

资料来源：2013～2018 年国民经济和社会发展统计公报

2013 年全国社会消费品零售总额为 234 380 亿元；其中餐饮类消费 25 392.0 亿元，同比增长 9.0%；商品类消费 208 988.0 亿元，同比增长 13.6%[①]。2014 年全国社会消费品零售总额为 262 394.0 亿元；其中餐饮类消费 27 860.0 亿元，同比增长 9.7%，商品类消费 234 534.0 亿元，同比增长 12.2%。2015 年全国社会消费品零售总额为 300 931.0 亿元；其中餐饮类消费 32 310.0 亿元，同比增长 11.7%，商品类消费 268 621.0 亿元，同比增长 10.6%。2016 年全国社会消费品零售总额为 332 316.3 亿元；其中餐饮类消费 35 799.0 亿元，同比增长 10.8%，商品类消费 296 518.0 亿元，同比增长 10.4%。2017 年全国社会消费品零售总额为 366 261.6 亿元；其中餐饮类消费 39 644.0 亿元，同比增长 10.7%，商品类消费 326 618.0 亿元，同比增长 10.2%。2018 年全国社会消费品零售总额为 380 986.9 亿元；其中餐饮类消费 42 716.0 亿元，同比增长 9.5%；商品类消费 33 8271.0 亿元，同比增长 8.9%。如图 2.2 所示，该图显示近些年消费产品数量增多。

2013～2018 年全国居民人均可支配收入由 18 310.8 元上升至 28 228.0 元，增长 54.16%；城镇居民人均可支配收入由 26 955.0 元上升至 39 251.0 元，增长 45.62%；农村居民人均可支配收入由 9429.6 元上升至 14 617.0 元，增长 55.01%。总体上显示出居民人均可支配收入提高，购买力增强(图 2.3)。

总之，2013～2018 年白酒行业的宏观经济环境表现出以下特征。第一，GDP 增速放缓，2013 年为 7.67%，2015 年为 6.90%，首次跌破 7.00%，2018 年为 6.60%；

① 数据来源于国家统计局，http://www.stats.gov.cn/tjsj/zxfb/201401/t20140120_502174.html

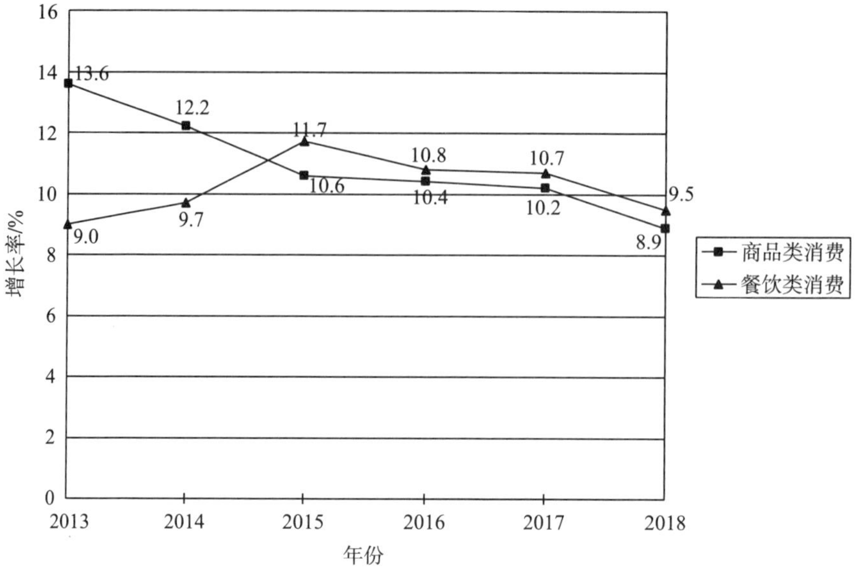

图 2.2 2013～2018 年社会消费品零售总额名义增速

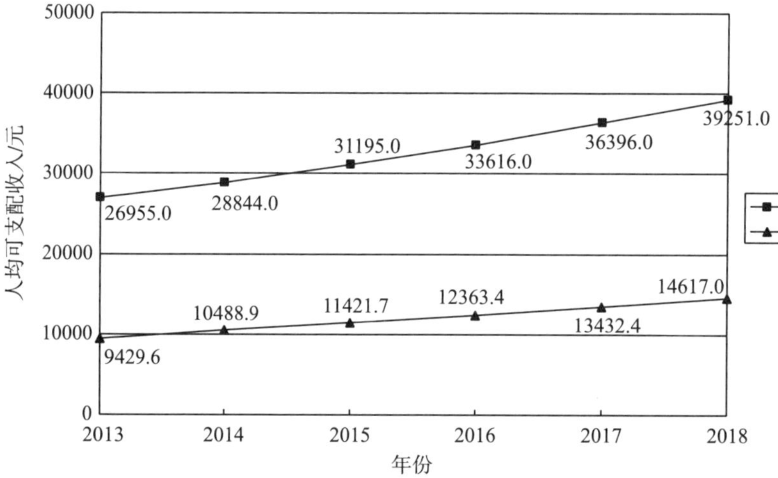

图 2.3 2013～2018 年城镇和农村居民人均可支配收入变化

经济持续探底，经济回暖不明显，表现为企业固定投资规模增速减缓，投资增长率持续降低；商务消费及政府消费市场严重收缩。第二，产业结构变化。第三产业在 2013 年占比 46.9%，超过第一产业(8.9%)、第二产业(44.2%)；在 2018 年占比 52.2%，远超过第一产业(7.2%)和第二产业(40.7%)，见表 2.6；第二产业尤其是重工产业产能收缩严重，产业结构进入调整阶段。第三，消费结构发生改变。网购、微信购物等新媒体营销平台带动消费增长，而可支配收入增长也在支撑消费结构变化。第四，宏观调控促进产业、企业改革。伴随着宏观经济形势变化，白酒行业的战略转型势在必行。

表 2.6　2013～2018 年产业结构变化

年份	第一产业占比/%	第二产业占比/%	第三产业占比/%
2013	8.9	44.2	46.9
2014	8.7	43.3	48.0
2015	8.4	41.1	50.5
2016	8.1	40.1	51.8
2017	7.6	40.5	51.9
2018	7.2	40.7	52.2

数据来源：国家统计局。

2.1.3　社会文化环境

白酒行业发展的社会文化环境包括白酒文化环境和消费群体环境。据记载，我国酿酒起源于距今约 9000 年前。自古以来，文人墨客就有饮酒的习惯。古人把酒当作抒发情怀、排解忧思、情感流露、寄托相思、交友谈心的媒介，饮酒是一种社交礼仪，而如今酒已经演化成人际交流、商务应酬、婚宴庆祝的必备消费品。这种酒文化强调“本我”与外界的关系，在饮酒过程里“识物”与“辨人”，感悟人间冷暖，升华人生境界。正是酒文化的深邃本质决定了白酒爱好者往往是有人生阅历的消费主体，这体现了酒文化的深度。作为中华文化的浓缩与传承，酒文化保留了中华传统文化的记忆，渗透在人们日常生活的各个方面：乔迁、结婚、生子、升学、升迁等喜事都需要白酒烘托气氛；爱情、亲情、友情、同学情、战友情等情感都需要白酒寄托；饮用、馈赠、收藏等文化价值的实现都需要白酒承载。这些体现了酒文化的宽度。

受白酒厚重的文化影响，消费群体趋向年长、高职位、高收入、高学历人群。根据 2013 年新生代 CMMS 数据，按白酒消费者类别划分消费群体，其中：白酒消费者集中在男性，占 91.2%，女性仅 8.8%；白酒消费主力军为“50 后”“60 后”“70 后”，消费占比 73.6%，“80 后”“90 后”也占据一定份额，是未来主要消费者；从收入情况看，43.0%的白酒消费集中在个人年收入为 6 万～10 万元的消费者，表明白酒消费倾向高收入者；大学及以上学历的消费者占 57.6%，企业公司管理层、专业技术人员的消费者占 51.3%，说明社会应酬性质工作及高职位、高学历的消费者需要大量消费白酒；从家庭结构看，84.9%的消费者有小孩，这说明消费者年龄较长，且家庭宴请、生子庆生等场合需要消费较多白酒(表 2.7)。而到 2018 年，上述数据又发生了明显变化。

表 2.7　白酒消费者分类占比

		2013 年	2018 年
性别	男	91.2%	75.0%
	女	8.8%	25.0%
收入水平	年收入 6 万～10 万元	43.0%	43.1%
	年收入 10 万元以上	19.7%	23.8%
学历	大学及以上学历	57.6%	74.0%
年龄分布	“50 后”“60 后”	34.4%	28.0%
	“70 后”	39.2%	41.8%
	“80 后”“90 后”	26.4%	30.2%
职业	公司管理层	26.0%	70.0%
	公司一般职工	16.8%	22.0%
	专业技术人员	25.3%	—
家庭结构	家中有小孩	84.9%	82.0%

资料来源：根据网易网资料及《2019 中国酒类消费行为白皮书》整理。“－”表示未查到相关数据，余同。

白酒深远的历史文化使白酒消费场合多元化，白酒价位因收入、场合不同而有所差别。根据零点指标数据公司发布的《2013 中国白酒消费现状及趋势》报告，工作、休闲及情感诉求是饮酒的三个主要原因。其中，工作应酬饮酒占 79.7%，纯娱乐、消遣性消费占 39.1%，而情感交流占 30.7%。在“禁酒令”之后，白酒消费方式发生了一定改变，聚会消费与商务消费并列成为重要消费场合。商务消费白酒的主要价位在 151～450 元；其中，价位在 151～300 元的占 27.6%，301～450 元的占 25.9%。与商务场合以消费高端白酒为主不同，聚会消费目前以中端白酒为主，价位在 151～300 元的占 38.5%，101～150 元的占 25.2%；其中，中高收入人群以 151～300 元为主，低收入人群以 101～150 元为主。另外，个人消费价位主要在 101～150 元，还有 27.9%的受访者选择 100 元及以下的白酒。根据经济走势和政策发展趋势，预计未来三大白酒消费主体的占比及其消费驱动力见表 2.8。商务消费依旧是白酒消费的主要部分，占比约 50%，推动商务消费的原因主要是短期内产业发展及中小创业企业增多刺激消费，长期看经济回暖带动消费，但由于经济呈现周期性的发展态势，因此消费增长速度较缓；私人消费成为不断增长的消费主体，这归因于网购等新媒体促进消费激增，高收入人群占比增长，带动消费保持较快的增长速度；而政务消费受“三公”消费限制影响，其消费数量将持续收缩，预计未来其消费增长速度为 0。

表 2.8　未来三大白酒消费主体预测

消费类别	占比	短期驱动	长期驱动	消费增速预测
私人消费	约 40%	股市财富效应作用；网购等消费方式刺激消费	高消费人数占比持续提升；消费倾向“健康饮酒”	随着人均收入提高，富裕人群数目持续高增长，预计未来消费增速稳定在 5%～10%
商务消费	约 50%	金融地产行业受政策刺激提振；中小创业企业增多	经济增速回暖	消费存在周期性趋势，预计未来增速在 0～5%
政务消费	约 10%	“三公”消费限制	—	“三公”消费限制，预计未来消费增速为 0

资料来源：根据国家统计局、中国产业信息网数据整理。

传统白酒文化讲究低调、高雅、内涵而忽视了白酒包装，随着流行文化的介入，白酒包装也倾向多样化。《2013 中国白酒消费现状及趋势》表明，36.2%的消费者倾向淡雅朴素包装风格，30.1%倾向时尚创意风格，而自然民俗、富丽堂皇、历史感风格分别占21.6%、7.0%、5.1%。总体来讲，淡雅朴素、时尚创意占据包装风格的绝大多数，民众对淡雅朴素风格的喜爱程度略高于时尚创意风格。该报告还显示，高收入、高学历受访者更青睐时尚化的包装风格，特大城市消费者相比一线、二线城市消费者更喜爱时尚化的包装风格。

2.1.4　科学技术环境

白酒行业发展的技术环境包括白酒酿造技术环境和白酒研发环境。白酒酿造技术环境来源于传统白酒酿造技术环境与现代白酒酿造技术创新环境。

最新的白酒酿造技术包括大曲强化技术、机械自动化生产技术(自动化制曲、自动化酿酒)、人工催陈技术、危害分析关键控制点调控技术、风味导向技术、现代生物技术等。钱冲等(2014)认为机械自动化勾兑技术能严格控制各类成分比例，控制白酒风格、口味，有效减少传统勾兑劳动强度大、精确度低、勾兑效率低等缺陷，克服传统勾兑的不稳定性，实现酒企产品品质提升。焦一满等(2013)在传统酿造工艺基础上，融合现代机械化大规模生产技术和 WebField GCS 自动化控制技术，设计出综合自动生产控制系统，实现了恒温发酵、自动勾兑等自动化生产，提升了白酒生产率、优质率。缩短贮存期对于白酒行业发展有重要的实践意义。除此以外，微机应用、微波烤熟等新技术的应用也提升了白酒行业的发展，如剑南春的白酒纳米技术应用，泸州老窖运用气相色谱分析浓香型白酒成分并以 3D 打印技术实现定制化包装需求等。

白酒科技研发环境可以用白酒行业专利申请数量来衡量，见表 2.9。2003～2007 年，全国白酒行业专利申请数量稳步上升，表明白酒行业科技研发能力持续提高；其中，2004 年出现申请数量激增，反映出过热的宏观经济状况促进了白酒行业科技研发能力的提高；2008 年全球遭遇金融危机，白酒行业专利申请数量有所减少；2009～2012 年，经济形势趋稳，白酒行业专利申请数量以较大幅度增加，科技研发能力大幅提升；2013 年，受“三公”消费政策、产能过剩、经济“新常态”等多方面影响，白酒行业销量受重创，企业等科研机构的科技研发动力大幅减弱。

表 2.9　2003～2013 年全国白酒行业专利申请数量

年份	2003	2004	2005	2006	2007	2008	2009	2010	2011	2012	2013
数量	24	53	45	48	64	55	100	150	220	287	31

资料来源：根据前瞻产业研究院数据整理。

从表 2.10 中各省专利申请情况看，2003～2012 年，全国白酒行业专利申请总数为 1046，排名前十的省份为四川、山东、江苏、黑龙江、安徽、浙江、辽宁、湖北、河北和贵州，专利申请数量分别为 226、140、87、66、65、63、59、49、48 和 45，分别占全国总数量的 21.6%、13.4%、8.3%、6.3%、6.2%、6.0%、5.6%、4.7%、4.6%和 4.3%。白酒大省四川的专利申请数全国第一，川酒在科技研发方面有较强实力。

表 2.10　2003～2012 年全国白酒行业专利申请数量排名前十省份

省份	四川	山东	江苏	黑龙江	安徽	浙江	辽宁	湖北	河北	贵州
数量	226	140	87	66	65	63	59	49	48	45
占比/%	21.6	13.4	8.3	6.3	6.2	6.0	5.6	4.7	4.6	4.3

资料来源：根据前瞻产业研究院数据整理。

2.2　白酒行业竞争环境分析

Porter（1980）提出行业竞争的根源在于决定行业结构的五种竞争力量：新进入者的威胁、现有行业内部竞争、替代品的威胁、上下游议价能力即波特竞争结构模型。识别白酒行业五种竞争力量，对于分析白酒行业未来走势至关重要。

2.2.1　新进入者的威胁

白酒行业新进入者，指进入白酒行业的新办企业或实施多元化战略的企业。新进入者在白酒行业消费市场容量不变的条件下，势必会抢占一部分市场份额。这种新进入者威胁的强弱取决于新进入企业要克服的进入壁垒及原有在位企业的反应程度。

1. 白酒行业的进入壁垒

(1)政策壁垒。白酒行业自身有粮食消耗量大的特点，为保证经济生活正常运转，政府对白酒行业采取审慎的宏观政策。国家发改委发布的《产业结构调整指导目录(2011年本)》将白酒生产线列入“限制类”，因此，新建白酒生产线受限制，仅能对原有生产线进行改造升级，以实现产业结构优化升级与调整。另外，自1999年以来，国家相关部门出台了不少有关白酒生产许可证的政策法规，如《关于白酒产品生产许可证发证工作有关问题的通知》《白酒生产许可证审查细则》《食品质量安全市场准入审查通则》《食品生产许可管理办法》《食品生产加工企业质量安全监督管理实施细则(试行)》《白酒生产许可证审查细则(2006版)》《食用酒精产品生产许可证换(发)证实施细则》《食品生产许可审查通则(2010版)》《关于工业产品生产许可工作中严格执行国家产业政策有关问题的通知》等，从而使白酒行业生产许可证制度规范化，有效遏制白酒行业的不正当竞争和无序重复建设。

(2)环境、人才、资金壁垒。优质白酒酿造受特定环境、技术限制，制曲、糖化发酵、陈酿老熟等过程对气候、温度、水资源、微生物环境等生态资源有较高要求。因此，白酒的口感常因地域不同而产生差异。但在现代化加快的过程中，水污染与气候破坏使适宜酿造优质白酒的生态环境呈稀缺态势，构成行业的进入壁垒。而且，中高档白酒酿造采用传统酿造工艺，机械化制造较少，在制曲、储存、勾调的生产过程中，对酿造人员从业经验与主观判断的要求较高，酿造人才也构成行业壁垒。另外，白酒生产周期较长，白酒从原材料采购至成品销售需要经历陈酿老熟，此过程与白酒品质密切相关，而酿造优质白酒往往占用较大资金量，这对于进入者来说是重要的资金壁垒。

(3)品牌接受度壁垒。白酒产品作为中国传统文化的传承，是礼仪、身份、社交的混合产物，品牌价值超出酒精混合物的物理本质，较易被消费者接受的白酒产品常常是历史文化悠久、酿造技艺独特、酒文化深厚、地理区域特色明显、知名度高的白酒品牌，这构成白酒企业的进入壁垒。

2. 在位企业的反应

面对新进入者的威胁，行业内原有企业会做出合作与不合作的反应。当当事者有具约束力的协议时，进入者与原有企业选择“合作”，进入者选择进入。若协议不存在，则双方面临不合作博弈(李明志等，2014)。考虑到白酒行业存在技术、工艺壁垒，在此将白酒行业列为信息不对称行业。如图2.4所示，N为在位者，I为在位者N中不同类型的参与人，L为进入者。在位者知道实际成本情况，而进入者不清楚在位者成本。可以将在位者N分为三种情况：①自身为高成本，价格为高价格P_1，垄断利润为6；②自身为低成本，价格为低价格P_2，垄断利润为 10；③自身为高成本，价格为低价格 P_2，垄断利润为 5。因低成本、高价格情况会提高利润，诱使潜在进入者，故不考虑此情况。

进入者 L 也分为三种情况：①进入者进入市场与高成本在位者竞争，双方各得利润 2；②进入者进入市场与低成本在位者竞争，在位者得利润 5，进入者损失 2；③进入者不进入市场，利润为 0。为分析双方行为，决定假设成本概率，此时信息完整，但并不完美，如图 2.4 中虚线所示，进入者在做决策时不能区分自己处于什么决策点。假设在位者的低成本概率为 a，进入者期望收益为 $(1-a)2+a(-2)=2(1-2a)$。当 $a<1/2$ 时，潜在进入者进入；否则，潜在进入者选择不进入。为遏制潜在进入者进入，在位者可以采取调整第一阶段价格策略，比如高成本在位企业会先制定低价格策略，得到收益 10，因为一开始制定高成本、高价格策略的收益为 8。因此，高成本在位企业在一开始制定低价格能阻止进入者进入市场，增加自己收益。

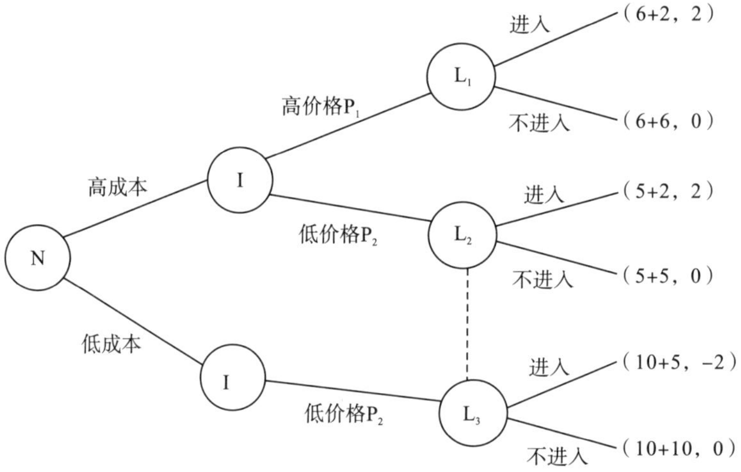

图 2.4 潜在竞争者的进入博弈

进入壁垒与在位者反应程度都构成新进入者威胁。白酒行业受政策、技术、人才、资金、品牌效应限制，对新进入者构成进入威胁；在位企业为阻止进入者会展开价格战、广告战，以逼退进入者。总之，白酒行业进入壁垒很高，但由于白酒行业毛利率较高(中高端白酒利润率达 70%以上)，因而仍然诱惑很多新进入者跃跃欲试。

2.2.2 行业内部竞争

白酒行业内企业竞争程度通过行业发展现状、市场集中度、企业数量、行业利润率及亏损状况、同质化程度、竞争层次多个角度衡量。

1. 白酒行业整体发展状况

见表 2.11，2002～2011 年白酒产量、销售收入增速较快，白酒行业扩张迅速，处于量价齐驱的“黄金十年”；2012～2018 年白酒行业受白酒限制类政策、宏观经济增速放缓等因素影响，其产量、销售收入虽持续增加，但增长速度明显减缓，各季度甚至出现负增长态势，白酒行业进入深度调整期。

表 2.11　2002～2018 年白酒行业产量与销售收入

年份	产量		销售收入		利润	
	数量/万千升	增幅/%	金额/亿元	增幅/%	金额/亿元	增幅/%
2002	378.47	-9.93	495.88	-0.71	32.15	-20.40
2003	331.35	-12.45	545.32	9.97	42.26	31.45
2004	311.68	-5.93	613.00	12.41	58.66	38.81
2005	349.37	12.08	722.65	17.89	73.19	24.77
2006	397.08	13.67	971.40	34.42	100.20	36.90
2007	493.94	24.39	1241.96	27.85	136.28	36.01
2008	569.33	15.26	1574.85	26.80	186.43	36.80
2009	706.94	24.17	2095.17	33.04	234.89	25.99
2010	890.83	25.98	2421.62	15.58	318.61	35.64
2011	1025.80	15.18	3746.67	54.72	571.59	79.40
2012	1153.10	12.41	4466.26	19.21	818.56	43.21
2013	1226.70	6.38	5018.01	12.35	804.87	-1.67
2014	1256.90	2.46	5258.89	4.80	698.75	-13.18
2015	1312.80	4.45	5558.86	5.70	727.04	4.05
2016	1358.40	3.47	6125.74	10.20	797.15	9.64
2017	1198.10	-11.80	5654.42	-7.69	1028.48	29.02
2018	871.00	-27.30	5363.83	-5.14	1250.50	21.59

资料来源：根据国家统计局、中国酿酒工业协会白酒分会年度工作报告和中国白酒行业发展报告数据整理。

2. 市场集中度

反映白酒行业竞争强度的重要指标是市场集中度，即市场集中度越高，垄断越强，行业竞争强度越小；反之，行业竞争强度越大。选用产量、收入、利润等规模排在前几位的企业占市场产量、收入、利润等的百分比的绝对集中度指标衡量，采用式(2.1)计算：

$$\mathrm{CR}_n = \frac{\sum_{i=1}^{n} X_i}{X} \tag{2.1}$$

式中，n 表示企业数；X_i 表示处于市场第 i 位企业的产量、收入、利润等指标数值，X 表示市场中所有企业的产量、收入、利润等指标数值；CR_n 表示前 n 家规模企业的市场集中度。以 2018 年为例，选用全国白酒排名前四企业的产量、收入、利润数据衡量。2018 年，我国白酒产量 8710 000.00 千升，销售收入 5363.83 亿元，利润 1250.50 亿元。其中贵州茅台产量 70 200.00 千升，销售收入 736.39 亿元，利润 378.30 亿元；五粮液产量 191 968.00 千升，销售收入 400.30 亿元，利润 140.39 亿元；洋河股份产量 211 606.75 千升，销售收入 241.60 亿元，利润 81.15 亿元；泸州老窖产量 156 750.50 千升，销售收入 130.55 亿元，利润 35.10 亿元。分别算出白酒产量集中度、销售收入集中度、利润集中度。

产量集中度：

$$CR_4=(70200.00+191968.00+211606.75+156750.50)/8710000.00=7.24\%$$

销售收入集中度：

$$CR_4=(736.39+400.30+241.60+130.55)/5363.83=28.13\%$$

利润集中度：

$$CR_4=(378.30+140.39+81.15+35.10)/1250.50=50.77\%$$

根据贝恩对集中度划分的等级，CR_4≥75%属于极高寡占型；CR_4 为 50%～75%属于高集中寡占型；CR_4 为 35%～50%属于中集中寡占型；CR_4 为 30%～35%属于低集中寡占型；CR_4≤30%属于原子型，即不存在集中现象。从 2018 年的计算结果看，产量、销售收入属于原子型，即产量、销售收入不集中；净利润属于高集中寡占型。

基于以上计算方法，得出 2011～2018 年集中度情况(表 2.12)。结果表明：近 8 年的产量和销售收入属于原子型，白酒行业产量和销售收入不集中；产量集中度呈现出“先降后升”的趋势，销售收入则呈现出“先升后降再升”的波动趋势，说明单个白酒企业的产量和销售收入总体上呈集中的趋势；2011～2017 年的净利润为中集中寡占型，2018 年为高集中寡占型，且总体呈现出集中度持续提升的趋势，说明白酒企业利润较集中，白酒龙头企业的利润优势较明显。

表 2.12 白酒行业 2011～2018 年市场集中度

年份	产量集中度/%	产量集中度等级	销售收入集中度/%	销售收入集中度等级	净利润集中度/%	净利润集中度等级	备注
2011	5.64	原子型	15.99	原子型	39.95	中集中寡占型	n=4
2012	5.40	原子型	18.47	原子型	42.81	中集中寡占型	
2013	4.73	原子型	16.16	原子型	40.79	中集中寡占型	
2014	4.60	原子型	13.81	原子型	39.80	中集中寡占型	
2015	4.54	原子型	13.90	原子型	40.96	中集中寡占型	
2016	4.34	原子型	14.51	原子型	41.08	中集中寡占型	
2017	5.22	原子型	21.00	原子型	46.98	中集中寡占型	
2018	7.24	原子型	28.13	原子型	50.77	高集中寡占型	

3. 企业竞争

虽然白酒行业的利润总额同比大幅减少，但白酒行业呈现部分复苏迹象；白酒行业利润率依旧较高，行业内企业数量较多，竞争压力较大；低端白酒产品同质化程度较高，面临较大生存困境，高端白酒产品品牌化程度高，但存在产能过剩、库存积压等问题。见表 2.13，白酒行业内企业数量较多、产品种类繁多、同等层次白酒同质化程度高，白酒企业竞争较为激烈。

表 2.13　我国白酒行业现有企业的竞争分析

指标	表现	结论
企业数量	2018 年，规模以上白酒企业 1445 家，截至 2018 年底，白酒上市公司 19 家	企业数量多
现状	2018 年，完成销售收入 5363.83 亿元，同比增长 5.14%；实现利润总额 1250.50 亿元，同比增长 21.59%	2018 年销售收入和利率总额增幅明显
利润率	行业平均利润 20%～30%，高端白酒利润更高。2018 年，茅台集团销售毛利率 91.19%，销售净利率 52.62%，位居中国 500 强榜首	行业利润率较高，高端白酒利润率更高
亏损	2018 年，白酒行业亏损企业 183 家，比上期增加 55 家，亏损企业占规模以上企业比重达 12.66%	亏损企业占行业比例较大
同质化程度	中低端白酒市场同质化程度较高；高端白酒市场同质化程度相对较低	低端产品同质化程度高
竞争层次	低端产品市场竞争以价格战为主；中高端产品市场竞争以品牌战为主	企业扩张需要走品牌化道路

资料来源：根据中国酒业协会数据整理。

2.2.3　替代品的威胁

国家统计局公布的《国民经济行业分类》把白酒制造归入酒、饮料和精制茶制造业（代码 C15）中的酒制造（C151），其统计 4 级代码为 C1512，与酒精制造（C1511）、啤酒制造（C1513）、黄酒制造（C1514）、葡萄酒制造（C1515）、其他酒制造（C1519）（果酒、配制酒等）同属酒制造。2014 年中国城市居民调查（CNRS）显示，在酒类消费者中，白酒消费者占比 38.3%，葡萄酒消费者占比 43.3%，啤酒消费者占比 86.1%，洋酒消费者占比 17.1%。与酒制造并列的还有饮料制造、精制茶加工。因此，对白酒构成威胁的替代产品有啤酒、黄酒、葡萄酒、果酒、调制酒、软饮料、茶等，当白酒产品价格发生变动时会引起这些产品的需求变动。

啤酒在 20 世纪初进入中国，是以麦芽、水、啤酒花为原料，经过酵母发酵而成的低酒精度、起泡、含有二氧化碳的饮品。作为人类最古老的酒精饮料之一，其消耗量紧随水与茶之后。根据工艺不同、使用酵母不同、酒精度不同，啤酒被分成几十个品种。啤酒具有饮用时有清凉舒适感、酒精度较低、夏季防暑、降温、解渴止汗、价格较低等特点，深受年轻人喜爱，尤其在聚会、夜间消费等场合是必备饮品，因此，对白酒的替代作用较大，对白酒的市场份额威胁较强。

葡萄酒是以新鲜葡萄或葡萄汁为原料发酵而成的酒精饮料。国外有悠久的葡萄酒酿造历史与较高的制作工艺，葡萄酒传入中国后现已占据饮料市场一定份额。

它富含多种氨基酸、矿物质、维生素且酒精度低，属于碱性酒类。其消费群体集中在成年女性、老年人、有国外生活背景的人、年轻人，对白酒也具有一定威胁。

黄酒与啤酒、葡萄酒并称世界三大古酒，是以稻米、黑米、小麦、玉米为原料，经糖化发酵剂酿制而成的酒类产品，具有浓厚的民族特色，以绍兴黄酒为代表。虽然黄酒具有促进新陈代谢、活血祛寒、通经活络的药用价值，但与白酒产品口味相比差异较大，受众面较窄，其消费者集中在我国南方部分地区，在其余地方不作为主要消费产品，因此对白酒的替代作用较小。

软饮料指酒精含量低于0.5%[①]的天然或人工配制饮料，按工艺分为碳酸型、果汁型、蔬菜汁型、植物蛋白质型、植物抽提液型、乳酸型、矿泉水和固体型等 8 类。其消费主体集中为年轻人、老年人等，对白酒产品形成一定的替代作用。

表 2.14 为 2012～2018 年全国酒、饮料和精制茶制造业主要产品产量变动情况。其中选取白酒及受白酒影响较强的啤酒、葡萄酒、软饮料(此处包含碳酸饮料类、包装饮用水类、果汁和蔬菜汁饮料类)进行对比。数据表明：除 2017 年、2018 年外，白酒产量同期都呈现不同程度的增长，在啤酒、葡萄酒产量下降的境况下，白酒产量反而增长。

表 2.14　2012～2018 年全国酒、饮料主要产品产量

年份	产量	白酒	啤酒	葡萄酒	软饮料
2012	数量/万千升	1153.10	4778.58	138.20	13024.00
	增幅/%	12.41	-1.16	24.12	10.26
2013	数量/万千升	1226.70	5061.50	117.83	14926.80
	增幅/%	6.38	3.30	-14.70	14.61
2014	数量/万千升	1256.90	4921.90	116.10	16677.10
	增幅/%	2.46	-2.80	-1.50	11.73
2015	数量/万千升	1312.80	4715.72	114.80	17661.10
	增幅/%	4.45	-5.06	-0.70	5.90
2016	数量/万千升	1358.40	4506.40	113.70	18345.20
	增幅/%	3.47	-4.40	-0.96	3.87
2017	数量/万千升	1198.10	4401.49	100.10	18051.20
	增幅/%	-11.80	-0.70	-12.00	-1.60
2018	数量/万千升	871.00	3812.20	62.90	15679.20
	增幅/%	-27.30	-0.50	-7.40	-13.14

资料来源：根据中国轻工业联合会及国家统计局相关资料整理。

除啤酒、葡萄酒、软饮料这些传统类白酒替代品会对白酒产品造成威胁外，果酒、调制酒、进口洋酒等新品种酒类也开始抢占中国白酒市场。尤其是酒吧、歌厅等年轻人消费场所对调制酒的需求日益增大，正成为威胁白酒市场的新兴力量。

① 注：本书酒精含量均指体积分数。

2.2.4　上下游议价能力

白酒产业链的上游与下游包括上游的原材料供应商、人力资源及下游的消费者。供应商希望提高白酒原材料价格，以获得更多利润；劳动者希望提高工资；消费者希望白酒产品质优价廉等。这些对白酒行业构成压力。分析上游与下游议价能力主要从对价格和信息的敏感性、规模大小、集中度，以及纵向一体化的可能性这四个方面衡量。

白酒生产企业为保证白酒原料正常供应及确保使用特殊地区的酿造原料，通常与多个大型供应商签订常年合同并形成长期合作关系；部分大型白酒企业利用商品期货对农副大宗商品的未来价格进行预测、风险防范、套期保值，以有效规避原材料价格波动对白酒行业的影响。另外，人力成本在我国相对较低，其变动对白酒行业成本不会产生巨大影响。因此，合同与期货合约的存在使上游供应环节的价格敏感度较差，供应渠道的多元化使单次供应的规模与集中度较低，白酒企业规模壮大后纵向一体化发展，这种情况下白酒行业对上游议价的能力较强；相反，上游企业对白酒行业议价的能力较弱。

白酒消费群体相对固定，集中于对中高端白酒消费的商务消费、婚庆消费及有刚性需求的白酒爱好者等。而关于白酒定价信息披露较少，消费者对白酒价格的敏感度较低，对白酒行业的议价能力较弱。

2.2.5　白酒行业竞争小结

基于以上对白酒行业的竞争环境分析，可以得出白酒行业的竞争结构模型（图 2.5）。从图中可以看出，白酒行业竞争表现为现有白酒企业尤其是中小白酒企业竞争较为激烈；进入壁垒高、在位企业反应强度较大；行业上下游议价能力较弱；其他替代品对白酒的替代作用较差。

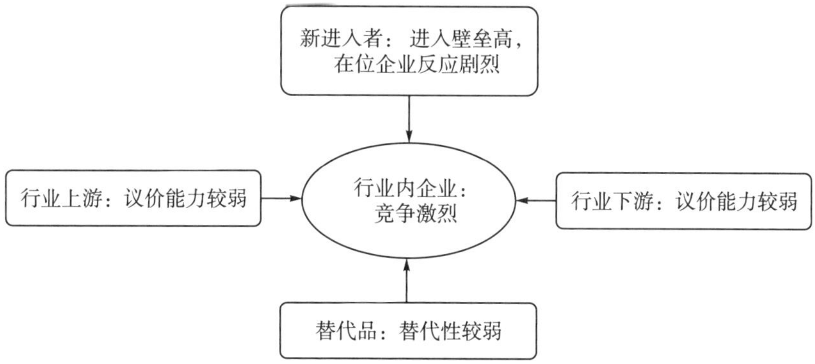

图 2.5　白酒行业波特竞争结构模型

2.3 白酒行业战略群体分析

依据战略群体理论，按照白酒品质、品牌等差异，可以划分出白酒第一梯队、第二梯队、第三梯队，分别为十九大名酒及白酒上市企业、中低端白酒、基酒。

2.3.1 第一梯队：十九大名酒及上市白酒

自新中国成立以来，白酒行业发生迅猛变化，名优白酒代表中国白酒的最高品质，受到白酒收藏者及白酒喜爱者的热捧。1952～2018 年共召开 5 次评酒会，从最初的四大名优白酒发展到现在的十七大名优白酒（1989 年全国评酒会评选）。其中一些名优品牌渐渐失去一线品牌的实力，如黄鹤楼酒、武陵酒等，而一些新生白酒力量逐渐取代传统白酒品牌。表 2.15 为历届中国名优白酒。

表 2.15 中国名优白酒

企业名称	注册商标	产品名称	香型	获奖届次
贵州茅台酒厂	飞天牌、贵州牌	茅台酒	酱香型	1、2、3、4、5
杏花村汾酒总公司	古井亭牌、长城牌	汾酒	清香型	1、2、3、4、5
泸州曲酒厂	泸州牌	泸州老窖	浓香型	1、2、3、4、5
西凤酒厂	西凤牌	西凤酒	其他香型	1、2、4、5
五粮液酒厂	五粮液牌	五粮液酒	浓香型	2、3、4、5
亳州古井酒厂	古井牌	古井贡酒	浓香型	2、3、4、5
成都全兴酒厂	全兴牌	全兴大曲酒	浓香型	2、4、5
遵义董酒厂	董牌	董酒	其他香型	2、3、4、5
绵竹剑南春酒厂	剑南春牌	剑南春酒	浓香型	3、4、5
洋河酒厂	洋河牌、羊禾牌	洋河大曲	浓香型	3、4、5
双沟酒厂	双沟牌	双沟大曲、特液	浓香型	4、5
武汉市酒厂	黄鹤楼牌	黄鹤楼酒	清香型	4、5
古蔺郎酒厂	郎泉牌	郎酒	酱香型	4、5
常德武陵酒厂	武陵牌	武陵酒	酱香型	5
宝丰酒厂	宝丰牌	宝丰酒	清香型	5
鹿邑宋河酒厂	宋河牌	宋河粮液	浓香型	5
射洪沱牌酒厂	沱牌	沱牌曲酒	浓香型	5

注：表中企业名称、香型等是当时公布的名称，具体名称参照现行名称。

截至 2018 年底，我国涉及白酒业务的上市公司有 20 多家，其中涵盖凯乐科技、维维集团等主营业务非白酒类的多元化企业。主营白酒类上市企业共计 19 家，包括 2014 年上市的“今世缘”，2015 年上市的“口子窖”和“迎驾贡酒”，2016 年上市的“金徽酒”。表 2.16 为 2011～2018 年白酒上市公司的经营业绩，其中 2018 年营业收入排名依次是：贵州茅台、五粮液、洋河股份、泸州老窖、顺鑫农业、山西汾酒、古井贡酒、口子窖、今世缘、老白干酒、迎驾贡酒、水井坊、伊力特、舍得酒业、金徽酒、青青稞酒、金种子酒、酒鬼酒、皇台酒业。上市白酒企业代表优质白酒企业，反映出企业实力较强，品牌竞争力较强、影响力较大，代表中国白酒第一梯队。其中，酒鬼酒、水井坊、皇台酒业部分年份的净利润为负，反映出企业在产业转型中面临经营困境。第一梯队白酒销售市场针对全国，并且这些白酒既是全国一线品牌，也是省内的一线品牌。

2.3.2　第二梯队：中、低端及各省内白酒

除上述名优白酒、上市白酒外，其他白酒多是具有地产品牌优势并销往本地的省内品牌，以中低端白酒为主，位居白酒第二梯队。盘点各省份的优势地产地销品牌有：四川的江口醇、小角楼、丰谷、高洲、叙府；山东的古贝春、泰山酒业、孔府家、花冠、兰陵、景芝、扳倒井、趵突泉；东北三省的老龙口、榆树钱、老村长、龙江家园；两湖地区的浏阳河、白沙液、湘窖、德山大曲、稻花香、楚园春、石花、白云边、黄山头；安徽的宣酒、九华山、文王、老明光、双轮、沙河王；贵州的国台酒业、珍酒、小糊涂仙、怀酒、贵州醇、鸭溪窖酒、百年糊涂；河南的宝丰、宋河、姚花春、赊店、仰韶、杜康、张弓；江苏的品王、汤沟；河北的刘伶醉、板城烧锅、塞罕坝、献王、子龙醉、冀窖、山庄老酒、丛台酒、大名府等。白酒第二梯队包含以省内市场为主的中、低端白酒，是大众消费的主要产品类型。

2.3.3　第三梯队：基酒

白酒基酒，又称原酒，是用于勾兑白酒成品酒的原料。四川省的泸州、邛崃、宜宾、绵竹等地是全国浓香型基酒的主要产地，其中规模实力较强的八大原酒企业包括：四川吉鑫酒业有限公司、四川东圣酒业有限公司、泸州自然香实业有限公司、四川汉窖酒业有限公司、四川省宜宾高洲酒业有限公司、四川省崇州市天城酒业有限公司、四川金盆地集团有限公司、成都蜀之源酒业有限公司。除此之外，贵州习水是酱香型基酒的主要产地，年产原浆数万吨。

表 2.16　2011～2018 年白酒上市公司业绩　（单位：亿元）

企业名称	2011 年		2012 年		2013 年		2014 年		2015 年		2016 年		2017 年		2018 年	
	营业收入	净利润	营业收入	净利润	营业收入	净利润	营业收入	净利润	营业收入	净利润	营业收入	净利润	营业收入	净利润	营业收入	净利润
贵州茅台	184.02	92.50	264.55	140.08	310.71	159.65	315.74	153.50	326.60	164.55	388.62	179.31	582.18	290.06	736.39	378.30
五粮液	203.51	63.94	272.01	103.36	247.19	79.73	210.11	58.35	216.59	64.10	245.44	70.57	301.87	100.86	400.30	140.39
洋河股份	127.41	41.37	172.70	61.52	150.24	50.02	146.72	45.07	160.52	53.65	171.83	58.05	199.18	66.19	241.60	81.15
泸州老窖	84.28	30.56	115.56	45.43	104.31	34.38	53.53	8.80	69.00	15.51	83.04	19.50	103.95	26.02	130.55	35.10
古井贡酒	33.08	5.66	41.97	7.26	45.81	6.22	46.51	5.97	52.54	7.16	58.71	8.30	67.53	11.49	84.59	16.95
顺鑫农业	75.80	3.07	83.42	1.26	90.72	1.98	94.81	3.59	94.54	3.76	108.86	4.13	116.28	4.38	123.43	7.44
山西汾酒	44.88	9.25	64.79	13.87	60.87	9.85	39.16	3.56	39.68	5.21	41.56	6.05	41.16	9.44	88.20	14.67
迎驾贡酒	28.90	4.50	33.54	4.66	33.94	4.22	29.59	4.87	29.27	5.30	30.37	6.83	31.36	6.67	34.86	7.79
今世缘	22.42	5.33	25.94	6.77	25.15	6.81	24.00	6.46	24.34	6.85	25.56	7.54	29.60	8.96	37.41	11.51
老白干酒	14.14	0.92	16.66	1.12	18.03	0.66	21.09	0.59	23.38	0.75	24.36	1.11	25.35	1.64	35.83	3.50
金种子酒	17.65	3.66	22.94	5.62	20.81	1.34	20.75	0.89	17.19	0.52	13.95	0.17	11.53	0.08	13.03	1.02
伊力特	12.35	2.06	17.62	2.28	17.53	2.65	16.28	2.68	16.35	2.82	16.90	2.77	19.00	3.53	20.95	4.28
舍得酒业	12.69	1.95	19.59	3.70	14.19	0.12	14.45	0.13	11.50	0.07	14.61	0.80	16.56	1.44	20.27	3.42
青青稞酒	8.42	2.12	11.97	3.01	14.38	3.73	13.55	3.17	13.88	2.31	14.77	2.16	12.61	−0.94	14.25	1.08
酒鬼酒	9.62	1.93	16.52	4.95	6.85	−0.39	3.88	−0.97	7.17	0.89	7.33	1.09	8.88	1.76	11.87	2.23
水井坊	14.82	3.21	16.36	3.39	4.86	−1.52	3.65	−4.18	8.55	0.88	11.76	2.25	20.48	3.35	28.20	5.79
皇台酒业	0.95	0.48	1.22	0.10	1.08	−0.29	0.57	−0.39	1.04	0.01	1.78	−1.27	0.48	−1.88	0.25	−0.95
金徽酒	6.86	0.85	9.76	1.06	10.93	1.08	10.13	1.25	11.82	1.66	12.77	2.22	13.33	2.53	14.62	2.59
口子窖	20.93	3.97	25.07	4.56	24.47	3.98	22.59	4.22	25.84	6.05	28.30	7.83	36.03	11.14	42.69	15.33

注：今世缘为 2014 年上市，迎驾贡酒和口子窖为 2015 年上市，金徽酒为 2016 年上市。维维集团为多元化经营，其白酒数据无法筛选，故剔除。

数据来源：白酒上市公司年报。

2.4　白酒行业资源与能力分析

2.4.1　白酒行业资源的 VRIO 分析

白酒行业资源按照其存在形式分为有形资源与无形资源。其中，有形资源可以通过财务数据或实地考察方法进行评估，包括不动产、原材料、设备、技术资源等；无形资源不易评估，通常是一些人力资源、创新能力及企业声誉与品牌实力等。借鉴巴尼的内部资源分析框架 VRIO，可以从资源的价值(value)、稀缺性(rarity)、可模仿性(imitability)、组织(organization)四个方面分析白酒行业内部的有形与无形资源。

白酒行业资源的价值是指白酒行业内企业的资源是否有能力应对环境威胁与把握机遇。白酒行业的价值体现在依靠企业资源与实力提供的白酒是否与消费者不断更新的需求相匹配，反映了商品的需求价值、价格满意度与资源动态更新能力的匹配度。从白酒行业看，白酒个性化商品的匹配度还较低，商品异质性较差，且白酒商品整体价格较高，其价值实现能力较弱。白酒行业资源的稀缺性是指获取资源的能力是否具有排他性。若其他竞争者都能轻易获得资源，则说明资源不稀缺，其竞争优势较弱；从白酒生产流程看，农作物、设备、人力资源、包装品等资源较易获取，能产生排他性的是技术能力及创新能力，这也正是白酒行业内企业普遍欠缺之处。白酒行业资源的可模仿性是指给企业带来竞争优势的资源是否容易被模仿。模仿过程需要克服专利及版权等法律限制、市场容量限制、独特地理文化资源限制、社会复杂程度限制等；高端白酒拥有较高的异质性，在品牌知名度上竞争者难以模仿，而普通白酒产品在包装、口感等方面较易被模仿。白酒行业资源组织指企业内的组织结构、组织文化、管理系统等，是一种有利于高效投入与产出的有效机制。通过对白酒行业资源进行分析，可以将白酒企业分为名优企业与普通企业两类(表 2.17)。VRIO 比较分析的结果表明，名优企业因拥有难以复制的品牌力、独特技艺等稀有资源而获得较高的经济绩效；而普通企业的资源较易获得，资源能力易被模仿，所以只能获得均势绩效。

表 2.17　白酒行业 VRIO 比较分析

类别	名优企业	普通企业
价值	资源的动态适应能力较强，易满足消费者需求	资源的动态适应能力差、价值性差
稀缺性	具有品牌优势，独特的水质、土壤及酿酒环境，具有较强的技术能力、创新能力	资源较易获得
可模仿性	在技术、品牌等资源方面不易被模仿	资源容易被模仿
组织	有较强的管理控制能力	组织能力较弱
优势或弱点	具有持续竞争实力	具有一般竞争力

续表

类别	名优企业	普通企业
竞争意义	拥有持续竞争优势	具有竞争均势或暂时竞争优势
经济绩效	高于正常	正常

2.4.2 成本控制能力

白酒行业从生产加工到消费会消耗大量资源，其中以粮食、劳动力、燃料、包装材料为主要消耗成分。酿酒原料主要包括高粱、小麦、糯米、大米、大麦、玉米等。每 0.5 公斤白酒大约消耗 1 公斤粮食，而茅台酒酿造 1 公斤白酒大约消耗 5 公斤粮食。因此，作为高耗粮产业，白酒受农产品影响较大。为减少农产品价格受天气与宏观调控的影响，白酒企业常采用大宗商品招标制度及订单合同采购农产品，以保证原材料正常供应。包装材料费用也是白酒成本的一大支出，包括酒瓶、瓶盖、商标标签、纸箱等，这类产品供应较稳定，价格也较平稳。白酒成本中还有一部分来自制造设备，包括酿造设备、制曲设备、检验设备等，这类设备的费用一般因受生产技术改进缓慢的限制而较稳定。以浓香型白酒为例，中高端、低端白酒中各类成本的比例见表 2.18，其中：包装成本最高，粮食成本占据第二，制造设备成本紧随其后，劳动力成本等占比较少。中高端白酒比低端白酒的包装成本更高，表明包装成本是白酒的核心成本。

表 2.18 浓香型白酒成本比例

白酒类别	粮食成本占比/%	制造设备成本占比/%	劳动力成本占比/%	燃料成本占比/%	包装成本占比/%	其他成本占比/%
中高端	16	10	3	4	64	3
低端	26	10	6	7	46	5

资料来源：根据洋河股份招股说明书和国民财经研究中心《酿酒行业研究报告》整理。

2.5 白酒行业价值链分析

白酒行业价值链指围绕白酒产品提供并展开的一系列纵向活动的总和。每一个活动都是一次资源配置与价值创造过程，原材料供应、中间产品、产成品、运输过程、销售、消费者消费、售后，其中的每一个环节都实现价值增值，并构成完整的白酒价值链。白酒价值链中的活动可以发生在多家白酒企业，也可以通过纵向一体化发生在同一家白酒企业。白酒价值链可以分为需求价值链、渠道价值链和文化价值链。

价值链分析法一般采用波特价值链分析法与麦肯锡价值链分析法。波特价值链相对来说较为完整，如图 2.6 所示，价值创造过程分为基本活动和支持活动。基本活动指直接与白酒产品相关的活动，包括采购、进库的进向物流，白酒生产，仓储或出库的出向物流，销售与营销及顾客服务。支持活动包括财务、法务、规划、管理信息系统等基础活动，技术研发、人力资源管理等技术与人力支持。现有的白酒行业价值链处于断裂状态：基本活动中生产环节易出现质量问题，出向物流易造成白酒二次污染，销售端渠道单一、成本高，售后的产品问题追踪没有溯源；支持活动中技术水平提升有限，白酒企业现代企业制度不完善，人力资源尤其是营销人才短缺。

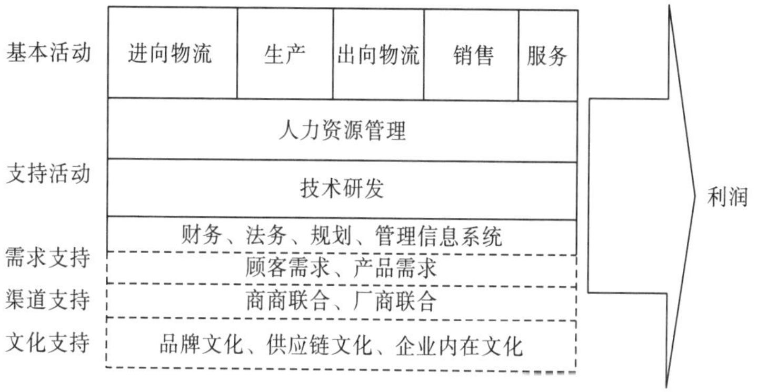

图 2.6　白酒行业价值链

在波特价值链分析基础上：加入以快速捕捉顾客需求、实现顾客方便快捷、研发个性化白酒产品为导向的需求支持，构成白酒需求价值链；增加白酒企业与经销厂商共投共管的厂商联合，或以资本整合为导向的电商与白酒厂商商商联合为营销手段的渠道支持，构造白酒渠道价值链；加入以打造品牌文化、供应链文化、企业内在文化为目标的文化支持，构成白酒文化价值链。这三种白酒价值链从不同角度渗透白酒行业，完善原有白酒价值链，并协同促进白酒行业实现绩效提升和利润增加。

第3章　白酒行业产业组织分析

本章采用产业经济学的基本分析框架，对白酒行业的产业结构、产业组织、产业发展、产业布局、产业政策、产业竞争和产业链等进行分析，旨在利用产业组织与竞争理论探讨白酒行业的发展现状及存在的问题，为白酒行业转型发展及制定发展战略和产业政策提供依据。①在产业结构方面，按照酿造工艺不同，对蒸馏酒、发酵酒、调制酒进行概述；按照行业结构，对白酒、黄酒、葡萄酒、啤酒、果酒、露酒进行系统梳理。②在产业组织方面，按照“结构－行为－绩效”的分析逻辑，从产销结构、产品香型结构、地理标志产品、商标品牌、纯粮标志产品、绿色有机食品认证、非物质文化遗产等方面探讨白酒行业的市场结构，从定价、广告、社会责任三个方面分析白酒行业的企业行为，从利润率和利润集中度两个方面分析白酒行业的行业绩效。③根据白酒行业的聚集式、板块式发展特征，对川黔、苏皖、鲁豫、两湖、华北、西北和东北七大板块白酒行业的基本情况和企业分布进行梳理，并分析各地区的白酒产业布局。④从行业政策法规和标准体系两个方面分析白酒行业的产业政策。⑤以白酒上市公司为例，分析其营业收入、利润等指标，进而探讨白酒行业的产业竞争。⑥依据白酒行业的产业链，与主要替代产品如洋酒、调制酒相比较，指出白酒行业在销售渠道、品牌及价格体系上的不足，并进一步提出实施白酒产业链治理的依据和思路。

3.1　酿酒行业产业结构

酿酒行业是指在国内生产或销售酒精含量大于0.5%的饮料或饮品的行业。酿酒行业产业结构是指酿酒产业的组成、各个酿酒产业的比例，以及各产业间的联系。酿酒产业划分方式很多：按照酿造工艺不同可以划分为蒸馏酒、发酵酒和调制酒；按照行业结构可划分为白酒、黄酒、葡萄酒、啤酒、果酒和露酒。

3.1.1　酿造工艺划分

1. 蒸馏酒

国家标准《饮料酒分类》(GB/T 17204－2008)规定，蒸馏酒是以粮谷、薯类、水果、乳类为主要原料，经过发酵、蒸馏等技术勾兑而成的饮料酒，主要包括白酒类、洋酒类、奶酒及其他蒸馏酒类。

(1)白酒类。白酒是以粮谷为主要原料，通过糖化剂(大曲、小曲、麸曲等)发酵，经过蒸煮、糖化、发酵、蒸馏、陈酿、勾兑、贮藏等过程制成的蒸馏酒。白酒与白兰地、威士忌、伏特加、金酒、朗姆酒并称为世界六大蒸馏酒。其中，白酒是以曲类为糖化剂经固态发酵蒸馏制成，而其他五种蒸馏酒多以麦芽为糖化剂经液态发酵蒸馏制成。白酒依照复杂的酿造工艺、多样的酿造原料，可划分为多种类别。

按照糖化剂不同分为：①大曲白酒类，即以大曲为制曲原料制成的白酒，如泸州老窖、五粮液等；②小曲白酒类，即以小曲为制曲原料制成的白酒，如广西桂林三花等；③麸曲白酒类，即以麸曲为制曲原料制成的白酒，如山西六曲香酒等；④混曲白酒类，即以大曲、小曲、麸曲等的混合物为制曲原料制成的白酒，如董酒等；⑤其他制曲剂白酒类，即以糖化酶为糖化剂，添加酿酒酵母而制成的白酒，如生料酿酒等。

按照酿造工艺不同分为以下几类：①固态发酵法白酒类，即以粮谷为原料，采用天然微生物接种、固态糖化发酵及固态甑桶蒸馏制成的含有独特风味的白酒，如大曲酒、小曲酒及麸曲酒均采用固态发酵法。②半固态发酵法白酒类，包括以大米等为原料，经固态糖化剂发酵后又经液态蒸馏制成的白酒，即先培菌糖化后再发酵的白酒，如桂林三花酒、全州湘山酒等；或者以大米为原料，以酒曲饼为糖化剂，在半固态状态下边糖化边发酵制成的白酒，如广东玉冰烧等。③液态发酵法白酒类，即以淀粉、糖类为原料，使用酒精生产方法中的液态发酵工艺，通过调香、串香并勾兑而成的白酒。液态发酵法具体包括全液态发酵法、串香法、固液结合法及调香法；几种液态发酵法各有优缺点，可生产出不同风味的白酒。

按照香型划分，分为浓香型、清香型、酱香型、米香型、药香型、凤香型、老白干香型、豉香型、特香型、兼香型、馥郁香型、芝麻香型等12种主要香型。

按酒精度[①]划分，分为41%～65%的高酒精度白酒与小于40%的低酒精度白酒。

(2)洋酒类。白兰地是以新鲜水果、果汁、果肉为原料，经发酵、蒸馏、陈酿、调制而成的蒸馏酒，酒精度为40%～43%，是世界八大烈酒之一，品种有法国白兰地、玛克白兰地、苹果白兰地、樱桃白兰地等，代表品类是科涅克白兰地，常见品牌有人头马、轩尼诗、马爹利等。威士忌是以大麦、谷物为原料，经发酵、蒸馏、陈酿、勾兑而成的蒸馏酒，酒精度为40%～60%，是世界八大烈酒之一，根据产地，较著名的有苏格兰威士忌、爱尔兰威士忌、美国威士忌、加拿大威士忌等。伏特加是以谷物、小麦、糖浆等为原料并与酒精混合，经发酵、多层蒸馏制成的蒸馏酒，酒精度通常为35%～50%，是世界八大烈酒之一，主要品种包括俄罗斯伏特加、波兰伏特加等；由伏特加调制而成的著名鸡尾酒包括黑俄罗斯、螺丝钻、血玛丽等。朗姆酒是以甘蔗或糖蜜为原料，经发酵、蒸馏、陈酿、勾兑

① 注：酒中乙醇的体积分数。

制成的蒸馏酒，酒精度为 38%～55%，是世界八大烈酒之一，主要品种包括黑朗姆、金朗姆、银朗姆，代表品牌包括波多黎各的百加地、牙买加的摩根船长、美雅士等。金酒，也称为杜松子酒，是以大麦、黑麦等粮谷为原料，经糖化、发酵、蒸馏、勾兑，并用杜松子浸泡或串香蒸馏而成的蒸馏酒，酒精度为 35%～55%，是世界八大烈酒之一，品种分为辣味金酒、老汤姆金酒、荷兰金酒、果味金酒，著名品牌有添加利、哥顿金酒、英国卫兵、钻石金酒、宝石蓝金酒等。龙舌兰酒是以龙舌兰为原料，经糖化、发酵、蒸馏、勾兑制成的蒸馏酒，酒精度为 37%～40%，著名品牌有凯尔弗、斗牛士、索查、欧雷、玛丽亚西、特基拉安乔等。

(3) 奶酒类。蒸馏奶酒是以牛乳、乳清、乳清粉为原料，经过发酵、蒸馏等工艺制成的蒸馏酒，是排在白酒、白兰地、威士忌、伏特加、朗姆酒、金酒之后的第七类蒸馏酒，以蒙古族马奶酒最为出名。

2. 发酵酒

国家标准《饮料酒分类》(GB/T 17204－2008) 规定，发酵酒是以粮谷、水果、乳类为原料，经发酵或部分发酵制成的饮料酒，主要包括啤酒、黄酒、葡萄酒、发酵型果酒、发酵型奶酒及其他发酵酒类。

(1) 啤酒类。啤酒是以麦芽、水为原料，加入啤酒花经发酵制成的会起泡、含有 CO_2 的低酒精度饮料酒。按照灭菌方式不同，分为熟啤酒、生啤酒、鲜啤酒；按照色度差异，分为淡色啤酒、浓色啤酒、黑色啤酒；按照工艺差异，将特种啤酒划分为干啤酒、低醇啤酒、无醇啤酒、小麦啤酒、浑浊啤酒、冰啤酒、果蔬类啤酒。国外代表品牌有慕尼黑啤酒、比尔森啤酒、伊堡啤酒、太子啤酒等；国内代表品牌有青岛啤酒、雪花啤酒、燕京啤酒等。

(2) 黄酒类。黄酒是中国特有酒类，是以稻米、黍米、小米等为主要原料，加入酒曲、酵母，经过糖化、发酵、贮藏、调制而成的发酵酒，酒精度一般为 15%～16%。按照含糖量不同，分为干酒黄酒、半干酒黄酒、半甜酒黄酒、甜酒黄酒；按照原料不同，分为稻米黄酒、非稻米黄酒；按照产品工艺不同，分为传统型黄酒、清爽型黄酒、特型黄酒。黄酒历史悠久、品种丰富，以糯米型黄酒为代表品类，著名的有绍兴元红酒、绍兴女儿红、绍兴善酿酒等。

(3) 葡萄酒类。葡萄酒是以新鲜葡萄、葡萄汁为原料，经发酵或部分发酵制成的含有酒精的饮料酒，酒精度一般不低于 7%。按照颜色差异，分为红葡萄酒、白葡萄酒及桃红葡萄酒；按照含糖量差异，分为干葡萄酒、半干葡萄酒、半甜葡萄酒、甜葡萄酒；按照 CO_2 含量差异，分为平静葡萄酒、气泡葡萄酒、高泡葡萄酒、低泡葡萄酒；按照生产工艺不同，将特种葡萄酒分为利口葡萄酒、葡萄汽酒、冰葡萄酒、贵腐葡萄酒、产膜葡萄酒、加香葡萄酒、脱醇葡萄酒、山葡萄酒。法国是葡萄酒最著名的产地，以波尔多、格拉芙等主要产区的葡萄酒享誉世界。国内有名的葡萄酒品牌有张裕葡萄酒、长城葡萄酒、王朝葡萄酒等。

(4) 发酵型果酒类。发酵型果酒是以新鲜水果或果汁为原料，经发酵或部分发酵制成的饮料酒。根据原料不同，分为苹果酒、枇杷酒、猕猴桃酒、樱桃酒、石榴酒等。

(5) 发酵型奶酒类。发酵型奶酒是以牛奶、乳清等为主要原料，经发酵、杀菌等工艺制成的发酵酒饮料。

(6) 其他发酵酒类。除以上提到的发酵酒以外，还包括清酒、米酒等其他发酵酒。

3. 调制酒

国家标准《饮料酒分类》(GB/T 17204－2008) 及《露酒》(GB/T 27588－2011) 中规定，露酒也称为调制酒，是以蒸馏酒、发酵酒或食用酒精为酒基，加入可食用或药食两用(符合相关规定)的辅料或食品添加剂，经调配、混合或再加工制成的已改变其原酒基风格的饮料酒。按照添加的原料不同，分为植物类配制酒(含浸泡型果酒)、动物类配制酒、动植物类配制酒及其他类配制酒；按照生产工艺不同，分为再蒸馏型配制酒及直接调配型配制酒；按照保健作用不同，分为营养型配制酒与功能型配制酒。我国代表性配制酒包括劲酒、竹叶青酒、园林青酒、椰岛鹿龟酒等。

3.1.2　行业结构划分

根据行业管理、风格差异等，一般将酒类划分为白酒、啤酒、黄酒、葡萄酒、果酒及调制酒六类。表 3.1 及图 3.1 是 1978～2018 年饮料酒及酒精的产量情况。总体来讲，饮料酒产量呈现递增趋势，且增长速度较快，中间存在短时期产量减少的情况，如 1998 年、1999 年发生的亚洲金融风暴及通货紧缩促使饮料酒市场出现萎缩，2008 年末至 2009 年出现的金融危机也使饮料酒市场产量减少。1978 年至 2000 年前后、2002 年、2009 年至今是饮料酒行业总体快速增长的三个时期。饮料酒市场中增长速度最快的是啤酒，从 1978 年至今一直保持快速增长，在此期间受经济状况影响不明显。1982～1988 年啤酒产量翻两番，在啤酒产业成熟时期，啤酒企业不断被兼并与重组，啤酒产业也处于扩张与并购的快速发展时期。

(1) 白酒行业自改革开放以来共经历 4 个阶段。①量价齐驱时期(1978～1996 年)。这期间一直保持快速增长态势，人均可支配收入与财政收入较快增长，白酒行业步入第一个繁荣阶段，需求的增加带动白酒行业量价齐驱。②产能过剩时期(1997～2001 年)。受亚洲金融危机与需求萎缩等影响，白酒产能过剩，白酒行业处于产业调整时期。③黄金增长时期(2002～2011 年)。这期间白酒行业迅猛发展，各品牌快速成长并呈现两极化发展，这归因于居民消费提升和经济快速增长等因素。④产业转型时期(2012 年至今)。这期间由于产能过剩、政务消费需求减弱、产业结构调整等因素，白酒行业处于行业重组、产业转型调整阶段。

(2) 葡萄酒的发展经历 4 个过程。①1978～1992 年葡萄酒产业在我国起步，市场以半汁葡萄酒为主，后期因受计划经济限制等影响而遭遇一些发展困境。②1993～2001 年，干红葡萄酒引起巨大的消费热与投资热，是葡萄酒发展的起步时期。③2002～2011 年是葡萄酒快速发展时期。2002 年我国出台《中国葡萄酿造技术规范》，引发消费与投资的热潮，自此葡萄酒进入快速发展时期。④2012 年至今，葡萄酒受经济下滑、国外市场冲击、消费结构变化等影响，进入产业结构调整阶段。

(3) 黄酒市场虽只占饮料酒市场的 4%～5%，但保持较快速率增长，特别是 2003 年至今，黄酒的产量、销量等有显著增长，但受消费群体、消费区域等限制，其市场份额依旧较低。

(4) 调制酒是饮料酒的朝阳产品，其产量虽只占饮料酒总产量的 0.5%，但呈递增态势，表明消费者对调制酒的需求递增。

表 3.1 1978～2018 年饮料酒生产情况 (单位：万吨/万千升)

年份	饮料酒总产量	白酒产量	啤酒产量	黄酒产量	葡萄酒产量	调制酒产量	发酵酒精产量
1978	246.85	143.74	40.38	39.95	6.40	16.35	40.60
1980	368.48	215.28	68.78	43.15	7.79	33.40	49.31
1982	493.10	253.29	117.30	59.10	11.80	51.60	59.96
1984	712.60	317.10	223.96	62.30	15.99	91.90	72.74
1986	985.09	350.77	412.88	86.85	25.33	109.32	92.53
1988	1357.29	468.54	662.77	85.90	30.85	109.23	108.78
1990	1388.36	513.91	692.23	75.56	25.43	78.20	129.30
1992	1752.71	547.43	1020.66	93.26	24.60	66.66	145.03
1994	2233.00	651.29	1414.66	104.81	18.03	44.26	170.47
1996	2650.94	801.30	1681.91	119.70	17.03	31.00	200.28
1997	2834.11	781.79	1888.94	121.63	18.55	23.20	213.28
1998	2739.63	584.96	1987.67	125.00	22.00	20.00	210.00
1999	2705.64	502.26	2098.77	130.00	25.43	20.00	205.00
2000	2897.43	476.11	2231.32	134.79	24.19	20.00	199.06
2001	3069.87	420.19	2288.80	154.00	25.05	25.00	200.83
2002	2975.03	378.47	2402.70	140.00	28.86	25.00	213.00
2003	3091.13	331.35	2540.48	160.00	34.30	25.00	250.00

续表

年份	饮料酒总产量	白酒产量	啤酒产量	黄酒产量	葡萄酒产量	调制酒产量	发酵酒精产量
2004	3464.48	311.68	2948.59	180.00	36.73	26.00	285.96
2005	3822.46	349.37	3126.05	170.00	43.43	30.00	368.13
2006	4571.17	397.08	3543.58	63.81	49.75	31.00	545.62
2007	5203.51	439.95	3954.07	75.70	66.51	31.30	635.98
2008	5504.46	569.34	4103.09	80.96	69.83	33.00	681.27
2009	5066.52	678.85	4151.77	106.28	86.66	42.96	742.96
2010	5668.13	886.52	4490.16	134.10	108.80	48.55	825.90
2011	6168.40	1011.10	4834.50	150.00	111.30	61.50	824.80
2012	6239.40	1153.10	4778.60	212.70	138.20	—	820.70
2013	6630.30	1226.20	5061.50	255.20	117.83	—	911.50
2014	6543.99	1257.00	4921.90	272.90	116.10	—	984.30
2015	6412.59	1312.80	4715.70	301.80	114.80	—	1016.74
2016	6274.20	1358.40	4506.40	322.50	113.70	—	952.10
2017	6050.14	1198.10	4401.50	340.10	100.10	—	1027.29
2018	4985.30	871.20	3812.20	334.80	62.90	—	646.63

注：①表中“—”指未搜集到产量；②黄酒在 2006 年以后只计规模以上企业产量；③啤酒在 2003 年及以前单位为万吨，之后单位为万千升，其他数据单位均为万千升。

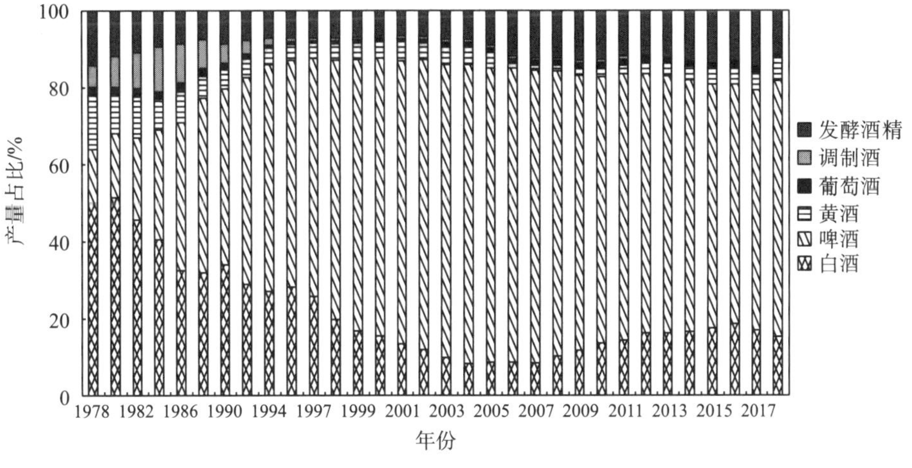

图 3.1　历年饮料酒生产情况

3.2 白酒行业产业组织

白酒行业在经历 2002～2011 年的快速增长后进入产业调整阶段，呈现出负增长态势。在产量、收入、利润等经济指标中呈现增长减缓、利润收缩等问题。尽管产业呈现进一步衰退态势并预计会持续一段时间，但这种产业周期性发展的特点、政策导向作用及与经济状况契合的表现，不足以说明白酒行业衰退，反而是它转型的重要机遇期。

从产量及其增长率看，如图 3.2 所示，2002～2011 年，白酒产量经过两年小幅下降后，从 2004 年开始持续增加，且呈现出加速的趋势，这得益于经济快速发展及居民消费增加，白酒产量年均增幅在 10.0%左右。受政策因素影响，从 2012 年开始，白酒产量增幅明显放缓；到 2017 年，白酒产量开始下降，降幅达 11.8%；2018 年较 2017 年降幅更大，达 27.3%。这与白酒行业产能过剩、整合产业资源、产业重组等产业调整因素紧密相关。

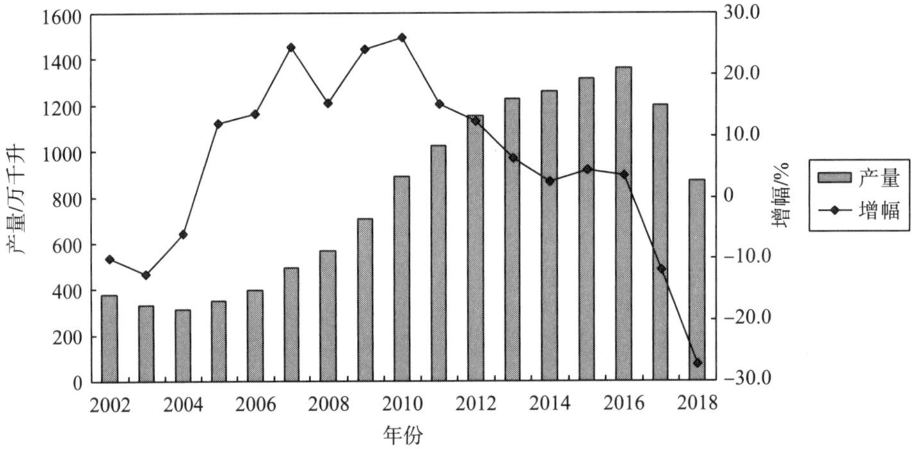

图 3.2 2002～2018 年全国白酒产量增长趋势

从销售收入增长率看，如图 3.3 所示，2002～2011 年，白酒行业进入量价齐驱的“黄金十年”，白酒销售收入快速增长，年均增幅达 25.85%，2011 年较上年增幅高达 54.72%，2012 年开始增幅收紧，2016 年销售收入达到 2002～2018 年的峰值，2017 年开始销售收入持续下滑。

从利润看，如图 3.4 所示，2002～2012 年利润增长较快，2013～2014 年利润呈负增长，2014 年实现利润总额 698.75 亿元，较 2013 年下降 13.18%；2015 年开始，白酒行业利润转降为升，2017 年和 2018 年连创新高，分别达到 1028.48 亿元和 1250.50 亿元。在产量和销售收入双双下降的情况下，受市场价格及股市的双重影响，白酒行业利润出现逆势上扬。

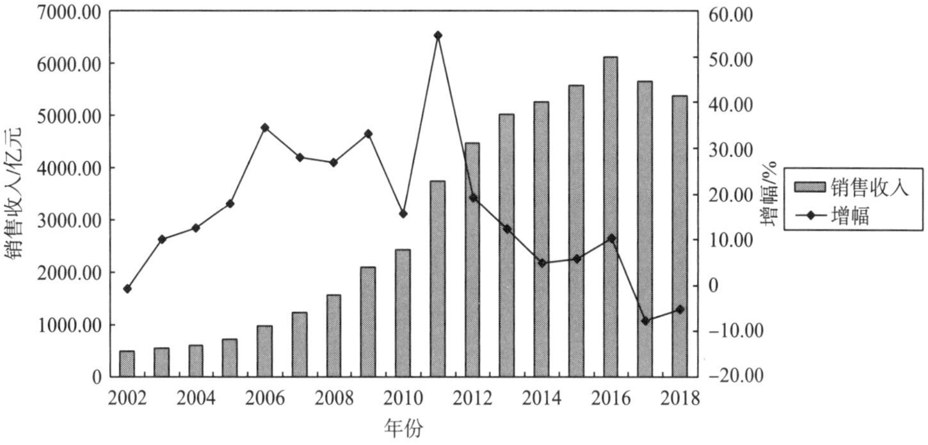

图 3.3　2002～2018 年白酒行业销售收入增幅

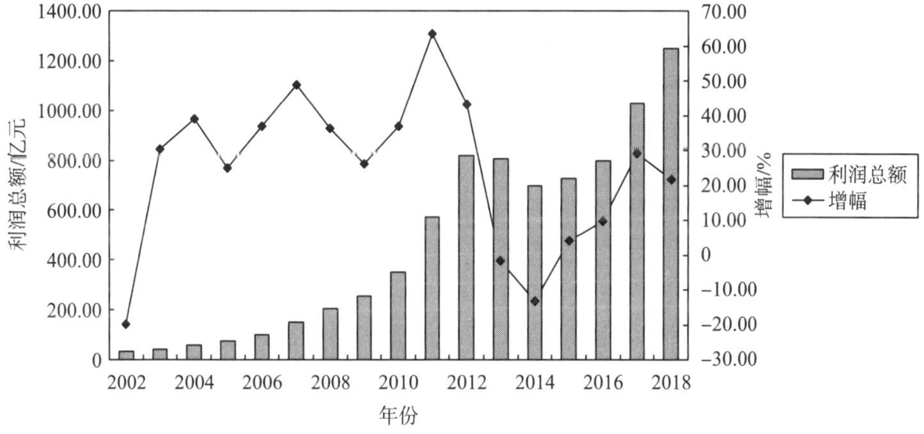

图 3.4　2002～2018 年白酒行业利润

3.2.1　市场结构

市场结构包括行业内买方、卖方数量及地域分布、产品的差别化、进入行业的难易程度等内容。

1. 产销结构

见表 3.2，2002～2018 年白酒产量排名前十的省份/直辖市中，山东 2002～2006 年保持白酒产量第一的地位；2007～2010 年受川酒强势崛起的影响，退居第二；2011 年又被河南超越，退居第三；2012～2015 年再次位居第二；2016～2017 年被河南再次超越，退居第三；2018 年则退至第七。四川 2002～2006 年稳居第二，从 2007 年开始超越山东，至今一直保持白酒产量第一的地位。安徽、江苏和河南其白酒产量 2002～2018 年一直处在前十位，排名各有起落；2018 年江苏位居第二，安徽第五，河南第六。湖北 2003～2018 年一直处在前十，排名有所起落；2018 年居第三。辽宁 2002～2016 年排在前十；2017～2018 年未进入前十。吉林从 2003 年开始排入前十；除 2005 年和 2008 年未进入前十外，一直处在前十位。内蒙古 2004～2016 年排入前十；广西、广东、河北、贵州和黑龙江也进入过前十；北京 2017 年排入前十，2018 年居第四；山西 2018 年排入前十。

表 3.2　2002～2018 年白酒产量前十省份（直辖市）的排名变化

省份	2002年	2003年	2004年	2005年	2006年	2007年	2008年	2009年	2010年	2011年	2012年	2013年	2014年	2015年	2016年	2017年	2018年
山东	1	1	1	1	1	2	2	2	2	3	2	2	2	2	3	3	7
四川	2	2	2	2	2	1	1	1	1	1	1	1	1	1	1	1	1
广西	3	—	—	—	—	—	—	—	—	—	—	—	—	—	—	—	—
安徽	4	3	5	6	5	7	7	9	6	8	9	10	10	9	9	9	5
江苏	5	4	3	5	4	6	6	8	5	5	4	4	4	4	4	4	2
河南	6	5	4	3	3	3	3	3	3	2	3	3	3	3	2	2	6
辽宁	7	6	6	4	6	4	4	4	4	4	5	8	9	10	10	—	—
河北	8	—	10	10	—	9	9	10	10	9	—	—	—	—	—	—	—
广东	9	7	—	—	—	—	—	—	—	—	—	—	—	—	—	—	—
贵州	10	8	—	9	10	—	10	—	—	—	—	—	—	—	—	8	8
湖北	—	9	7	7	7	8	5	5	8	10	6	5	5	5	5	6	3
吉林	—	10	8	—	9	10	—	6	7	7	8	7	7	7	7	5	9
内蒙古	—	—	9	8	8	5	8	7	9	6	7	6	6	6	6	—	—
黑龙江	—	—	—	—	—	—	—	—	—	—	10	9	8	8	8	7	—
北京	—	—	—	—	—	—	—	—	—	—	—	—	—	—	—	10	4
山西	—	—	—	—	—	—	—	—	—	—	—	—	—	—	—	—	10

从表 3.3 可以看出，产量排名前十省份/直辖市的总产量占全国总产量的比重较大，总体上保持增长态势；从 2002 年的 75.77%到 2010 年突破 80.00%，达 82.16%，再到 2018 年的 83.05%，表明白酒生产地域集中度不断提高。另外，全国白酒品牌上万家，白酒生产厂商共计 2 万余家，其中规模以上白酒企业上千家。如图 3.5 所示，2010～2018 年白酒行业规模以上企业数量呈现出波动趋势；2011 年白酒行业规模以上企业 1233 家，较 2010 年减少 374 家；2012 年开始，白酒行业步入寒冬期，规模以上企业数量缓慢增长，2017 年达到 1593 家，2018 年转升为降，回落到 1445 家。表 3.4 显示，2002～2018 年白酒行业销量、销售收入显著

增长，销量年均复合增长率为 4.99%，销售收入年均复合增长率为 15.03%，这源于人们生活品质与消费水平提升，对优质白酒的需求剧增；产销率方面，除 2004 年和 2005 年产量小于销量外，近些年白酒基本处于供过于求的状态，出现产能过剩等问题。

表 3.3　白酒产量前十省份占全国比重

年份	全国前十省份	全国产量/万千升	前十省份占全国比重/%
2002	山东、四川、广西、安徽、江苏、河南、辽宁、河北、广东、贵州	378.47	75.77
2003	山东、四川、安徽、江苏、河南、辽宁、广东、贵州、湖北、吉林	331.35	74.22
2004	山东、四川、江苏、河南、安徽、辽宁、湖北、吉林、内蒙古、河北	311.68	76.41
2005	山东、四川、河南、辽宁、江苏、安徽、湖北、内蒙古、贵州、河北	349.37	77.93
2006	山东、四川、河南、江苏、安徽、辽宁、湖北、内蒙古、吉林、贵州	397.00	77.07
2007	四川、山东、河南、辽宁、内蒙古、江苏、安徽、湖北、河北、吉林	494.00	77.41
2008	四川、山东、河南、辽宁、湖北、江苏、安徽、内蒙古、河北、贵州	569.00	77.79
2009	四川、山东、河南、辽宁、湖北、吉林、内蒙古、江苏、安徽、河北	707.00	79.47
2010	四川、山东、河南、辽宁、江苏、安徽、吉林、湖北、内蒙古、河北	890.00	82.16
2011	四川、河南、山东、辽宁、江苏、内蒙古、吉林、安徽、河北、湖北	1026.00	83.81
2012	四川、山东、河南、江苏、辽宁、湖北、内蒙古、吉林、安徽、黑龙江	1153.00	82.39
2013	四川、山东、河南、江苏、湖北、内蒙古、吉林、辽宁、黑龙江、安徽	1226.00	82.08
2014	四川、山东、河南、江苏、湖北、内蒙古、吉林、黑龙江、辽宁、安徽	1257.00	81.36
2015	四川、山东、河南、江苏、湖北、内蒙古、吉林、黑龙江、安徽、辽宁	1312.80	81.40
2016	四川、河南、山东、江苏、湖北、内蒙古、吉林、黑龙江、安徽、辽宁	1358.36	83.79
2017	四川、河南、山东、江苏、吉林、湖北、黑龙江、贵州、安徽、北京	1198.06	84.01
2018	四川、江苏、湖北、北京、安徽、河南、山东、贵州、吉林、山西	871.20	83.05

资料来源：根据《中国食品工业年鉴》数据整理。

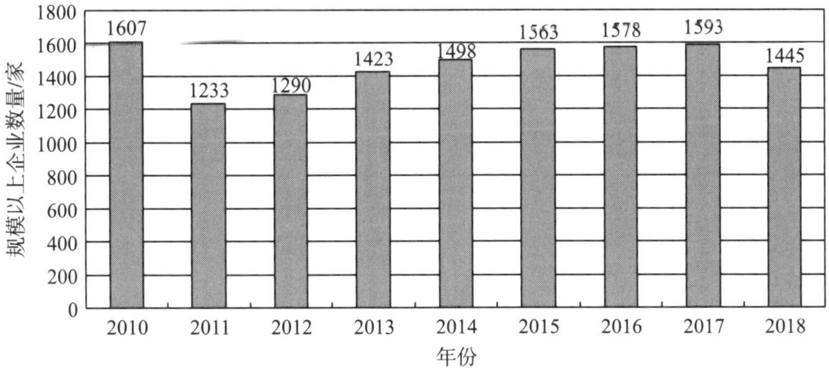

图 3.5　2010～2018 年白酒行业规模以上企业数量

表 3.4 2002～2018 年白酒销售情况

年份	销售收入/亿元	销量/万千升	产销率/%
2002	495.88	373.50	101.33
2003	545.32	330.10	100.38
2004	613.00	314.20	99.20
2005	722.65	358.10	97.55
2006	971.40	383.90	103.43
2007	1241.96	485.20	101.80
2008	1574.85	562.10	101.29
2009	2095.17	628.50	112.48
2010	2421.62	873.30	102.01
2011	3746.67	1021.80	100.39
2012	4466.26	1126.70	102.34
2013	5018.01	1166.20	105.19
2014	5258.89	1202.60	104.52
2015	5558.86	1278.80	102.66
2016	6125.74	1305.71	104.04
2017	5654.42	1161.67	103.14
2018	5363.83	854.65	101.91

2. 产品香型结构

白酒是以含有淀粉质的粮食类为原料，以大曲、小曲、麸曲等酒曲为糖化发酵剂，采用固态、半固态或液态发酵方法，通过蒸馏、贮存及勾兑制成的酒精类饮品。白酒品类因生产环境差异、酿造工艺不同、香型口感差异、酿造原料差异、发酵容器不同、曲种差异、贮存方式不同、勾调技术差异等形成风格迥异的白酒香型，且种类繁多。在酿造过程中，因选用的原料、糖化发酵剂、发酵容器设备、酿造工艺、酿造环境的气候条件不同，白酒的香型与口味有很大差异，白酒类别也由此区别。

大众香型包括浓香型、清香型、酱香型 3 种；小众香型繁多，包括凤香型、兼香型、特香型、老白干香型、芝麻香型、董(药)香型、豉香型、米香型、馥郁香型等 9 种(赖登燡，2017)。酱香型白酒的特点是淀粉经过反复发酵产生酱香味，其酱香突出，口感醇厚，优雅细腻，回味悠长，经久不散，以茅台酒、国台酒、茅台镇酒等为代表。浓香型白酒以高粱等谷物为原料，用糖化发酵剂老窖发酵，缓火蒸馏、贮存、勾兑，口感浓郁、绵甜爽净，川湘渝为其消费主体，而黄淮区域偏爱绵柔淡雅浓香，以泸州老窖为代表。凤香型白酒以高粱为原料，采用糖化发酵剂，续馇配料，土窖发酵，酒海容器贮存，口感醇香秀雅、甘润挺爽、轻而不淡，以陕西西凤酒为代表。清香型白酒在工艺上采用清蒸清糟、固态地缸发酵，清蒸流酒，口感醇厚柔和、清香纯正、余味清爽，以山西汾酒为代表。其他香型白酒因酿造工艺、原料等原因，口感有显著差异(图 3.6)。

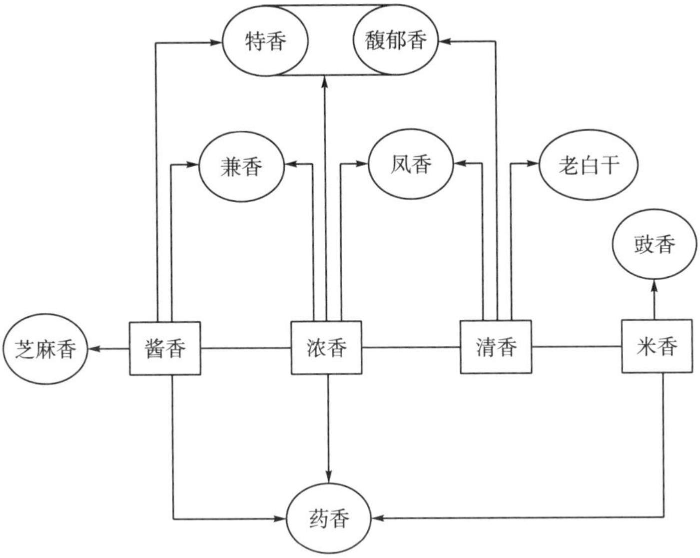

图 3.6　12 种香型白酒及其相互关系

(1)浓香型白酒。在国家标准《浓香型白酒》(GB/T 10781.1－2006)中，浓香型白酒被定义为“以粮谷为原料，经传统固态法发酵、蒸馏、陈酿、勾兑而成的，未添加食用酒精及非白酒发酵产生的呈香呈味物质，具有以己酸乙酯为主体复合香的白酒”。浓香型白酒分为酒精度为 41%～68%的高度酒与酒精度为 25%～40%的低度酒。优级的浓香型白酒呈无色或微黄，色泽清亮透明，无悬浮物，无沉淀，具有浓郁的以己酸乙酯为主体的复合香气，口感醇厚、绵甜净爽、余味悠长。一级的浓香型白酒在口感与香气上较优级次之。浓香型白酒根据曲种分为大曲浓香型与麸曲浓香型。其中，大曲浓香型分为三个流派：长江流域采用跑窖法工艺的五粮型川派，代表企业有五粮液、剑南春；长江流域采用原窖法工艺的单粮型川派，代表企业有泸州老窖、全兴大曲；江淮流域(苏、鲁、皖、豫等)采用老五甑法工艺的纯浓型江淮派，代表企业有洋河、双沟、古井贡等。形成三大流派的因素有地理环境(水、土壤、气候、空气质量等)、酿造原料、制曲原料及工艺、窖池差异、操作工艺、微量成分等，以及融合在其中的人为因素。麸曲浓香型代表白酒有金州曲酒、德惠大曲、龙泉春酒、燕潮酩、陈曲、宁城老窖等。

浓香型白酒产量是所有白酒香型中产量最高的，占白酒行业的 70%左右。第五届国家评酒会评出的 17 个名酒中，浓香型白酒有 9 个，包括泸州老窖特曲、五粮液、剑南春、洋河大曲、古井贡酒、全兴大曲、双沟大曲、宋河粮液、沱牌曲酒，且都属于大曲浓香型。因此，浓香型是最具影响力的白酒香型。

(2)清香型白酒。在国家标准《清香型白酒》(GB/T 10781.2－2006)中，清香型白酒被定义为“以粮谷为原料，经传统固态法发酵、蒸馏、陈酿、勾兑而成的，未添加食用酒精及非白酒发酵产生的呈香呈味物质，具有以乙酸乙酯为主体复合香的白酒”。清香型白酒分为酒精度为41%～68%的高度酒与酒精度为25%～40%的低度酒。优级的清香型白酒呈无色或微黄，色泽清亮透明，无悬浮物，无沉淀，清香纯正，具有以乙酸乙酯为主体的复合香气，口感柔和谐调、绵甜净爽、余味悠长。一级的清香型白酒在口感与香气上较优级次之。清香型白酒存在较多流派，分为大曲清香型、小曲清香型及麸曲清香型：大曲香型代表白酒是山西汾酒、黄鹤楼酒、河南宝丰大曲；小曲香型其发酵方法分为在四川、重庆、云南、贵州、湖北等地使用的固态发酵法，以广西桂林三花、全州湘山为代表的半固态发酵法，以及以广东玉冰烧为代表的液态发酵法。麸曲清香型代表白酒为山西六曲香、辽宁凌塔白酒、哈尔滨老白干酒等。清香型白酒产品深受北方及某些南方地区喜爱，其中，南方偏爱小曲清香型，北方偏爱大曲清香型与麸曲清香型。清香型白酒出酒率高，优质品率高，可以向清爽与醇厚两个方向进行研发与拓展。

(3)米香型白酒。在国家标准《米香型白酒》(GB/T 10781.3－2006)中，米香型白酒被定义为“以大米等为原料，经传统半固态法发酵、蒸馏、陈酿、勾兑而成的，未添加食用酒精及非白酒发酵产生的呈香呈味物质，具有以乳酸乙酯、β-苯乙醇为主体复合香的白酒”。米香型白酒分为酒精度为41%～68%的高度酒与酒精度为25%～40%的低度酒。优级的米香型白酒呈无色，色泽清亮透明，无悬浮物，无沉淀，米香纯正，清雅香气，口感醇和、绵甜净爽、回味怡畅。一级的米香型白酒在口感与香气上较优级次之。米香型白酒代表产品有桂林三花酒、湖南浏阳小曲酒、广西湘山酒、从化三花酒及广东长乐烧，主要产地有广西、湖南、湖北、江西、贵州、云南、四川等。

(4)凤香型白酒。凤香型是浓香型与清香型的衍生香型。在国家标准《凤香型白酒》(GB/T 14867－2007)中，凤香型白酒被定义为以粮谷为原料，经传统固态法发酵、蒸馏、陈酿、勾兑而成的，未添加食用酒精及非白酒发酵产生的呈香呈味物质，具有以己酸乙酯与乙酸乙酯为主体复合香的白酒。凤香型白酒分为酒精度为41%～68%的高度酒与酒精度为18%～40%的低度酒。优级的凤香型白酒呈无色或微黄，色泽清亮透明，无悬浮物，无沉淀，醇香秀雅，具有以己酸乙酯与乙酸乙酯为主体的复合香气，口感醇厚谐调、甘润挺爽、余味悠长。一级的凤香型白酒在口感与香气上较优级次之。凤香型白酒代表产品有西凤酒、太白酒，主要产地是西北与东北地区。

(5)豉香型白酒。此种香型白酒于1984年从米香型白酒中分离出来。在国家标准《豉香型白酒》(GB/T 16289－2018)中，豉香型白酒被定义为“以大米或预碎的大米为原料，经蒸煮，以大酒饼作为主要糖化发酵剂，采用边糖化边发酵的工艺，经蒸馏、陈肉酝浸、勾调而成的，不直接或间接添加食用酒精及非自身发酵产生的呈色呈香呈味物质，具有豉香特点的白酒”。优级的豉香型白酒呈无色或微黄，色泽清亮透明，无悬浮物，无沉淀，豉香纯正、清雅，口感醇和甘爽、酒体谐调、余味净爽。一级的豉香型白酒在口感与香气上较优级次之。广东玉冰烧米酒是豉香型白酒的代表产品。

(6)特香型白酒。特香型是酱香、浓香、清香型的衍生香型之一。在国家标准《特香型白酒》(GB/T 20823－2017)中，特香型白酒被定义为“以大米为主要原料，以面粉、麦麸和酒糟培制的大曲为糖化发酵剂，经红褚条石窖池固态发酵，固态蒸馏、陈酿、勾调而成的，不直接或间接添加食用酒精及非自身发酵产生的呈色呈香呈味物质的白酒”。特香型白酒分为酒精度为 41%～68%的高度酒与酒精度为 15%～40%的低度酒。优级的特香型白酒呈无色，色泽清亮透明，无悬浮物，无沉淀，具有浓、清、酱均不露头的复合香，口感柔绵醇和、微甜，诸香谐调，余味较长。一级的特香型白酒在口感与香气上较优级次之。特香型白酒代表产品是四特酒及江西境内的江西特曲、李渡高粱酒、临川大曲、浮云酒等。

(7)芝麻香型白酒。芝麻香型是酱香型的衍生香型。在国家标准《芝麻香型白酒》(GB/T20824－2007)中，芝麻香型白酒被定义为“以高粱、小麦(麸皮)等为原料，经传统固态法发酵、蒸馏、陈酿、勾兑而成的，未添加食用酒精及非白酒发酵产生的呈香呈味物质，具有芝麻香型风格的白酒”。芝麻香型白酒分为酒精度为 41%～68%的高度酒与酒精度为 18%～40%的低度酒。优级的芝麻香型白酒呈无色或微黄，色泽清亮透明，无悬浮物，无沉淀，芝麻香幽雅醇正，口感醇和细腻、香味谐调、余味悠长。一级的芝麻香型白酒在口感与香气上较优级次之。芝麻香型白酒的主要产地有山东、江苏、黑龙江等地，其中，代表产品有江苏梅兰春及山东清雅景芝神酿、扳倒井、趵突泉、水浒 108、金都、泰山生力源等。

(8)老白干香型白酒。老白干香型是清香型的衍生香型。在国家标准《老白干香型白酒》(GB/T20825－2007)中，老白干香型白酒被定义为“以粮谷为原料，经传统固态法发酵、蒸馏、陈酿、勾兑而成的，未添加食用酒精及非白酒发酵产生的呈香呈味物质，具有以乳酸乙酯与乙酸乙酯为主体复合香的白酒”。老白干香型白酒分为酒精度为 41%～68%的高度酒与酒精度为 18%～40%的低度酒。优级的老白干香型白酒呈无色或微黄，色泽清亮透明，无悬浮物，无沉淀，醇香清雅，具有以乳酸乙酯与乙酸乙酯为主体的复合香气，口感醇厚、甘润谐调、余味悠长。一级的老白干香型白酒在口感与香气上较优级次之。老白干香型白酒产区在华北及东北地区，以衡水老白干为主要代表产品。

(9)浓酱兼香型白酒。浓酱兼香型是酱香型与浓香型相结合的衍生香型。在国家标准《浓酱兼香型白酒》(GB/T 23547－2009)中，浓酱兼香型白酒被定义为“以粮谷为原料，经传统固态法发酵、蒸馏、陈酿、勾兑而成的，未添加食用酒精及非白酒发酵产生的呈香呈味物质，具有浓香兼酱香独特风味的白酒”。浓酱兼香型白酒分为酒精度为41%～68%的高度酒与酒精度为18%～40%的低度酒。优级的浓酱兼香型白酒呈无色或微黄，色泽清亮透明，无悬浮物，无沉淀，浓酱谐调，幽雅馥郁，口感细腻丰满、净爽、余味悠长。一级的浓酱兼香型白酒在口感与香气上较优级次之。浓酱兼香型白酒分为酱中带浓流派(以湖北白云边酒为代表)、浓中带酱流派(以黑龙江玉泉酒为代表)，其他代表产品有湖南白沙液、湖北西陵特曲等。

(10)酱香型白酒。又称“茅香型”白酒，以茅台为代表。在国家标准《酱香型白酒》(GB/T 26760—2011)中，酱香型白酒被定义为“以高粱、小麦、水等为原料，经传统固态法发酵、蒸馏、贮存、勾兑而成的，未添加食用酒精及非白酒发酵产生的呈香呈味呈色物质，具有酱香风味的白酒”。酱香型白酒分为酒精度为41%～60%的高度酒与酒精度为33%～40%的低度酒。优级的酱香型白酒呈无色或微黄，色泽清亮透明，无悬浮物，无沉淀，酱香突出、优雅细腻、空杯留香，口感醇厚、丰满、绵柔，余味悠长。一级的酱香型白酒在口感与香气上较优级次之。酱香型白酒分为大曲酱香型白酒与麸曲酱香型白酒。其中，大曲酱香型以贵州茅台、四川郎酒为代表，其他品牌还有武陵酒、特酿龙滨酒。麸曲酱香型北方代表产品有河北廊坊迎春酒、辽宁陵川白酒，南方代表产品有贵州黔春酒等。

(11)药香型白酒。药香型又称“董香型”，是酱香、浓香、米香型的衍生香型，但又区别于三种香型，执行贵州省地方标准《董香型白酒》(DB52/T 550—2013)。药香型白酒是以高粱、小麦、大米、中草药(130余种)为原料，以大曲、小曲混合制曲，运用独特生产工艺酿造的具有独特药香的白酒。它分为酒精度为41%～68%的高度酒与酒精度为25%～40%的低度酒。优级的药香型白酒呈无色或微黄，色泽清亮透明，无悬浮物，无沉淀，香气幽雅，略带舒适药香，口感醇和、浓郁，甘爽味长。一级的药香型白酒在口感与香气上较优级次之。药香型白酒具有酿造原料不粉碎、大小曲混合、制曲中添加少量中草药、独特筑窖材料、香醅窖、独特香醅制备及串香工艺等特色，可分为酯香、醇香及百草香等香型，其有别于酱香、清香、浓香、米香型白酒，产品受到广大消费者喜爱。药香型白酒产区主要在贵州、四川、江西、湖北、云南、山东、河南等地，代表产品为董酒。

(12)馥郁香型白酒。馥郁香型是酱香、浓香、清香型的衍生香型，执行《地理标志产品 酒鬼酒》(GB/T 22736—2008)国家标准。馥郁香型白酒将大曲与小曲糖化剂有机结合，以多种粮食为原料，经小曲培菌糖化、大曲配醅发酵、粮醅清蒸清烧、洞穴陈年贮藏、精心勾兑而成。其酒精度包括58%、54%、52%、50%、46%及38%。馥郁香型白酒呈无色或微黄，色泽透明，无悬浮物，无沉淀。其具有馥郁幽雅的气味，口感醇厚、丰满、绵甜圆润，余味净爽悠长，巧妙融合了酱香、浓香、清香等香型特点，使乙酸乙酯与己酸乙酯达到平衡关系，具有有机酸高、高级醇适量等特色，代表产品为酒鬼酒。

除12种标准香型外，还有其他香型与口味，比如少数民族中盛行的藏族青稞酒、蒙古族奶酒、满族道光廿五、土家族咂酒等，以及生料酿酒。目前这 12 种香型各自的消费主体与市场份额有差别。中国白酒市场主要以浓香型、酱香型和清香型 3 种香型为主，占据 80%的市场份额。图 3.7 为 2013 年和 2018 年白酒主要香型销售收入市场份额，2013 年浓香型占据市场销售收入份额的 51.75%，清香型占 12.60%，酱香型占 12.44%，兼香型占 5.85%，其他香型占 17.36%。随着市场分化、产品区分度加大、区域香型崛起等因素影响，到 2018 年浓香型市场销售收入份额占比降至 48.70%，清香型降至 12.20%，酱香型则增至 19.00%，其市场份额明显增加，超越清香型，成为仅次于浓香型的白酒市场第二大香型；受市场竞争影响，兼香型和其他香型市场销售收入份额占比有小幅收缩。2018 年白酒主要香型代表品牌的销售收入和市场份额较 2013 年均有不同程度的增加，表 3.5 为 2013 年和 2018 年白酒主要香型销售收入及主销市场分布。浓香型白酒中，泸州老窖 2018 年销售额为 130.55 亿元，比 2013 年的 101.38 亿元增加 28.77%，市场份额小幅增加；五粮液 2013 年销售额为 236.79 亿元，2018 年为 400.30 亿元，增加 69.05%，市场份额增加近 3%；古井贡酒销售额从 2013 年的 45.80 亿元增加到 2018 年的 84.59 亿元，增长 84.69%，市场份额增幅不明显。酱香型依托较长的陈酿时间和复杂工艺，长期占据中高端市场，茅台酒销售额从 2013 年的 294.60 亿元增加到 2018 年的 736.39 亿元，增长 149.96%，市场份额增加近 8%。清香型中的代表汾酒，其销售额从 2013 年的 59.32 亿元增加到 2018 年的 88.20 亿元，增长 48.69%。受企业产销渠道的单一化影响，其他香型白酒则以区域消费为主，形成辐射周边的消费网，销量也相对较少，销售收入和市场份额存在不同程度的下降。

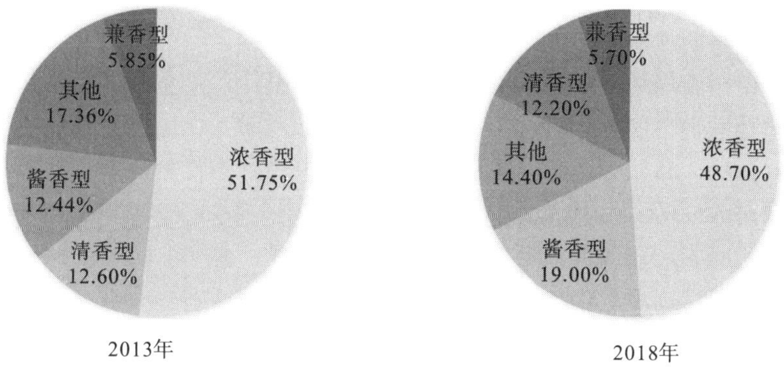

图 3.7　2013 年和 2018 年白酒主要香型销售收入市场份额

表 3.5　2013 年和 2018 年白酒主要香型销售收入市场份额及主销市场分布

序号	香型	代表品牌	2013 年销售收入/亿元	市场份额/%	2018 年销售收入/亿元	市场份额/%	主销市场
1	酱香型	茅台	294.60	5.87	736.39	13.73	全国

续表

序号	香型	代表品牌	2013 年销售收入/亿元	市场份额/%	2018 年销售收入/亿元	市场份额/%	主销市场
2	浓香型(杂粮)	五粮液	236.79	4.72	400.30	7.46	全国
	浓香型(绵柔)	洋河	150.21	2.99	241.60	4.50	全国
	浓香型(单粮)	泸州老窖	101.38	2.02	130.55	2.43	全国
	浓香型(淡雅)	古井贡酒	45.80	0.91	84.59	1.58	全国
3	清香型	汾酒	59.32	1.18	88.20	1.64	全国
4	凤香型	西凤	50.00	1.00	50.14	0.93	陕西及周边
5	兼香型	白云边	48.00	0.96	45.82	0.85	湖北及周边
6	特香型	四特	40.00	0.80	27.90	0.52	江西及周边
7	老白干香型	衡水老白干	18.01	0.36	35.83	0.67	河北及周边
8	芝麻香型	景芝	26.00	0.52	12.48	0.23	山东
9	董(药)香型	董酒	15.00	0.30	—	—	贵州
10	馥郁香型	酒鬼酒	6.47	0.13	11.87	0.22	湖南及周边
11	豉香型	广东玉冰烧酒	5.00	0.10	—	—	广东
12	米香型	桂林三花	2.50	0.05	—	—	广西

资料来源：根据前瞻研究院资料整理。

3. 地理标志产品

地理标志，又称为原产地标志(或名称)，是区别商品不同特殊地理来源，与原产地相关的品质与声誉的标识。它是保护知识产权的手段之一，也是保护具有地理色彩、鲜明产品特色的名优产品的制度，对于提升产品知名度、质量信誉具有重要作用。我国从 20 世纪 90 年代开始注重商品原产地保护，将地理标志纳入商标法律体系。“中国地理标志”课题组发布的《第一次全国地理标志调研报告(2005)》显示，酒类地理标识所占的比重为 25.58%。地理标志前 100 名的市场销售额门槛是 8000 万元，平均值是 4.18 亿元；地理标志前 10 名中白酒产品有贵州茅台、泸州老窖、宜宾五粮液、绵竹剑南春、沱牌、安徽金种子。2005 年国家质监局颁布《地理标志产品保护规定》，2007 年工商管理总局颁布《地理标志产品专用标志管理办法》，完善了地理标志管理法律体系。到 2008 年底，酒类地理标志商品共 73 件，其中白酒 44 件，啤酒 1 件，葡萄酒及果酒 16 件，黄酒 6 件，保健酒 6 件；其他类 5 件。至 2010 年，白酒类地理标志商品 60 余件，其中四川省 15 件，数量最多。表 3.6 为部分知名度较高的白酒地理标志，其中，白酒生产地的水质、土壤、原料等地理因素为白酒酿造产品的独特性提供条件。白酒地理标志是白酒产品“走出去”的一个标志，体现了白酒产品在产量、销量、利润、知名度、品牌等方面展现出的优势与特色，是保护产品知识产权的一项重要举措。同时，它是生产地区的一张名片，是带动地方经济发展与提升知名度的重要方式及手段，已引起白酒产区地方政府高度重视。更多的地方政府将寻求以地方与产品绑定的方式，申请白酒地理标志，实现白酒行业与地方发展的双向驱动。

表 3.6　部分白酒类地理标志

地理标志产品	执行标准	定义	产区	酒精度	省份
贵州茅台	GB/T 18356—2001	在贵州省仁怀市茅台镇的特定地域范围内，按贵州茅台酒传统工艺生产的酒	仁怀市	53%(陈年贵州茅台酒)；53%/43%/38%/33%(贵州茅台酒)	贵州
古井贡酒	GB/T 19327—2001	在地理标志产品保护范围内，利用自然微生物并按独特传统工艺生产的酒	亳州市	≥50%；40%～49%；31%～39%；≤30%	安徽
水井坊酒	GB/T 18624—2007	在特定地域范围内，按水井坊酒传统工艺生产的酒	成都市	≥50%；40%～49%；≤39%	四川
口子窖酒	GB/T 19328—2007	在口子窖酒产地保护范围内，按照口子窖酒工艺生产的酒	淮北平原	>40%；35%～40%；28%～34.9%；<28%	安徽
道光廿五贡酒	GB/T 19329—2007	在地理标志产品保护范围内，按满族传统工艺生产的酒	西南部平原	>50%；40%～50%；<40%	辽宁
互助青稞酒	GB/T 19331—2007	在互助土族自治县地域范围内，利用自然微生物并按互助青稞酒传统工艺生产的酒	互助土族自治县	≥50%；40%～49%；≤39%	青海
西凤酒	GB/T 19508—2007	在地理标志产品保护范围内，按照西凤酒传统与创新工艺生产的酒	凤翔县	≥40%；<40%	陕西
剑南春酒	GB/T 19961—2005	在地理标志产品保护范围内，按照浓郁型剑南春酒传统工艺生产的酒	绵竹市	≥40%；≤39%	四川
玉泉酒	GB/T 21261—2007	在地理标志产品保护范围内，按照玉泉酒传统工艺生产的酒	哈尔滨市	≥40%；<40%	黑龙江
牛栏山二锅头酒	GB/T 21263—2007	在地理标志产品保护范围内，按照传统工艺并结合现代生物技术生产的酒	牛栏山镇	≥40%；<40%	北京
舍得白酒	GB/T 21820—2008	在地理标志产品保护范围内，利用繁衍富集的自然酿酒微生物并按照舍得白酒复合工艺生产的幽雅风格的浓香型白酒	柳树镇	41%～70%；18%～40%	四川
泸州老窖特曲酒	GB/T 22045—2008	以川南软质小麦为原料，采用专门用于生产泸州老窖酒的优级中温大曲	泸州市	≥68%；61%～67%；41%～60%；35%～40%；25%～34%	四川
五粮液酒	GB/T 22211—2008	在地理标志产品保护范围内，以精选的五种粮食为原料，用“包包曲”为大曲，用窖池群和传统工艺在封窖泥封闭的窖池里，固态发酵，筛选而成的浓香型白酒	宜宾市	61%～73%；60%；41%～59%；35%～40%；25%～34%	四川
国窖1573白酒	GB/T 22041—2008	以川南软质小麦为原料，采用专门用于生产国窖基础酒的优级中温大曲	泸州市	≥68%；61%～67%；41%～60%；35%～40%；25%～34%	四川
洋河大曲酒	GB/T 22046—2008	在地理标志产品保护范围内，以优质高粱、大米、糯米、玉米、小麦、大麦、豌豆为原料，将传统工艺与现代生物技术结合后生产的酒	宿迁市	41%～60%；25%～40%	江苏
景芝神酿酒	GB/T 22735—2008	在地理标志产品保护范围内，以优质高粱、小麦、麸皮为原料，将传统工艺与现代生物技术结合后生产的芝麻香型白酒	安丘市	≥40%；<40%	山东

4. 商标品牌

(1) 中国驰名商标。“中国驰名商标”是指在中国被公众广为知晓并享有较高声誉的商标。国家工商行政管理总局于 2003 年 4 月颁布《驰名商标认定与保护规定》，明确规定任何组织与个人不得认定或变相认定驰名商标，由商标局认定与管理驰名商标。1991 年，首批“中国驰名商标”共 10 件，其中白酒类包括茅台(酒)、泸州(酒)、五粮液(酒)3 件。“中国驰名商标”是中国商标界最高荣誉，也是企业最重要的知识产权，保护企业对商标、产权的独创性与特色性。表 3.7 为白酒类中国驰名商标。

表 3.7 白酒类中国驰名商标

序号	商标	注册人/所有人	类别与使用商品	公布年份
1	白酒类：茅台	中国贵州茅台酒厂	第 33 类：酒	1991
2	MAOTAI 及商标图案	中国贵州茅台酒厂有限责任公司	第 33 类：酒精饮料	2008
3	习酒及商标图案	贵州茅台酒厂(集团)习酒有限责任公司	第 33 类：酒精饮料、葡萄酒等	2007
4	五粮液	五粮液集团有限公司	第 33 类：酒	1991
5	五粮春及商标图案	四川宜宾五粮液集团有限公司	第 33 类：白酒	2008
6	五粮醇	四川宜宾五粮液集团有限公司	第 33 类：白酒	2009
7	泸州	泸州老窖股份有限公司	第 33 类：酒	1991
8	国窖	四川泸州老窖股份有限公司	第 33 类：白酒	2006
9	泸州老酒坊	四川泸州老窖股份有限公司	第 33 类：白酒	2008
10	剑南春	四川剑南春(集团)有限责任公司	第 33 类：白酒	1999
11	绵竹及商标图案	四川绵竹剑南春酒厂有限责任公司	第 33 类：白酒	2007
12	全兴	四川成都全兴集团有限公司	第 33 类：白酒	2000
13	水井坊	四川全兴股份有限公司	第 33 类：白酒	2007
14	郎	四川省古蔺郎酒厂	第 33 类：酒	1997
15	杏花村	山西杏花村汾酒厂	第 33 类：酒	1997
16	竹叶青及商标图案	山西杏花村汾酒厂股份有限公司	第 33 类：白酒	2005
17	西凤	陕西西凤酒股份有限公司	第 33 类：酒	2005
18	古井贡	安徽古井贡酒股份有限公司	第 33 类：酒	1999
19	洋河	江苏洋河集团有限公司	第 33 类：白酒	2002
20	蓝色经典	江苏洋河酒厂股份有限公司	第 33 类：白酒	2008
21	双沟及商标图案	江苏双沟酒业有限公司	第 33 类：白酒	2005
22	沱 TUO	四川沱牌曲酒股份有限公司	第 33 类：白酒	2006
23	舍得	四川舍得酒业有限公司(沱牌集团)	第 33 类：白酒	2008
24	宋河 SONGHE	河南省宋河酒业股份有限公司	第 33 类：酒	2004
25	酒鬼	酒鬼酒股份有限公司	第 33 类：白酒	2000
26	伊力特	新疆伊力特实业股份有限公司	第 33 类：白酒	2002

续表

序号	商标	注册人/所有人	类别与使用商品	公布年份
27	互助及商标图案	青海青稞酒厂	第 33 类：青稞白酒、青稞清酒	2004
28	金六福	湖南省金六福酒业有限公司	第 33 类：白酒	2004
29	四特	江西樟树四特酒厂	第 33 类：酒	2004

(2) 中华老字号。“中华老字号”也是代表商标历史悠久、产品优质的一项指标，是企业长期经营打下的“金字招牌”，尤其对于文化底蕴较强、继承传统工艺的白酒行业，拥有“中华老字号”是企业走向国际化并持续发展的重要支撑。拥有“中华老字号”商标需要具备以下条件：①品牌创立于 1956 年及以前；②拥有商标所有权或使用权；③传承独特的产品技艺或服务；④具有中华民族特色和鲜明的地域文化特征；⑤传承中华民族优秀企业文化；⑥拥有良好的社会信誉；⑦内地(大陆)资本与港澳台资本相对控股，且经营状态良好，拥有持续发展能力。

在新中国成立初期约有 16000 家“中华老字号”，到 20 世纪 90 年代锐减至 1600 家，并面临经营困境。2007 年公布的 434 家“中华老字号”企业名单中，酒类产品共 28 件。其中，白酒类 19 件，包括泸州老窖、五粮液、安徽口子窖、山东景芝酒业、剑南春、全兴、沱牌、郎酒、西凤酒、黑龙江花园酒业、长白山酒业、河套酒业、刘伶醉酒、衡水老白干、板城烧锅、茅台酒、丰年酒、红星二锅头、牛栏山；药酒类、保健酒类包括福建春生堂酒、广德泰酒；黄酒类有即墨老酒、绍兴女儿红、会稽山黄酒；葡萄酒包括张裕红葡萄酒、龙徽酿酒、广东珍珠红酒；啤酒类有青岛啤酒。尽管“中华老字号”是白酒行业不可多得的商标品牌，具有不可复制性，但一些老字号企业，如西陵特曲、东宝盐池老窖渐渐被一些后起之秀替代，水井坊、金六福酒、古井贡酒等年轻企业正向好势头发展。

5. 纯粮标志产品

纯粮标志即“纯粮固态发酵白酒标志”，俗称“粮食酒”，与之相对应的是以酒精为原料勾兑的新工艺白酒，即酒精酒。纯粮标志是针对白酒行业，以实现白酒行业生产自律，提升企业生产信誉，保障产品更加生态与健康，为促进白酒产品传承中华传统酿造工艺而设立的商标。2005 年，中国食品工业协会颁布《全国白酒行业纯粮固态发酵白酒行业规范》，纯粮标志有效区别出以粮食原料发酵与蒸馏的传统工艺白酒，保障传统白酒酿造工艺的传承，实现白酒食品安全，并与酒精勾兑白酒进行有效区分，使白酒生产信息透明化。获得纯粮标志需要具备以下条件：①纯粮固态发酵使用的原料必须是高粱、玉米、糯米、荞麦、小麦、大米、大麦、青稞等粮食和豆类等(不包含薯类及果蔬类)，且原料具有新鲜、无虫蛀、无霉变、无泥沙、无异味等健康特征；②生产纯粮白酒产品，要有足够的生产能力，具备齐全的纯粮固态发酵白酒生产设备及必要的检测手段，使产品符合 ISO 9000 质量保证体系及相关食品安全保证体系、环境保证体系要求；③在生产过程中，制曲、发酵、蒸馏、贮藏、勾兑等程序要严格遵守《纯粮固态发酵白酒审定规则》规定；④产品的感官质量与理化卫生标准要超过国家、行业等的标准优级指标。

剑南春是白酒行业中第一个拥有纯粮标志的白酒品牌，随后茅台、泸州老窖、五粮液、全兴大曲等也获得纯粮固态发酵标志。四川、重庆、山东、贵州、江苏、安徽、湖北、河南等省份的白酒企业积极执行纯粮固态酿造标准。据不完全统计，已有 30 多个白酒品牌荣获此标志，有效提升了品牌声誉，提高了竞争效应和品牌知名度，维护了消费者权益。

6. 绿色有机食品认证

绿色食品认证是依照特定生产方式，由专业机构认证，生产无污染、优质、安全、营养的食品。获得绿色食品认证需要以下条件：①生产原料符合国家环境质量检测，其中，大气达到国家一级标准，水质达到国家二级标准，土壤达到国家标准；②农作物种植、水产及牲畜养殖、食品加工等过程保证绿色食品生产操作，食品加工过程中不得使用添加剂及化学色素，并防止二次污染；③产品要符合绿色食品质量认证，既要符合国家质检标准，还要另外检测农药残留物、激素、重金属含量等多项指标；④产品的包装、贮运必须符合绿色食品包装贮运标准。

有机食品，是指生态食品，是按照有机农业生产规定生产加工的，并获得合法、独立的有机食品机构认证的产品。与绿色食品认证不同，获得有机食品认证要使生产的产品在目标定位、质量水平、运作方式及认证方式上，依次达到无公害食品、绿色食品、有机食品水平，其中无公害食品是最基本的标准。执行有机食品标准，要求生产及加工过程中严禁使用农药、化肥、除草剂、色素等化学物品。

白酒绿色产品认证执行中华人民共和国农业行业标准《绿色食品 白酒》(NY/T432－2014)，而有机食品认证执行中华人民共和国环境保护行业标准《有机食品技术规范》(HJ/T 80－2001)。茅台、泸州老窖等名优品牌获得双证认证。

7. 非物质文化遗产

文化遗产包括物质文化遗产与非物质文化遗产。非物质文化遗产是以非物质文化形式存在，与群众生活密切相关并传承传统文化的形式，包括传统手工技能等。2006 年，国务院公布《第一批国家级非物质文化遗产名录》，其中酒类有茅台酒酿制技艺、泸州老窖酒酿制技艺、杏花村汾酒酿制技艺、绍兴黄酒酿制技艺。在 2008 年国务院公布的《第二批国家级非物质文化遗产名录》中，蒸馏酒酿造技艺有 16 项，其中包括北京二锅头酒传统酿造技艺、衡水老白干酒传统酿造技艺、山庄老酒传统酿造技艺、板城烧锅酒传统五甑酿造技艺、梨花春白酒传统酿造技艺、老龙口白酒传统酿造技艺、大泉源酒传统酿造技艺、宝丰酒传统酿造技艺、五粮液酒传统酿造技艺、水井坊酒传统酿造技艺、剑南春酒传统酿造技艺、古蔺郎酒传统酿造技艺、沱牌曲酒传统酿造技艺。在国务院公布的《第三批国家级非物质文化遗产名录》(2011 年)和《第四批国家级非物质文化遗产名录》(2014 年)中，没有关于酒类的非物质文化遗产。

3.2.2　企业行为

1. 定价行为

从 2013 年起，全国白酒批发价格呈现下跌趋势，但价格波动幅度较小，趋向稳步发展。2014 年，全国白酒批发价格同比累计下跌 3.84%，上半年跌幅较大，下半年跌幅收窄；环比跌幅较小，基本保持平稳的发展态势。定基总指数在下半年趋于平缓，比上半年减少 1.40%。市场中企业采取以价换量的销售策略，以消除白酒产量惯性增长造成的过剩产能，并正视市场变化，适应大众消费趋势。名优白酒价格下跌明显，呈现波动较大、跌幅逐月收窄的趋势。全国名酒批发价格全年累计下跌 5.98%，跌幅较上年同期扩大 0.90%；环比也呈连续下跌趋势，波动大于白酒价格总指数。其定基指数下跌 14.85%，跌幅超过全国白酒总指数的 5.85%。以上表现出此轮白酒价格下跌主要源于名优白酒原有定价高，且受价格下行影响较大。名优品牌影响力较大，是行业价格的方向标，因此要想稳定与调整白酒价格体系，就要重点调整名优白酒价格。而 2014 年的市场价格调整使地方酒价格同比产生前增后跌继而稳定的波动态势，全年累计下跌 1.96%，跌幅较上年扩大 1.48%，表明中低端白酒依旧竞争激烈。全国地方酒价格 2014 年环比上涨 4 个月，下跌 8 个月；全国地方酒批发价格定基指数下跌 2.57%，较上期增加 2.14%。而全国基酒价格同比呈现跌涨平趋势，累计上涨 0.10%；全国基酒批发价格环比基本保持稳定；全国基酒批发价格定基指数上涨 1.39%。整体来讲：全国白酒批发价格下跌基本触底，产量、价格正寻求新的供需平衡，要实现价格稳定，还要继续调整价格。其中，名优白酒商积极调整名优价格以迎合市场需求；地方白酒商参照名优白酒调整幅度进行价格体系的调整与维持，受名优白酒渠道下沉、价格下跌影响，地方酒价格调整将持续；基酒市场呈现小幅增长，归因于原料、人力成本等上涨，以及基酒整合后的正规化、优质化增加成本等。基酒处于产业链上游，受行业调整影响，产业链治理将影响基酒到成品酒的价格，并最终消除价格波动，形成稳定的价格反应机制。再者，不同地域的白酒、基酒价格呈现不同态势，会受到全国市场、省内市场的双重客观影响，还会受到企业自身战略规划的主观影响。

全国白酒品牌众多，价格层次较多，企业根据白酒的品质差异拟定不同的零售价格。位于白酒价格顶端的是各类陈年白酒，具有收藏价值的这类白酒其价格甚至高达上百万元，白酒收藏精品超越消费类白酒价值，见表 3.8；同样具有高端价格的是定制酒类；次高端白酒通常价格在 500～2000 元，是各类名优白酒，针对具有高档消费需求的消费者；中高端白酒通常价格在 100～500 元，主要针对商务宴请、家庭宴请及大众消费；中低端白酒及低端白酒在 100 元以下，主要针对大众消费。

表 3.8 各种白酒价格及品牌

品种	价格	品牌
收藏酒/高端白酒	几千元至几百万元不等	赖茅、陈年名酒、定制酒等
次高端白酒	500～2000 元	剑南春、郎酒、沱牌舍得、飞天茅台、口子窖 20 年、古井 16 年原浆、洋河天之蓝、今世缘国缘、酒鬼酒、凤香经典
中高端白酒	100～500 元	红花郎、泸州老窖特曲系列、金剑南、口子窖 5 年、古井 5 年原浆、洋河海之蓝、迎驾金星、双沟珍宝坊、汾酒、星级宋河粮液、十年老白汾、开口笑
中低端白酒	40～100 元	银剑南、泸州老窖头曲系列、丰谷、稻花香、迎驾银星、种子酒、洋河蓝瓷、星级双沟、高炉家、扳倒井、景芝、古贝春、仰韶、宝丰、白云边、老白干淡雅
低端白酒	小于 40 元	小角楼、江口醇、叙府酒、红星二锅头、绵竹大曲、沱牌曲酒、鸭溪窖、珍酒、宣酒、皖酒、老村长、洋河敦煌、双沟大曲、金六福、浏阳河、琅琊台、兰陵、尖庄、四特、孔府家、鹿邑大曲、杜康、邵阳大曲、枝江

2. 广告行为

一直以来，白酒承揽各年度央视及地方广告招标的“标王”，在黄金时段播放的白酒类广告较多，且费用较高。自 1995 年央视“标王”秦池被曝光勾兑酒问题后，引发白酒行业信誉危机。而国外对酒类广告有严格限制，禁止播放饮酒画面，禁止在未成年人节目播放电台播放酒类广告。我国关于限制白酒类广告的规定有：1996 年的《酒类广告管理办法》中规定，电视节目“黄金时段”白酒类广告不得超过两条，报纸与期刊中每期广告不得超过两条，并不能占头条；虽然《酒类广告管理办法》在 2017 年废止，但国家工商总局对酒类广告的审查方面依据《广告法》作出相关提示。2010 年，《广播电视广告播出管理办法》严格限制酒类广告的发布频率、节目、频道。2012 年，央视商业广告只播放 12 家实力较强的白酒企业类广告。白酒企业投放广告是白酒企业的营销方式之一，但广告行为本身耗费大量资金且收益并不显著，相比利用文化营销、网络营销等方式，广告行为非理性且低效(表 3.9)。

表 3.9　2010～2018 年各白酒上市公司广告费支出　（单位：亿元）

白酒企业	2010 年	2011 年	2012 年	2013 年	2014 年	2015 年	2016 年	2017 年	2018 年
贵州茅台	4.962	5.246	10.534	16.607	14.931	12.316	12.567	23.588	19.668
五粮液	4.208	11.946	7.042	6.203	4.619	6.714	9.021	15.203	18.639
洋河股份	4.354	5.840	8.462	7.568	7.348	8.018	8.209	12.108	14.923
泸州老窖	0.277	0.759	1.823	1.645	1.620	4.275	7.705	18.796	26.418
古井贡酒	1.731	2.052	3.722	4.706	4.397	3.975	4.657	5.845	6.438
伊力特	0.501	0.462	0.955	0.533	0.657	0.268	0.232	0.644	0.808
金种子酒	0.255	0.950	1.874	2.852	3.917	2.940	2.219	2.025	1.425
老白干酒	1.264	1.919	2.977	3.178	4.088	4.381	4.775	3.786	3.355
沱牌舍得	0.433	0.756	2.215	3.320	2.346	1.464	0.671	0.840	1.725
水井坊	3.153	3.843	4.267	3.252	2.180	1.402	1.933	4.283	6.786
山西汾酒	2.324	4.918	7.634	9.579	6.685	4.219	3.021	5.529	7.331
酒鬼酒	0.752	1.415	1.439	1.771	0.652	0.035	0.395	0.203	0.851
皇台酒业	0.021	0.024	0.032	0.064	0.026	0.017	0.027	0.035	0.002
顺鑫农业	1.152	1.730	1.954	2.149	2.749	3.541	3.736	4.300	6.281
今世缘	0.205	0.355	0.490	1.358	1.671	1.418	1.288	2.105	1.813
口子窖	0	0	0	0	1.994	2.286	2.291	2.451	2.667
金徽酒	0	0	0	3.402	2.444	1.752	2.095	2.065	2.952
青青稞酒	—	—	—	—	2.666	2.273	2.315	1.955	2.118
迎驾贡酒	—	—	—	—	—	0.577	0.514	0.502	0.772

资料来源：根据各上市公司年报整理。“—”表示未查到相关数据。

3. 社会责任行为

中国企业在社会责任建设方面起步较晚，而行业的衰退往往源于长期社会责任缺失。经历白酒寒冬后，白酒企业开始重视社会责任建设，从企业战略及行业规划层面强化社会责任建设。2015 年 7 月由中国酒业协会，以及茅台、五粮液等 23 家酒企组成的中国酒业协会酒与社会责任促进联盟（简称：China SAO），成为酒类行业第一个自律性社会责任联盟。联盟倡导酒企消除华而不实之气，生产优质白酒，不鼓励与纵容过量饮酒，积极践行社会责任，遵守商业道德，实现企业与行业共赢发展。安徽古井贡股份有限公司获得 2015 年“企业社会责任推动力奖”。越来越多的白酒企业通过履行社会责任，获得企业信誉，提高品牌知名度，谋求新的企业战略。

和讯网根据各上市公司披露的年度数据，对各上市公司从股东责任、员工责任及供应商、客户和消费者权益责任、环境责任、社会贡献价值等方面进行评估，得到社会责任评级得分。表 3.10 为 2010 年以来各白酒上市公司的社会责任评级数据。

表 3.10 2010～2018 年各白酒上市公司社会责任评级得分

白酒企业	2010 年	2011 年	2012 年	2013 年	2014 年	2015 年	2016 年	2017 年	2018 年
贵州茅台	31.25	36.03	37.03	36.25	36.35	37.09	36.44	36.92	37.43
五粮液	64.74	67.92	35.94	36.33	35.37	80.68	77.19	37.32	37.65
洋河股份	30.08	55.39	89.17	67.33	33.55	34.40	34.25	34.91	35.51
泸州老窖	61.37	65.79	77.59	90.87	67.46	69.40	70.32	37.15	37.86
古井贡酒	30.00	34.14	78.26	71.35	32.40	30.99	72.10	35.97	35.59
伊力特	62.71	67.98	72.35	80.91	37.32	37.95	72.93	35.78	37.16
金种子酒	21.26	31.61	34.23	28.02	22.14	18.14	18.74	19.04	22.19
老白干酒	22.28	22.38	30.36	26.46	24.40	26.69	27.38	28.01	30.10
舍得酒业	67.76	74.10	75.02	70.72	21.60	21.27	24.09	25.19	28.36
水井坊	27.62	35.61	36.35	3.28	−9.54	19.99	25.89	33.96	35.49
山西汾酒	30.29	34.60	76.19	84.07	25.23	35.35	37.14	36.19	35.55
酒鬼酒	18.49	18.75	26.60	12.57	10.73	24.73	18.92	31.54	34.20
皇台酒业	−8.69	14.54	19.98	−4.86	−0.79	17.05	−11.88	−8.22	0.79
顺鑫农业	20.54	21.99	21.67	23.07	24.78	25.02	22.58	25.91	27.68
青青稞酒	28.23	30.76	33.54	34.78	33.33	33.58	32.00	−0.64	27.39
今世缘	—	25.31	25.54	28.09	33.87	34.12	33.29	34.37	34.06
口子窖	—	—	25.61	26.24	25.46	32.38	33.64	34.68	35.19
迎驾贡酒	—	—	25.28	25.12	25.81	34.52	33.90	34.35	35.02
金徽酒	—	—	—	23.52	22.38	26.65	32.02	33.51	33.51

数据来源：http://stockdata.stock.hexun.com/zrbg/。“—”表示未查到相关数据。

3.2.3 行业绩效

1. 利润率

采用白酒行业利润数据衡量行业的绩效，利润率的变化可以反映行业未来的发展前景。见表 3.11，2002～2012 年利润增长较快，2013～2014 年利润呈负增长，2014 年利润总额 698.75 亿元，较 2013 年下降 13.18%，从 2015 年开始，利润转降为升，2017 年和 2018 年连创新高，分别达到 1028.48 亿元和 1250.50 亿元。在产量和销售收入双双下降的情况下，受市场价格和股市的双重影响，白酒行业利润出现逆势上扬。

表 3.11　2002～2018 年白酒行业利润及利润率变动

年份	行业利润/亿元	利润增长率/%
2002	32.15	-20.40
2003	42.26	31.45
2004	58.66	38.81
2005	73.19	24.77
2006	100.20	36.90
2007	136.28	36.01
2008	186.43	36.80
2009	234.89	25.99
2010	318.61	35.64
2011	571.59	79.40
2012	818.56	43.21
2013	804.87	-1.67
2014	698.75	-13.18
2015	727.04	4.05
2016	797.15	9.64
2017	1028.48	29.02
2018	1250.50	21.59

通过调查白酒上市公司 2010～2018 年营业利润率，如表 3.12、图 3.8 所示，发现如下特征。

(1) 白酒上市公司之间营业利润率差异巨大，2010～2018 年平均营业利润率形成明显的多级梯队。贵州茅台居于第一梯队，平均营业利润率高达 67.46%，远超其他白酒企业。泸州老窖、五粮液、洋河股份、今世缘和口子窖处于第二梯队，平均营业利润率为 30%～50%；洋河股份在第二梯队居首，为 43.93%；口子窖居末尾，为 32.20%。迎驾贡酒、山西汾酒、伊力特、青青稞酒、古井贡酒和金徽酒处于第三梯队，平均营业利润率为 15%～30%；迎驾贡酒(23.89%)在第三梯队居首；金徽酒(18.49%)居末尾。酒鬼酒、舍得酒业、金种子酒、老白干酒、水井坊和顺鑫农业处于第四梯队，平均营业利润率为 5%～15%；酒鬼酒(13.21%)在第四梯队居首；顺鑫农业(5.20%)居末尾。皇台酒业处于第五梯队，平均营业利润率为-91.95%，2010～2018 年有 6 年营业利润率为负数，2017 年达-339.87%。

(2) 2010～2018 年白酒上市公司年平均营业利润率整体上呈现出波动下滑趋势。2010～2012 年白酒上市公司年平均营业利润率连续增长，2011 年呈现放缓趋势，2012 年达到最高值 30.10%。受政策因素影响，2012～2014 年白酒上市公司整体营业利润率连续大幅下滑，其中 2014 年水井坊、皇台酒业和酒鬼酒 3 家上市公司营业利润率为负，金种子酒、老白干酒、舍得酒业和顺鑫农业4家上市公司营业利润率低于10.00%。2015年亏损的白酒上市公司均实现扭亏为盈，白酒上市公司整体营业利润率出现增长。2016～2017年，受皇台酒业连续亏损影响，白酒上市公司营业利润率出现整体连续大幅下滑。2018年皇台酒业亏损面缩小，其他白酒上市公司大部分实现营业利润增长，白酒上市公司营业利润率出现整体上扬。

表3.12 2010～2018年各白酒上市公司营业利润率（%）

白酒企业	2010年	2011年	2012年	2013年	2014年	2015年	2016年	2017年	2018年
贵州茅台	61.56	67.04	71.18	70.47	70.00	67.85	62.44	66.89	69.72
五粮液	39.22	41.75	50.37	46.25	38.23	38.07	37.64	44.31	46.76
洋河股份	40.42	43.36	47.41	44.63	40.96	44.48	44.97	44.36	44.76
泸州老窖	54.31	47.84	52.69	44.82	22.27	28.02	30.59	32.98	35.82
古井贡酒	21.20	25.27	22.73	18.00	16.68	17.71	18.57	22.88	27.02
伊力特	20.53	22.90	16.11	22.68	23.14	24.58	23.50	25.40	27.13
金种子酒	14.51	27.36	32.68	10.11	5.41	3.10	1.05	1.93	9.85
老白干酒	5.20	8.14	8.87	5.60	6.07	7.34	6.91	8.98	11.19
舍得酒业	11.94	20.82	25.31	3.39	2.23	2.35	12.35	12.32	19.99
水井坊	20.77	27.30	31.17	−31.60	−84.26	12.66	21.97	21.79	27.68
山西汾酒	29.48	30.43	31.10	24.39	12.99	18.70	21.10	22.94	23.20
酒鬼酒	13.37	19.58	38.91	1.10	−38.10	16.04	17.04	26.09	24.83
皇台酒业	−79.52	−21.18	14.42	1.25	−57.90	1.63	−56.86	−339.87	−289.49
顺鑫农业	5.43	4.99	2.46	3.34	5.68	5.78	4.90	5.43	8.80
青青稞酒	32.18	32.06	31.76	30.78	27.98	21.96	20.52	−5.15	12.25
今世缘	—	31.47	34.98	36.13	35.35	36.99	38.95	40.92	40.58
口子窖	—	25.38	24.36	22.52	24.77	31.72	37.31	43.32	48.25
迎驾贡酒	—	20.40	18.96	16.79	22.14	24.55	29.50	28.78	29.98
金徽酒	—	16.45	16.48	12.55	14.91	17.85	22.45	24.31	22.95

注：“—”表示未查到相关数据。

2. 利润集中度

根据白酒上市公司与行业当年净利润数据，选取2010～2018年白酒上市公司数据，计算出白酒上市公司利润集中度，如表3.13和图3.9所示，2010～2018年白酒上市公司利润集中度经历了先上升后下降再上升的过程，总体上呈现出利润向上市公司集中的趋势。依照贝恩及日本通产省对产业集中度的划分标准，2010～2018年属于市场寡占型（CR≥30%），这一结论与第2章结论相同。

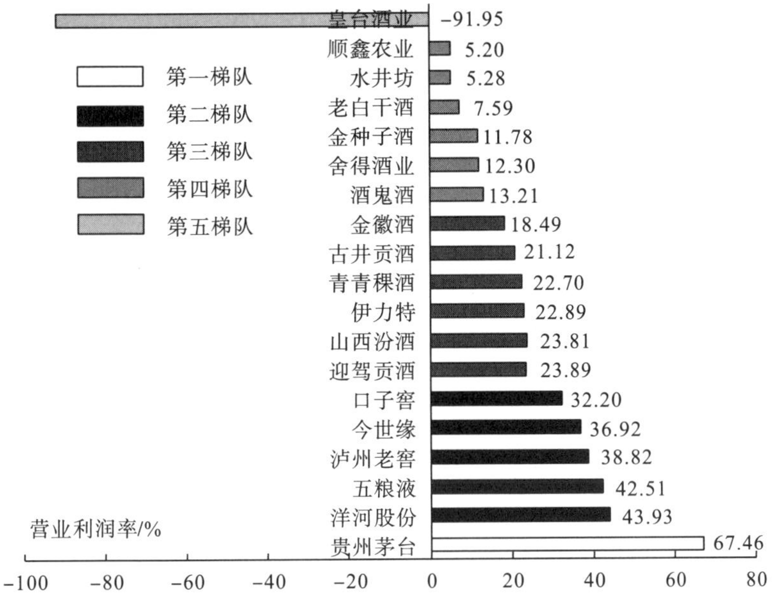

图 3.8　白酒上市公司 2010～2018 年平均营业利润率

表 3.13　白酒上市公司 2010～2018 年净利润集中度(%)

白酒企业	2010 年	2011 年	2012 年	2013 年	2014 年	2015 年	2016 年	2017 年	2018 年
贵州茅台	15.85	16.18	17.11	19.84	21.97	22.63	22.49	28.20	30.25
五粮液	13.80	11.19	12.63	9.91	8.35	8.82	8.85	9.81	11.23
洋河股份	6.92	7.24	7.52	6.21	6.45	7.38	7.28	6.44	6.49
泸州老窖	6.92	5.35	5.55	4.27	1.26	2.13	2.45	2.53	2.81
古井贡酒	0.98	0.99	0.89	0.77	0.85	0.98	1.04	1.12	1.36
顺鑫农业	0.83	0.54	0.15	0.25	0.51	0.52	0.52	0.43	0.59
山西汾酒	1.55	1.62	1.69	1.22	0.51	0.72	0.76	0.92	1.17
迎驾贡酒	—	0.79	0.57	0.52	0.70	0.73	0.86	0.65	0.62
今世缘	—	0.93	0.83	0.85	0.92	0.94	0.95	0.87	0.92
老白干酒	0.13	0.16	0.14	0.08	0.08	0.10	0.14	0.16	0.28
金种子酒	0.53	0.64	0.69	0.17	0.13	0.07	0.02	0.01	0.08
伊力特	0.42	0.36	0.28	0.33	0.38	0.39	0.35	0.34	0.34
沱牌舍得	0.24	0.34	0.45	0.01	0.02	0.01	0.10	0.14	0.27
青青稞酒	0.43	0.37	0.37	0.46	0.45	0.32	0.27	−0.09	0.09
酒鬼酒	0.25	0.34	0.60	−0.05	−0.14	0.12	0.14	0.17	0.18

续表

白酒企业	2010 年	2011 年	2012 年	2013 年	2014 年	2015 年	2016 年	2017 年	2018 年
水井坊	0.74	0.56	0.41	-0.19	-0.60	0.12	0.28	0.33	0.46
皇台酒业	-0.19	0.08	0.01	-0.04	-0.06	0	-0.16	-0.18	-0.08
口子窖	—	0.69	0.56	0.49	0.60	0.83	0.98	1.08	1.23

注："—"表示未查到相关数据。

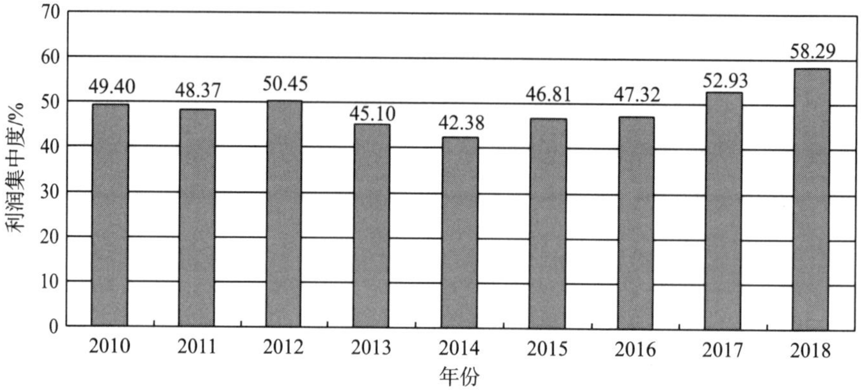

图 3.9 白酒上市公司 2010～2018 年利润集中度

通过对白酒行业的市场结构、企业行为、行业绩效等方面进行分析，发现白酒行业正经历产业组织调整。白酒品类较多但缺乏异质性，显著区别白酒产品差异性的是品牌层次决定的价格，因此，形成了高端白酒品牌差异较大、垄断性较强的高端白酒品牌与低端白酒品牌区分度弱、竞争性较强的中低端市场“两极”分化的白酒格局。近年来，高端白酒不断被哄抬价格，导致失去大众消费者；低端白酒标准化水平低、产品信誉度差，错失大众消费人群。自 2014 年起，部分白酒大省掀起产业转型热潮，凸显产业发展新趋势：高端白酒价格回落，而低端白酒标准化驱动价格上涨，白酒价格收窄，白酒企业正积极寻求满足各类消费需求的方案。

3.3 白酒行业产业布局

因为气候、水质、土壤等自然环境因素及消费习惯、历史文化等人文因素影响，白酒生产基地、白酒类别等特性呈现明显的聚集式、板块式发展。根据板块特征及地域分布，将我国白酒产业布局分为川黔板块、苏皖板块、鲁豫板块、两湖板块、华北板块、东北板块和西北板块七大板块(表 3.14)。

表 3.14　全国白酒板块分布

板块	省份/直辖市	2018 年产量/万千升	占全国比重/%	主要白酒品牌
川黔板块	四川	358.30	41.13	泸州老窖、五粮液、水井坊、剑南春、郎酒、沱牌、全兴大曲、丰谷、仙潭酒、小角楼、江口醇、高洲、红楼梦
	贵州	30.90	3.55	贵州茅台、董酒、小糊涂仙、习酒、国台酒、金沙窖酒、珍酒、青酒、鸭溪酒、酒中酒、钓鱼台酒、怀庄酒
苏皖板块	江苏	69.19	7.94	洋河、汤沟、高沟、双沟、今世缘、分金亭酒、秦淮酒、五琼酒、品王酒
	安徽	43.13	4.95	古井贡、金种子、口子窖、双轮、迎驾、高炉家、皖酒、文王贡酒、宣酒、金坛子酒、店小二酒、沛公酒、双轮、沙河王、老明光、九华山
鲁豫板块	山东	40.60	4.66	兰陵、孔府家、泰山、景阳、景芝、趵突泉、古贝春、扳倒井、四君子、大禹龙神、琅琊台
	河南	42.90	4.92	宋河、宝丰、杜康、张弓、四五、赊店、仰韶、林河、鹿邑、红旗渠、梨园春
两湖板块	湖北	55.95	6.42	枝江大曲、稻花香、白云边、黄鹤楼、关公坊、劲酒、石花、楚园春、古隆中、林酒、鄂酒王、红红大高粱
	湖南	14.82	1.70	酒鬼酒、湘窖、邵阳大曲、开口笑、武陵酒、德山大曲、浏阳河、白沙液、德山酒业、金六福
华北板块	内蒙古	5.32	0.61	河套老窖、河套王酒、宁城老窖、金骆驼、蒙古王
	河北	16.10	1.85	衡水老白干酒、山庄老酒、板城烧锅、乾隆醉、丛台、泥坑酒、十里香、保定府、刘伶醉
	北京	46.40	5.33	红星二锅头、牛栏山二锅头、永丰牌二锅头
	山西	16.70	1.92	山西汾酒、汾阳王、梨花春、玉堂春
东北板块	辽宁	0.91	0.11	三沟、道光廿五、老龙口、朝阳凌塔、凤城老窖、铁刹山
	吉林	19.39	2.23	榆钱树、洮南香、洮儿河、龙泉春、大泉源
	黑龙江	13.70	1.58	玉泉、黑土地、北大仓、富裕老窖、牡丹江
西北板块	陕西	15.75	1.81	西凤酒、太白酒、陕西杜康酒
	甘肃	2.95	0.29	金徽酒、皇台、滨河粮液、红川特曲、古河州、崆峒酒、汉武御酒
	新疆	6.51	0.57	伊力特、天池特曲、伊宁特曲、奎屯特曲、北庭大曲
	青海	1.67	0.19	青稞酒、互助青稞酒

3.3.1　川黔板块

川黔板块是白酒行业产量、收入、利润最大的板块，是浓香型、酱香型两个大众香型的主要产地。川黔板块白酒名优企业多沿江分布，尤以赤水河流域最为集中，茅台、郎酒、习酒等 9 家名优企业集聚于此地。2018 年，川黔两省实现白酒产量 389.2 万千升，占全国总量的 44.68%。其中，四川产量 358.3 万千升，占全国总量的 41.13%，贵州产量 30.9 万千升，占全国总量的 3.55%。川黔两省实现利润 879 亿元，占全国总利润的 70.29%。其中，四川实现利润 344 亿元，占全国总利润的 27.50%，贵州实现利润 535 亿元，占全国总利润的 42.78%。在白酒品牌中，川黔板块也是拥有知名品牌最多的板块，以贵州茅台、泸州老窖、五粮液和剑南春等名优白酒为代表的品牌享誉国内外。

1. 四川省

2007 年至今，四川以白酒产量 86.4 万千升超越山东，位居全国第一。目前，四川位居全国白酒行业六大聚集板块中的市场份额之首，是全国最大的白酒生产基地、最大的原酒输出地及白酒消费地。2005～2011 年，四川白酒销售收入、产值、利润以较快速度增长，这得益于全国较好的白酒消费形势及四川省长期的产业政策扶持与倾向;产量及产量占全国比重也以较快速率增长,2011 年占全国 1/3，2012 年有小幅回落，2013～2016 年稳步增长，2016～2018 年有所下滑(图 3.10①)。规模以上企业数量 2005～2018 年总体上呈现增加趋势，只有 2011 年较上年有所减少，这归因于白酒行业重组。2013 年至今，四川白酒行业进入转型期，部分企业出现亏损现象，但全省产业状况较好，销售收入、产量呈现小幅增长或保持平稳。数据表明 2014 年四川白酒行业呈现复苏迹象：全省规模以上白酒企业 337 家，产量同比增长 5.6%；营业收入为 1837.8 亿元，同比增长 3.3%。但利润呈现明显下滑倾向：利税 336.4 亿元，同比下降 19.4%；利润总额为 179.6 亿元，同比下降 26.9%。可见，四川白酒行业转型形势依旧严峻，各企业要以消除过剩产能、调整产业结构、促进产业重组为目的进行战略转型。

2005 年至今，四川白酒行业呈现几大特点。第一，销售收入逐年增加，其占全国的比重基本稳定。2005 年四川白酒销售收入为 264.8 亿元，其占全国的比重为 36.64%；到 2018 年，销售收入达 2372.0 亿元，年均增幅 18.37%，占全国的比重为 44.22%，年均波动幅度约为 2.54%。第二，四川白酒产量及其占全国的比重不断增加，产业规模持续扩大。2005 年四川白酒产量为 58.0 万千升，占全国的比重为 16.60%；到 2018 年，达到 358.3 万千升，年均增幅为 15.04%，产量占全国的比重为 41.13%。第三，在销售收入占全国的比重基本稳定、产量占比逐年增加的情况下，利润占全国的比重呈现出下降的趋势，四川白酒整体盈利能力下降。2005 年四川白酒利润占全国的比重为 45.77%，2018 年下降到 27.51%，年均降幅为 3.84%。第四，产品结构丰富及产品价格体系调整。泸州老窖、五粮液相继推出中低端产品，并加大定制酒的经营力度。“工农牌”特曲、养生酒、彩色“泸小二”“会唱歌的小酒”“三人炫”等特色产品吸引消费者眼球。五粮特曲、五粮头曲、红绵柔、金绵柔、尊绵柔等中端产品进入市场。针对产品体系，泸州老窖、五粮液等企业调整主导产品价格，并推动高、中、低端产品价格合理化。第

① 注：根据《中国酿酒工业年鉴》《中国食品工业年鉴》《中国轻工业年鉴》《中国糖酒年鉴》各省份统计年鉴及统计局等相关数据整理。由于部分省份 2002～2004 年数据缺失，数据分析时间跨度为 2005～2018 年，下同。

五，产业重组热潮持续。继泸州老窖增设东北灌装基地、帝亚吉欧收购全兴酒业、五粮液收购河北永不分梨酒业后，白酒行业名优企业及白酒外其他产业资本掀起收购四川白酒企业及产业重组狂潮，如中粮集团、娃哈哈集团等开始涉足白酒行业。第六，产业转型趋势明显。营销方式转型、价值转型、“互联网+”转型等产业转型与企业转型被有步骤地推动实施。

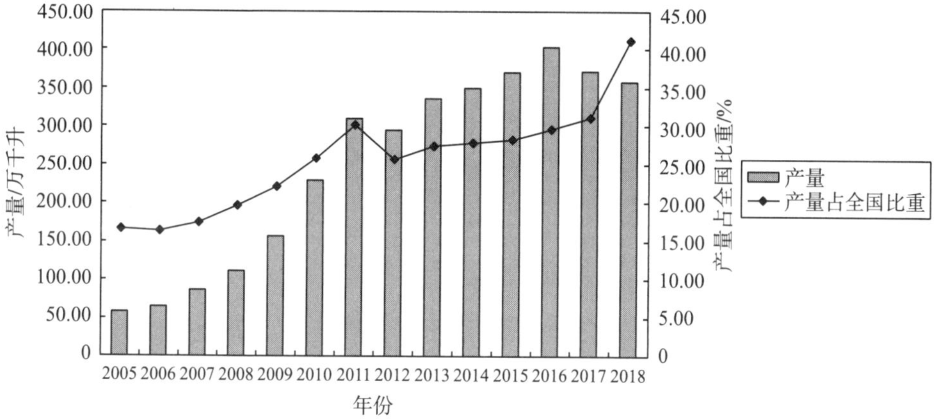

图 3.10　四川省 2005～2018 年白酒产量及产量占全国比重

四川省还是传统白酒的名酒聚集区，在第五届名酒评选会选出的 17 个知名白酒中，四川白酒占 6 个，主要聚集在泸州、宜宾等川南地区及成都附近地区，其中泸州老窖、五粮液、剑南春、沱牌、郎酒、全兴大曲“六朵金花”为第一梯队。在传统名酒企业中，近年来水井坊借助帝亚吉欧酒水资源积极拓展海外市场，保持强劲的竞争势头，稳固在名优白酒行列。江口醇、小角楼、高洲、仙潭等二线品牌创造出破 10 亿元的好成绩，在川酒消费中占据最高份额，是第二梯队中的高端白酒。而红楼梦、丰谷等中低端白酒作为第二梯队品牌正积极寻求新的产业契机。

另外，作为最大的原酒输出地，自 2012 年以来，四川省泸州、宜宾、邛崃、绵竹等地的原酒企业面临新一轮洗牌。四川省原酒集群兴盛于 20 世纪 90 年代，据不完全统计有 2000 多家，大多进行作坊式生产。大型白酒企业大多通过采购原酒，进行勾兑后制成成品售出。见表 3.15，四川规模较大的原酒生产企业有四川华福企业、四川绵竹剑西酒业、蜀汉人酒业、金盆地集团、蜀之源酒业、四川生春集团、四川绵竹锐华酒业、四川汉窖酒业有限公司(成都宋酒厂)等。其中，高洲酒业拥有最高的原酒产量(4.5 万千升)；金盆地集团年原酒产量 2.0 万千升，拥有 10.0 万千升原酒储存能力；四川绵竹锐华酒业年原酒产量较高，为 3.0 万千升，相比金盆地集团拥有较少窖池，但却有较高的产量，表明生产能力较强；四川汉窖酒业有限公司(成都宋酒厂)年原酒产量 2.0 万千升；其余原酒企业年产量在 1.0 万千升及以下，拥有窖池数量也较少。

表 3.15 四川原酒企业情况

原酒企业	年原酒产量/万千升	窖池数量/个
四川东圣酒业有限公司	0.5	—
泸州自然香实业有限公司	0.2	500
四川汉窖酒业有限公司	2.0	1600
四川省宜宾高洲酒业有限公司	4.5	—
四川省崇州市天城酒业有限公司	0.6	2000
四川华福企业有限公司	1.0	2000
四川绵竹剑西酒业有限公司	0.4	500
蜀汉人酒业有限公司	1.0	2000
四川金盆地集团有限公司	2.0	4000
成都蜀之源酒业有限公司	0.8	2800
四川生春集团有限公司	0.8	2000
四川绵竹锐华酒业有限公司	3.0	3600

注："—"表示未查到相关数据。

2. 贵州省

贵州省地处我国西南，属亚热带湿润季风气候，四季分明，无酷暑严寒，适宜酿酒微生物生长，优质的赤水资源成为贵州白酒的独特自然优势。贵州省是"国酒"茅台之乡，是酱香型白酒的最大生产基地。如图 3.11 所示，2005～2018 年，贵州白酒行业发展速度较快，白酒产量从 2005 年的 11.74 万千升增长到 2016 年的 49.01 万千升，年均增幅 12.65%；此后转升为降，2017 年为 45.21 万千升，较上年下降 7.75%，2018 年为 30.90 万千升，较上年下降 31.72%。贵州白酒产量占全国的比重变化不大，年均变化幅度在 0.50%左右；从销售情况看，2005～2018 年，贵州白酒销售收入以年均 26.82%的增幅迅猛提高，到 2018 年达 898.0 亿元。2012 年白酒行业进入"寒冬期"后，贵州白酒销售收入增幅放缓，2016 年后又开始明显增长。2016～2018 年，贵州在白酒产量下降的情况下，销售收入不降反增，利润大幅增加(由 2016 年的 263.4 亿元增长到 2018 年的 535.3 亿元，年均增幅 42.56%)。

2018 年贵州省白酒行业以占全国 3.55%的产量，实现了占全国 43.00%的利润总额，完成增加值 898 亿元，占全省工业增加值的 24.20%，产值达 982 亿元，较上年增长 8.82%，实现利润总额保持全国白酒行业第一位、出口创汇排名全国第一位、"双十一"期间电商销售排名全国第一位、工业增加值排全省工业第一位。

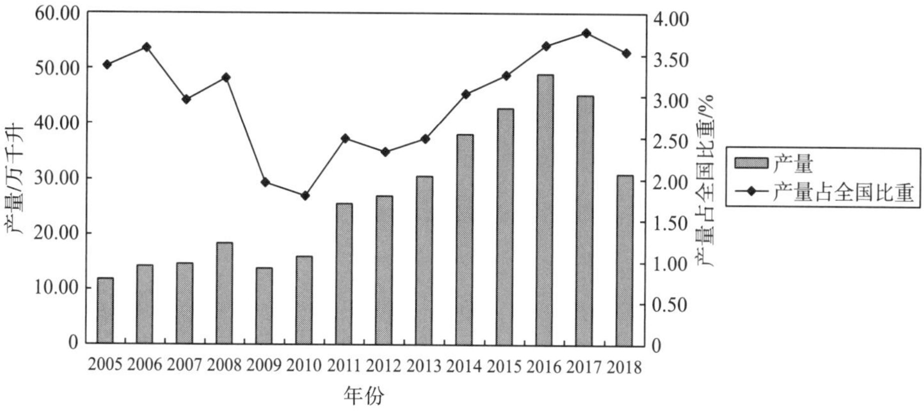

图 3.11　贵州省 2005～2018 年白酒产量及产量占全国比重

在产业布局方面，贵州白酒行业布局体现出茅台独大，二、三线品牌较多但知名度较低的特点。贵州省仁怀市茅台酒、英国苏格兰威士忌、法国柯涅克白兰地并称为“世界三大名酒”。以仁怀、遵义和毕节为主的黔北地区，以贵阳和安顺为主的黔中地区，以及以黔东南州、黔南州、黔西南州为主的黔南地区，构成贵州三大名优白酒产区。贵州有茅台、习酒、国台酒、董酒、茅台王子酒、鸭溪酒、酒中酒、金沙回沙酒、青酒、糊涂酒、贵州醇等名酒，拥有茅台、青溪、董酒、鸭溪等 12 个驰名商标，这些是贵州白酒第一梯队；茅台迎宾酒、珍酒、钓鱼台酒、怀庄酒等二线、三线品牌在省内具有较强影响力，构成第二梯队；除此以外的中小白酒企业构成第三梯队。

3.3.2　苏皖板块

苏皖板块是传统白酒生产地区，该地区全国性白酒品牌较多且拥有较悠久的酿造历史。苏皖板块白酒名优企业多集中在淮河流域，苏酒主要分布在苏北地区，以今世缘(高沟酒)、汤沟酒、双沟酒和洋河为代表的“三沟一河”等名优苏酒均产于苏北地区；五琼酒和品王酒则产于苏中地区。徽酒主要分布在皖北地区，口子窖和金种子酒等名优白酒均产于此；皖中和皖南的名优白酒分别是迎驾贡酒和宣酒，迎驾贡酒产于大别山腹地的霍山县，宣酒则产于长江以南的宣城市。2018 年苏皖两省实现白酒产量 112.32 万千升，占全国总量的 12.89%。其中，江苏产量 69.19 万千升，占全国总量的 7.94%，居全国第二；安徽产量 43.13 万千升，占全国总量的 4.95%。苏皖两省实现营业收入 580.06 亿元、利润 198.61 亿元，分别占全国的 10.81%和 15.88%。其中，江苏实现营业收入 324.96 亿元、利润 141.87 亿元，分别占全国的 6.06%和 11.34%，安徽实现营业收入 255.10 亿元、利润 56.74 亿元，分别占全国的 4.75%和 4.54%。两省在地理上邻近，白酒品牌市场有些交叉，易造成市场争夺。因此，重点培育两省白酒特色并打造品牌战略有助于战略转型发展。

1. 江苏省

江苏是白酒的主要产销大省之一，江苏白酒一直保持较高的产量增长率及销售额增长率。如图 3.12 所示，2005 年江苏省白酒产量为 24.85 万千升，2018 年为 69.19 万千升，增长 2.80 倍；其中 2016 年最高，之后有所下降。2002～2018 年江苏省白酒产量占全国的比重经历了先升后降、再升再降并逐渐趋于稳定的过程。2012～2018 年，江苏省白酒产量占全国的比重基本稳定在 7.00%～8.00%，白酒销售额从 2005 年的 30.14 亿元上升到 2018 年的 324.96 亿元，增长 10.78 倍，年均增长率为 20.07%。但是受白酒行业发展周期与政策影响，其白酒发展增速减缓，规模以上企业数量从 2010 年的 80 多家，减少为目前的 32 家。

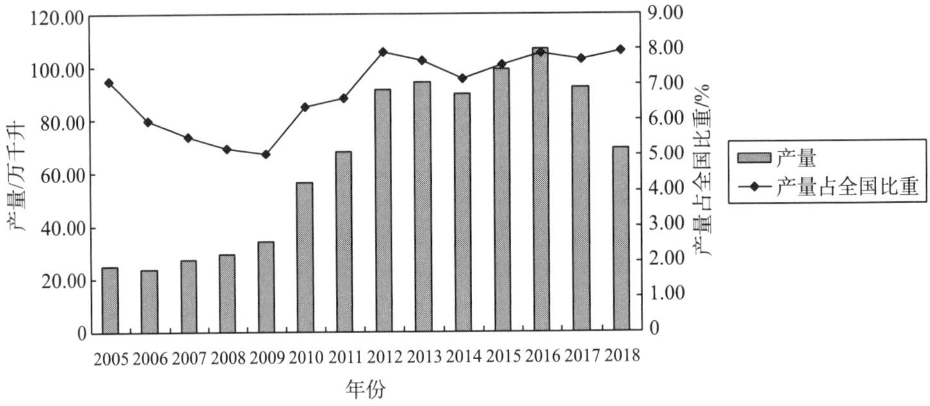

图 3.12 江苏省 2005～2018 年白酒产量及产量占全国比重

在产业布局方面，江苏省代表品牌为“三沟一河”，包括双沟、汤沟、高沟、洋河。其中，洋河已经处于全国一线品牌，并且并购了双沟，实现了资源重组。2018 年，洋河销售收入为 241.60 亿元，较上年增长 21.30%；实现净利润 81.15 亿元，较上年增长 22.60%。洋河以中高端白酒为主，其中蓝色经典是主导产品，占企业收益的 70%。今世缘是江苏白酒的第二大品牌，原名高沟大曲，是仅次于洋河的强势地产白酒品牌。今世缘系列、高沟系列、国缘系列成为洋河的主要竞争产品。江苏省为维护苏酒在省内的绝对地位，正打造以洋河镇苏酒酿造生产基地为主体的千亿产业园区，实现关联产业带动经济发展。

2. 安徽省

安徽省是白酒生产与消费的大省，有悠久的酿酒历史，亳州一带盛产名酒，并聚集了大量中小白酒企业。徽酒曾与川酒、鲁酒一并瓜分白酒市场。随着徽酒近 10 年来发展减缓，一些名优酒企渐渐失去一线品牌的地位。安徽省白酒产量呈现先减后增并趋于平稳的态势，如图 3.13 所示，2006 年小幅下降后逐年增加，到 2010 年为 47.99 万千升，较上年增加 61.53%，达到 2005～2018 年的最大值；2011 年回落，较上年减少 17.69%；2011～2018 年，在 40.00 万千升左右波动，基本趋于稳定；2018 年为 43.13 万千升。产量占全国比重总体上呈下降态势，从 2002 年的 7.40%下降到 2013 年的 3.28%，2018 年增至 4.95%。销售额从 2005 年的 54.7 亿元增长到 2018 年的 255.1 亿元，年均增长率为 12.57%。规模以上企业数量从 2005 年的 50 家增加至 2018 年的 112 家。

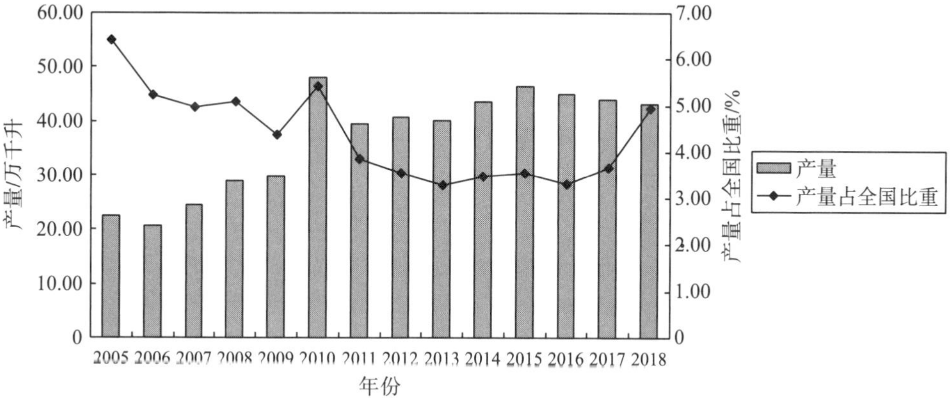

图 3.13　安徽省 2005～2018 年白酒产量及产量占全国比重

在产业布局方面，安徽涌现出古井贡酒、口子窖、金种子酒、迎驾贡酒等地产品牌，部分已成为全国驰名商标。其中，古井贡酒、口子窖、双轮、金种子酒、迎驾、高炉家是安徽地产白酒的第一梯队，面向安徽及全国范围内的其他市场；沙河王、皖酒、老明光、宣酒、九华山等是第二梯队；其余的中小型白酒企业是第三梯队。近年来，安徽白酒行业不断加大营销力度，重点扶持古井贡酒、口子窖等白酒知名品牌，形成徽酒品牌体系并带动徽酒产业复兴；鼓励周边白酒生产资源向白酒产业园区靠拢，整合有效资源，形成集原料种植、发酵、酿造、贮藏、灌装、销售、旅游于一体的白酒产业园区。

3.3.3　鲁豫板块

山东、河南是中华文明腹地，历史文化悠久，受传统文化影响较深，酒文化底蕴深厚，地产品牌较多。鲁豫两省是人口大省，同时也是白酒生产与消费的大省；但两省白酒行业的发展及竞争力相比四川省、贵州省较弱且发展缓慢，品牌多为二线品牌，在省外市场的地位较弱。

1. 山东省

山东省是白酒生产大省，2007 年以前其产量一直居全国第一，之后被四川省超越。20 世纪 90 年代，鲁酒荣获 3 届央视广告标王，享誉一时，后因“秦池”事件而渐渐衰退。如图 3.14 所示，山东白酒产量占全国的比重 2006 年达到顶峰，约为 20.00%；2007～2013 年尽管其绝对值在增加，但占全国的比重已降至 10.00% 左右；在经历 2013～2017 年连续 4 年缓慢下滑后，2018 年全省规模以上白酒企业产量出现断崖式下跌，为 40.60 万千升，较上年减少 61.81%。2012～2018 年，山东白酒产量占全国的比重总体上呈下降态势，尤其是 2018 年仅 4.66%，较 2017 年下降 4.00%；销售额也从 2007 年的最高峰约 430.00 亿元左右跌至 2008 年的 130.00 亿元左右，经过 2009 年、2010 年后增长至 370.00 亿元左右，到 2011 年又经历衰减，2012 年到达 410.00 亿元左右的高峰后，2013 年又经历大幅度衰减。2007～2013 年，规模以上企业数量先递增后递减。2014 年规模以上白酒企业产量 118.14 万千升，同比下降约 10.00%；实现销售收入 394.00 亿元，同比增长 5.50%；实现利润约 27.00 亿元，同比下降 1.50%；亏损企业约 11 个，亏损 0.59 亿元，同比增长 260.70%。山东白酒行业已丧失白酒第一大省的位置，并产生产业发展不稳定、产量不断下滑、主营业务收入减少、中小企业经营困难等问题，主要原因有：产品结构不合理、创新力差、品牌竞争力不足等。

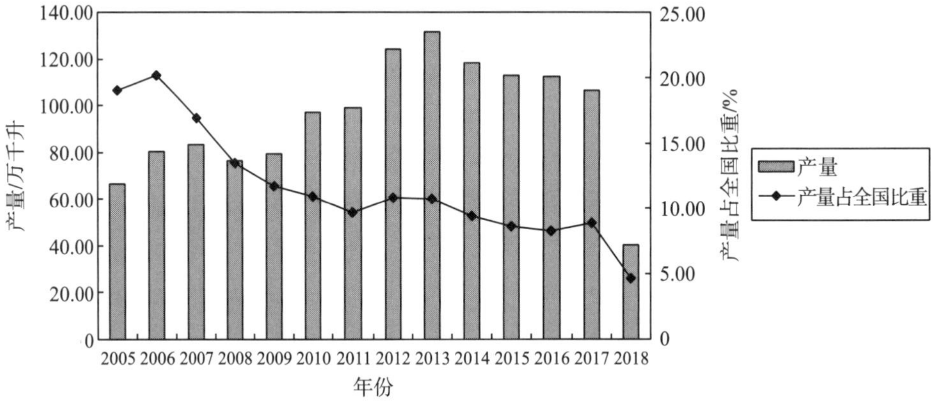

图 3.14 山东省 2005～2018 年白酒产量及产量占全国比重

在产业布局方面，山东白酒企业约有 700 家，地产酒格局高度分散，各县基本都有地产品牌。其中较有规模的有兰陵、孔府家、泰山、景阳“四大家族”，以及泰山、兰陵王、景芝、孔府家、趵突泉、古贝春、扳倒井、琅琊台“八大金刚”。这些名酒构成山东地产白酒品牌第一梯队，但多为二线品牌，只具有地方优势，相比全国知名品牌缺少品牌竞争力。其他白酒企业多是中小白酒企业。整体来讲山东地产酒企多且偏小，产值过亿元的白酒厂商至少 28 家，但本省最大的景芝酒业 2018 年其销售收入仅 20 亿元(百元价位的景阳春单品 10 亿元)，而洋河同年在山东的销售规模达 25 亿元。山东白酒集中在中低端品牌，没有领军品牌，不具有品牌优势，地产酒竞争格局高度分散，其在近些年的发展中处于被动地位。

2. 河南省

河南省是白酒大省，盛产浓香型、清香型两种白酒。如图 3.15 所示，2005～2011 年，河南省白酒产量迅速增加，由 2005 年的 27.71 万千升增加到 2011 年的 105.28 万千升，年均增幅 20.29%；2012 年受行业影响，其产量与收入呈负增长。但 2013 年开始稳步回升，产量为 106.76 万千升，相比 2012 年增长 5.43%，排全国第三；2016 年为 117.50 万千升，达到 2002～2018 年的最大值；2017 年小幅下降后，2018 年出现断崖式下滑，为 42.90 万千升，相当于 2007 年的产量水平，较上年下降 62.66%。河南省白酒产量占全国比重的变化趋势大体上和产量变化相似，但是也存在差异：2005～2009 年白酒产量占全国的比重快速上升，从 2005 年的 7.11%增加到 2009 年的 10.19%；2010 年小幅下滑后，2011 年上升至 10.26%；2012 年下降后，趋于平缓；2017 年小幅上升后，2018 年迅速下跌，为最低值 4.92%。整体来讲河南白酒行业的发展比较平稳，但已呈现些许衰退迹象。

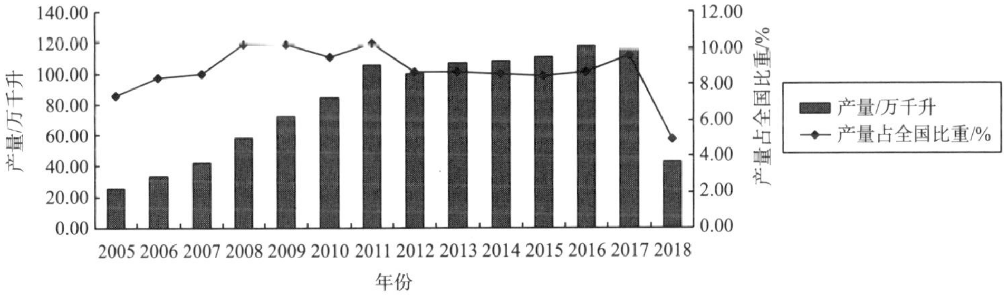

图 3.15　河南省 2005～2018 年白酒产量及产量占全国比重

在产业布局方面，20 世纪 80 年代，张弓、宝丰、林河是河南白酒的代表，之后，河南白酒名品中的仰韶、四五、杜康、赊店、宋河等品牌的知名度渐渐提升。根据地理位置，河南白酒品牌被划分为四个板块：豫东的宋河、张弓、四五、鹿邑，豫北的红旗渠、梨园春，豫西的仰韶、杜康，以及豫南的宝丰、赊店。与山东白酒品牌类似，河南白酒品牌多为二线品牌，白酒企业规模也多是中小企业。近年来，河南白酒行业发展的重点是扶持、培育优势品牌，推动豫酒品牌转型升级。

3.3.4 两湖板块

两湖板块的名优白酒企业主要分布在江汉平原和洞庭湖平原这两个粮食主产区。湖南名优白酒以酒鬼酒、武陵酒、邵阳大曲和白沙液为代表，酒鬼酒产自湘西吉首市，以邵阳大曲和开口笑酒为代表的湘窖酒和回雁峰大曲产自湘中南的邵阳市和衡阳市。湖北名优白酒除襄江特曲和石花酒位于汉江中游的襄阳市外，白云边、枝江大曲、黄鹤楼酒和劲酒等其他名优白酒均位于江汉平原地区。湖南、湖北两省受到四川、贵州名酒的挤压，地产白酒品牌优势不足，尤其湖南地产白酒竞争力较差，地产品牌影响力不足，除酒鬼酒外，缺乏具有全国影响力的白酒品牌。湖北白酒地产品牌针对全国市场有较好的发展前景。

1. 湖南省

湖南位于渝、黔、鄂、赣四省交界处，周边省份形成对湘酒的合围，湘酒市场较为开放，对外地酒的包容性高，各个价位均有外来品牌布局。贵州茅台、泸州老窖和五粮液垄断高端价位市场，川酒占据次高端一半以上的份额。湖南次高端市场以剑南春、水井坊的份额最大，剑南春销售收入达 5 亿元以上，占比 19.23%，水井坊 4 亿元以上。本土品牌以酒鬼酒为主、湘窖为辅；在中低端酒布局者中，有来自江西的四特，湖北的白云边、稻花香，江苏洋河，徽酒古井贡等；省内品牌湘窖的份额较大，武陵酒等仅在各自市场具备一定规模。

如图 3.16 所示，2005～2007 年，湖南省白酒产量占全国的比重基本稳定，产量平均为 3.30 万千升，占全国的比重平均为 0.81%；2007～2016 年，产量波动上涨，从 2007 年的 3.49 万千升增长到 2016 年的 30.58 万千升，占全国的比重从 2007 年

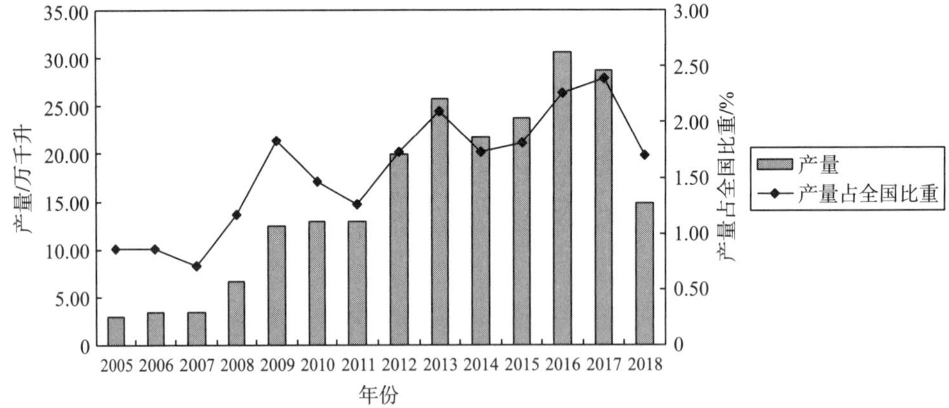

图 3.16 湖南省 2005～2018 年白酒产量及产量占全国比重

的 0.71%增长到 2017 年的 2.39%，达到过去 16 年的最大值；2018 年产量为 14.82 万千升，较上年下降 48.31%，占全国的比重为 1.70%，较上年下降 0.69%。

在产业布局方面，湖南地产白酒品牌较少，其中，湘窖是湖南省影响力最大的白酒企业，是地产白酒第一品牌，旗下湘窖、邵阳大曲、开口笑是主导品牌。湘窖酒业 2011 年实现销售收入突破 10 亿元，2018 年约 30 亿元；其他酒企均未超过 10 亿元，如酒鬼酒 2018 年仅 4 亿元。在中高端白酒市场中，开口笑是地产品牌中的佼佼者；中低端白酒市场，较强势的地产白酒是邵阳大曲。上市白酒企业酒鬼酒是仅次于湘窖的湘酒企业，品牌竞争力最强，在高端白酒中最具知名度。其次，一些地产品牌如浏阳河、武陵酒、德山酒业等，其资本运作频繁，体现出湘酒独特的产业发展特点。例如，2003 年中商集团买断浏阳河，2011 年浏阳河又引入湖南高新创投资本，2011 年联想控股武陵酒，2011 年大湖股份收购德山酒业，2006 年华泽集团在整合湘窖、金六福等品牌后，又相继收购湖南雁峰等品牌，形成 100 亿元销售收入的规模。

2. 湖北省

如图 3.17 所示，2005～2010 年湖北白酒产量稳步增长，从 2005 年的 12.94 万千升增长到 2010 年的 42.74 万千升；2011 年为 29.81 万千升，较上年减少 30.25%。尽管白酒产量在 2011 年有所下降，但 2012 年转降为升，达到 72.12 万千升，较 2011 年增长 141.93%；2016 年，达到最大值 90.32 万千升；2017 年迅速下降，较 2016 年减少 28.33 万千升；2018 年持续下降，为 55.95 万千升。白酒产量占全国的比重在 2005～2009 年波动增长，由 2005 年的 3.70%增长到 2009 年的 5.86%；2010 年和 2011 年连续两年下降，到 2011 年仅为 2.91%，低于 2002 年的水平；2012 年随着产量增长，达到 6.25%；2013 年小幅下降后，2014 年达到最大值 6.76%；2014～2017 年，持续下降，2017 年为 5.17%，2018 年回增到 6.42%。整体来讲，

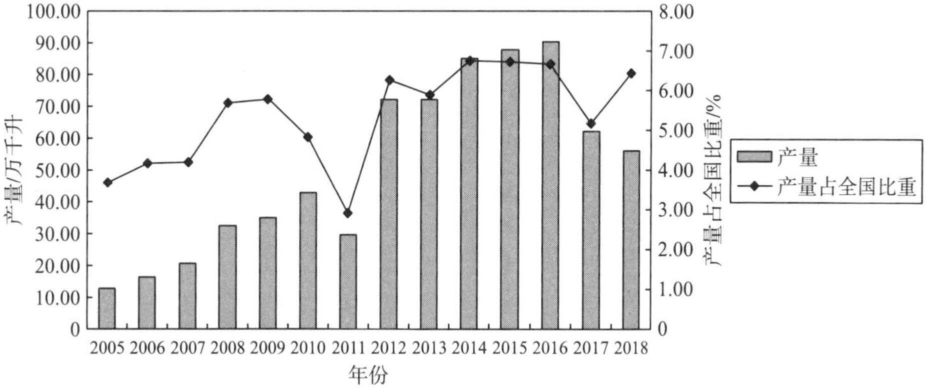

图 3.17　湖北省 2005～2018 年白酒产量及产量占全国比重

湖北省白酒行业在产业转型期保持强势的增长，成为白酒行业中不可轻视的发展力量。

在产业布局方面，湖北白酒品牌多是二线品牌，消费主体是大众消费。其中，发展较快的是稻花香集团，旗下品牌较多，如林酒、鄂酒王、红红大高粱等，主导品牌为稻花香、关公坊，共包括50多家白酒企业。枝江、劲酒、白云边等与稻花香一同构成湖北白酒品牌第一梯队，具有较强的品牌优势；黄鹤楼、石花、楚园春、古隆中等品牌，是第二梯队；其他中小白酒企业是第三梯队。白酒行业外的资本给湖北白酒行业整合注入新鲜血液，不断推进湖北省发掘鄂酒特色，形成产业集团的发展模式。

3.3.5 华北板块

华北板块主要包括山西省、河北省、北京市和内蒙古自治区4个北方白酒主产区。名优白酒主要分布在河谷和平原地区。分省份看，山西省的汾酒、汾阳王酒、玉堂春和汾雁香主要分布在汾河谷地，梨花春则位于永定河河谷；河北省的衡水老白干、刘伶醉、御河春、五合窖和泥坑酒，北京市的红星二锅头、牛栏山二锅头、永丰酒和菊花白等名优白酒主要分布在海河平原地区，板城烧锅位于滦河河谷，鹿鸣春则位于永定河河谷；内蒙古自治区的河套王酒和金骆驼酒分布在河套平原；宁城老窖位于辽河上游的老哈河河谷。2018年华北板块白酒产量为84.52万千升，占全国白酒产量的9.71%，其中山西产量为16.70万千升，河北产量为16.10万千升，北京产量为46.40万千升，内蒙古产量为5.32万千升。

1. 山西省

山西省是清香型白酒的主要产地，山西汾酒是山西白酒的主要代表。由于山西白酒品牌较少，规模以上白酒企业数量较少，因此产量占全国的比重较低。随着白酒行业发展周期与山西白酒消费结构变化，山西白酒2005～2018年的产量呈现出周期性波动。如图3.18所示，2005～2011年，山西白酒产量稳步增长，从2005年的7.67万千升增长到2011年的14.57万千升，年均增幅11.29%；2011～2015年逐步下降，2015年仅8.36万千升，较2011年减少42.62%；2015～2018年迅速增长，2018年达到16.70万千升，年均增幅26.00%。山西白酒产量占全国的比重较低，2005～2018年平均为1.79%，2005～2006年在2.00%以上。2005～2015年，该比重呈下降趋势，2015～2018年转降为升，2018年为1.92%。总体上，2006～2018年山西白酒产量占全国的比重在2.00%以下，2013～2016年甚至降到1.00%以下。不过自2015年以来，山西白酒发展总体上表现出向好的态势。

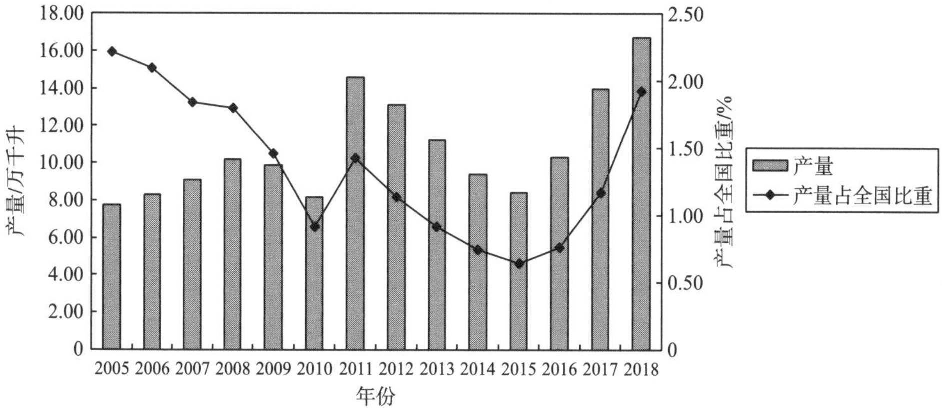

图 3.18　山西省 2005～2018 年白酒产量及产量占全国比重

在产业布局方面，汾酒作为山西白酒的第一品牌，占山西白酒市场 50%以上的份额，其产品体系涵盖高端、中端、低端，其中高端品牌青花瓷、中高端品牌老白汾具有较强的品牌优势且发展迅速，省内其他白酒如汾阳王、梨花春规模较小。尽管山西白酒近些年发展势头减弱，但其拥有清香型白酒品类优势，具有一定的异质性。近年来，山西省充分利用历史文化和产品差异，优化产业布局，推进实现打造清香型白酒第一大省的目标。

2. 河北省

河北省是华北板块重要的白酒产地，2018 年河北白酒产量为 16.10 万千升，占华北板块产量的 19.05%，占全国产量的 1.85%。如图 3.19 所示，2005～2018 年河北白酒产量经历先升后降的过程：2005～2011 年快速增加，年均增幅 19.06%，2011 年为 32.39 万千升，达到过去 16 年的最大值；2011～2018 年，除 2014 年和

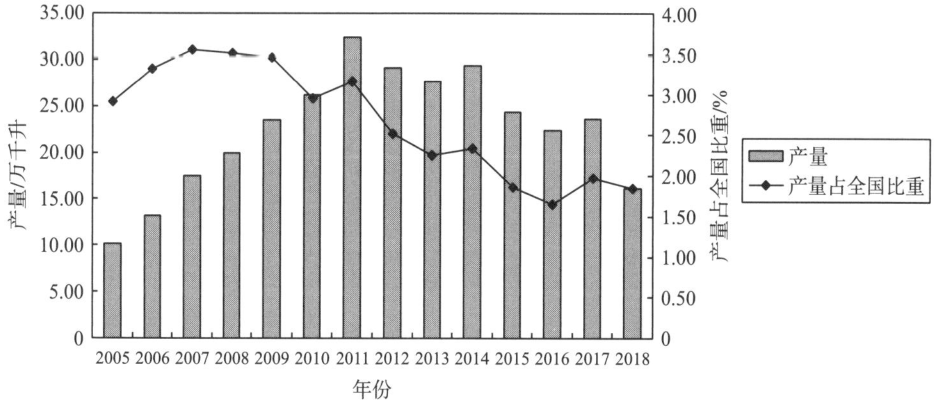

图 3.19　河北省 2005～2018 年白酒产量及产量占全国比重

2017 年有小幅增长外，总体上呈现出波动下滑态势，降幅达 50.29%。河北白酒产量占全国的比重总体上呈下降趋势，从 2005 年的 2.91%下降到 2018 年的 1.85%。

在产业布局方面，河北白酒行业的省内地产白酒品牌集中在中低端，且产业集中度较高。河北白酒可以分成四大阵营：第一阵营的衡水老白干一枝独秀，实现全省布局；第二阵营的山庄老酒、丛台双雄割据本土市场；第三阵营的泥坑酒、十里香、保定府三足鼎立，已经在其地级市场率先脱颖而出，远远领先其他地产酒企业，并且在石家庄地区实现经销商基本布局；第四阵营企业的发展依然依靠酒厂所在区域。总体来讲，衡水老白干是河北白酒领军企业且是全国一线品牌，而其他品牌的竞争力相对较弱。

3. 内蒙古自治区

内蒙古自治区白酒行业前些年发展势头较快，近几年白酒产量锐减，呈现出萎缩态势。如图 3.20 所示，2005～2016 年，内蒙古自治区白酒产量迅速增长，从 2005 年的 12.08 万千升增长到 2016 年的 75.14 万千升，年均增幅 16.44%；2017 年出现断崖式下降，较 2016 年减少 90.71%，仅为 6.98 万千升；2018 年继续下滑，为 5.32 万千升。内蒙古自治区白酒产量占全国的比重波动较大，近几年随着白酒产量急剧减少，占比出现大幅下降。2012～2016 年内蒙古自治区白酒产量占全国的比重在 5.00%～7.00%波动，2017 年下降到 0.58%，2018 年仅为 0.61%。产量减少除因消耗过剩产能外，还归因于产业重组等产业调整因素。

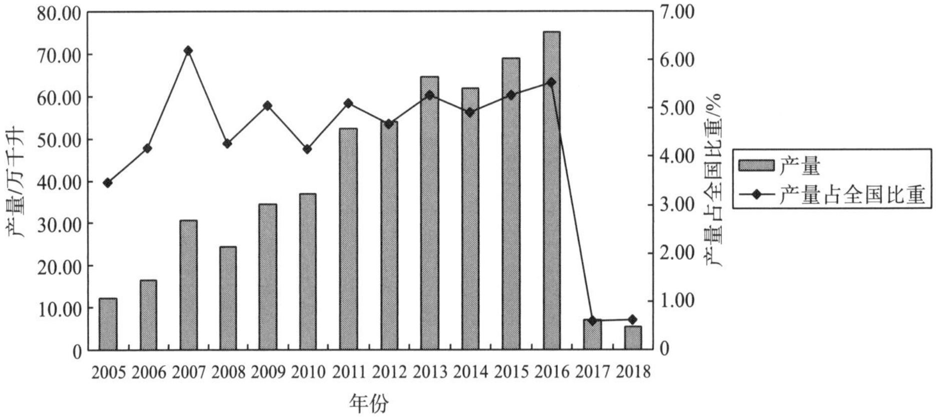

图 3.20 内蒙古自治区 2005～2018 年白酒产量及产量占全国比重

在产业布局方面，内蒙古白酒地产品牌中最具竞争力的是河套酒业，河套品牌价值跃升至 134.26 亿元，位列中国白酒品牌价值第 30 名，继续保持内蒙古自治区白酒品牌价值第一名。河套酒业品牌涵盖低、中、高各类档次，主导品牌为河套老窖、河套王，前者针对大众消费者，后者针对高端商务宴请。其他白酒有宁城老窖、金骆驼、蒙古王等，但由于均为中低端产品且销量较少，因此不具有品牌优势。近几年内蒙古自治区白酒行业出现萎缩态势，领军白酒企业河套酒业业绩不断下滑，尽管其积极调整产业结构，发力中高端市场，但是由于区域市场受到名优酒及其他产地酒品牌的挤压，收效甚微。

4. 北京市

北京市过去十几年的白酒行业发展趋势与华北板块其他省份的具有明显差异。如图 3.21 所示，2005～2018 年，北京白酒产量呈现出明显的增长趋势，从 2005 年的 9.29 万千升增长到 2018 年的 46.40 万千升，增长近 4 倍，年均增幅 12.17%。白酒产量占全国的比重从 2005 年的 2.66%增长到 2008 年的 3.08%。受其他省份白酒产量快速增长的影响，2008～2011 年，北京白酒产量占全国的比重出现下滑，2011 年仅为 2.01%；2011～2018 年波动增长，2018 年达 5.33%，较 2017 年增加 2.5%；2018 年在全国大部分白酒出产省份产量下降的情况下，北京白酒产量不降反增，其产量占全国的比重迅速提高。

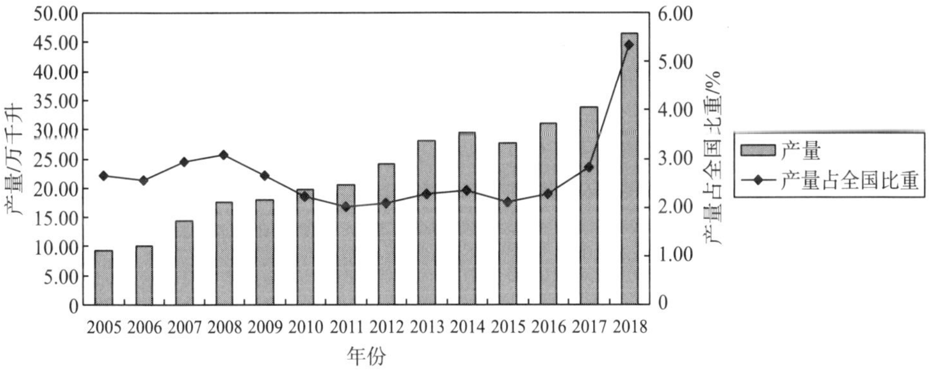

图 3.21　北京市 2005～2018 年白酒产量及产量占全国比重

在产业布局方面，北京地产白酒缺乏高端品牌，北京消费水平居全国前列，但因为本地高端白酒缺失，高端白酒市场被其他省份的名优产品占据。北京地产白酒中最具竞争力的是北京二锅头，其代表品牌是红星二锅头和牛栏山二锅头，前者是北京红星股份有限公司的拳头产品，后者是上市公司顺鑫农业的明星品牌。二锅头作为京酒的代表，其价格亲民，尽管不是高端品牌，但北京二锅头品牌本身在其市场空间内也颇具竞争力。目前牛栏山二锅头、红星二锅头、永丰牌二锅头形成了三足鼎立的竞争局面：牛栏山二锅头跻身百亿俱乐部；红星将自己标榜为“二锅头的宗师”；而永丰牌二锅头不仅有悠久的历史，更重要的是有“御酒”名头。

3.3.6 西北板块

西北板块主要包括陕西省、甘肃省、青海省和新疆维吾尔自治区 4 个西北白酒主产区。宁夏回族自治区白酒消费市场较小，名优白酒少，规模以上企业白酒产量低。陕西名优白酒西凤酒、太白酒和杜康沿渭河分布，三粮液和秦洋特曲则位于汉中谷地；甘肃名优白酒主要分布在河西地区，金徽酒和陇南春位于陇南山地，崆峒酒位于陇东的崆峒山区，陇中地区主要有古河州和红川酒；青海白酒以青稞酒为主，以互助青稞酒为代表的名优白酒主要分布在湟水谷地；新疆维吾尔自治区名优白酒主要分布在北疆地区和伊犁河谷。2018 年西北板块白酒产量为 26.88 万千升，占全国白酒产量的 3.09%。其中陕西为 15.75 万千升，占西北板块的 58.59%；甘肃为 2.95 万千升，占西北板块的 10.98%；青海为 1.67 万千升，占西北板块的 6.21%；新疆为 6.51 万千升，占西北板块的 24.22%。

1. 陕西省

陕西省是凤香型白酒的主要生产地，但陕西白酒行业规模较小，其产量占全国的比重维持在 1.00%左右。如图 3.22 所示，2005～2018 年陕西白酒产量总体呈现增长趋势，从 2005 年的 3.14 万千升增长到 2018 年的 15.75 万千升，增长 4 倍多，年均增幅 12.21%。2005～2011 年，随着其他省份白酒产量迅速增加，陕西省在白酒产量持续增加的情况下，其产量占全国的比重却不断下降，2011 年仅 0.78%；2011～2018 年随着陕西白酒产量快速增长，其产量占全国的比重也出现增长，尤其是 2016～2018 年，随着全国大部分白酒主产省份大幅减产，陕西白酒产量占全国的比重迅速提高，2018 年达到最大值 1.81%。陕西省 2018 年次高端白酒销售收入为 7.5 亿元。陕西为西北白酒知名省份，老四大名酒中的西凤酒也产

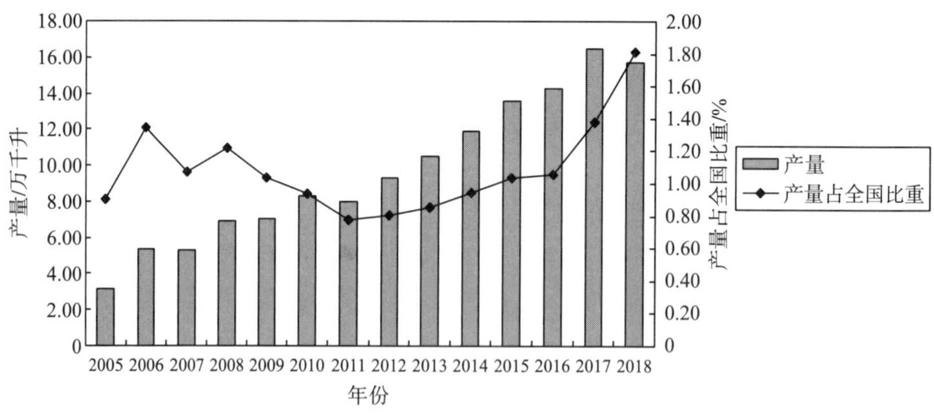

图 3.22 陕西省 2005～2018 年白酒产量及产量占全国比重

于陕西。陕西盛行凤香型白酒，凤香型白酒的口感介于浓香型、清香型之间。陕西地产酒主要在 100～300 元形成集群，整体向上的布局较少，次高端较少导致中端酒与高端酒之间出现断层。

在产业布局方面，陕西地产酒呈现“一超多弱”格局，陕西白酒中仅西凤酒具备全省号召力，2018 年其销售额达 50.14 亿元，其他白酒规模极小，品牌影响力较弱。西凤酒针对中高端白酒市场且主要布局 100～300 元价格带，面对省外品牌处于守势。陕西省第二大白酒企业为陕西杜康酒业，其规模为 7.00 亿～8.00 亿元，与西凤酒差距较大，其余企业均较弱；而低端市场主要品牌为太白，但其销售业绩欠佳。陕西是凤香型白酒的发源地，具有较好的品牌优势和产品差异化特色，陕西省正在借此打造凤香型白酒产业园区、产业集聚区和产业集聚带。

2. 甘肃省

甘肃省白酒产量较少，总体上在 2.00 万～4.00 万千升波动，其产量占西北板块的比重不高，占全国的比重在 0.80%以下。如图 3.23 所示，2005～2016 年，甘肃白酒产量总体上呈现出波动状态，从 2005 年的 4.02 万千升增长到 2016 年的 4.59 万千升，其中 2007 年、2011 年和 2015 年有明显减少；受整个白酒行业影响，2016～2018 年甘肃白酒产量和其他省份一样出现大幅下降，2018 年为 2.95 万千升，较 2017 年下降 11.15%，较 2016 年下降 35.73%。产量占全国的比重在 2005～2011 年持续下降，2011 年仅为 0.29%，2011～2018 年该比重基本稳定在 0.30%左右。

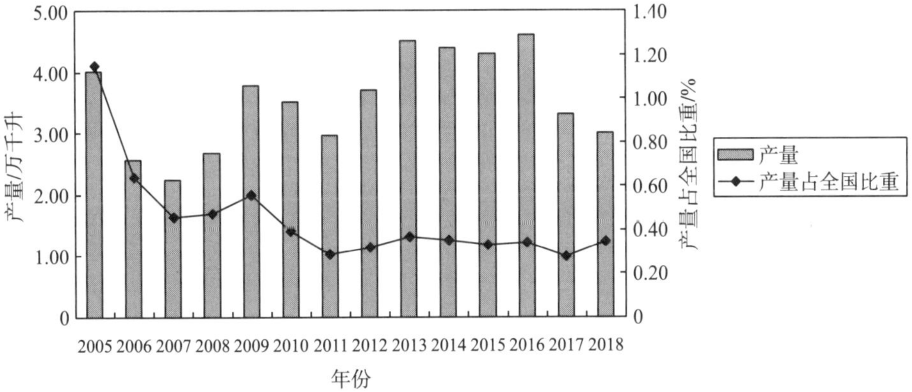

图 3.23　甘肃省 2005～2018 年白酒产量及产量占全国比重

在产业布局方面，甘肃省白酒集中产区主要是河西走廊和陇南白龙江流域，前者的领军企业是皇台酒业，后者的为金徽酒业。皇台酒业自 2010 年后经营状况不佳，2016 年以来连续三个会计年度经审计的净利润为负值，*ST 皇台已于 2019 年 5 月 13 日起暂停上市，成为 A 股中第一支被暂停上市的白酒股。2020 年

3 月 13 日，由于 2016 年年度报告存在虚假记载，虚增存货项目金额 1.02 亿元，*ST 皇台被证监局开出 60 万元罚单，此次处罚给皇台酒业的“病体”又添“新伤”。金徽酒业发展势头相对较好，净利润也平稳增长，2018 年其营业收入为 14.63 亿元，净利润为 2.59 亿元，具有较好的发展潜力。甘肃省的白酒企业在本省具有一定的知名度，但是对于全国市场，其白酒产品品牌影响力不够，品牌建设较为滞后。

3. 青海省

青海省的白酒产量在西北板块中最少，2005～2018 年平均仅为 1.50 万千升；2005 年起逐年增长，2013 年达到 2.11 万千升；经过 2014 年和 2015 年连续 2 年下滑后，2016 年达到最高值 2.63 万千升；2017 年、2018 年和甘肃及新疆情况类似，出现下滑；2018 年为 1.67 万千升。青海白酒产量占全国的比重总体上变化不大，2005 年为 0.21%，2018 年为 0.19%(图 3.24)。

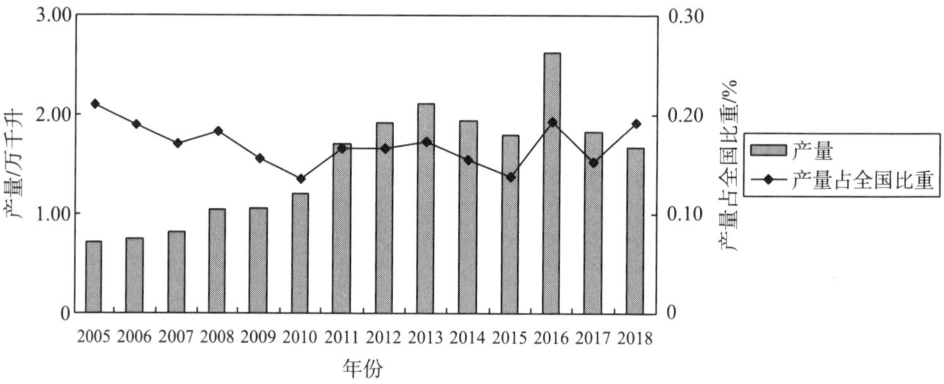

图 3.24 青海省 2005～2018 年白酒产量及产量占全国比重

在产业布局方面，青海省是青稞酒的主产区，尤以青海省互助县出产的青稞酒最多。青稞酒属清香型白酒，以高原绿色生态为产品核心，在西北地区具有较强的竞争力。青海当地消费者对互助青稞酒的忠诚度极高，是区域强势品牌。随着白酒消费市场向多元化发展，青海省先后向市场推出了青稞金酒、青稞原浆酒、青稞橡木桶酒等一系列产品。青海互助青稞酒股份有限公司(股票简称：青青稞酒)是全国最大的青稞酒生产企业，是我国青稞酒行业龙头企业，也是西北地区白酒行业龙头，2018 年其营业收入达 14.25 亿元，净利润为 1.08 亿元，扭转了 2017 年的亏损态势。截至 2018 年底，青海省共有白酒类生产企业 32 家，零售网点近 20 000 家，但大规模生产企业较少，品牌优势不强，外扩能力弱。

4. 新疆维吾尔自治区

新疆维吾尔自治区的白酒产量在西北板块中仅次于陕西省。如图 3.25 所示，2005～2017 年，新疆白酒产量从 3.74 万千升增加到 7.47 万千升，增长幅度较为平稳，年均增幅 4.18%；2018 年有所减少，较 2017 年减少 33.07%。新疆白酒产量占全国的比重从 2005 年的 1.07%下降到 2018 年的 0.57%，其中 2005～2011 年的下降幅度较为明显，2011～2018 年基本维持在 0.60%左右。

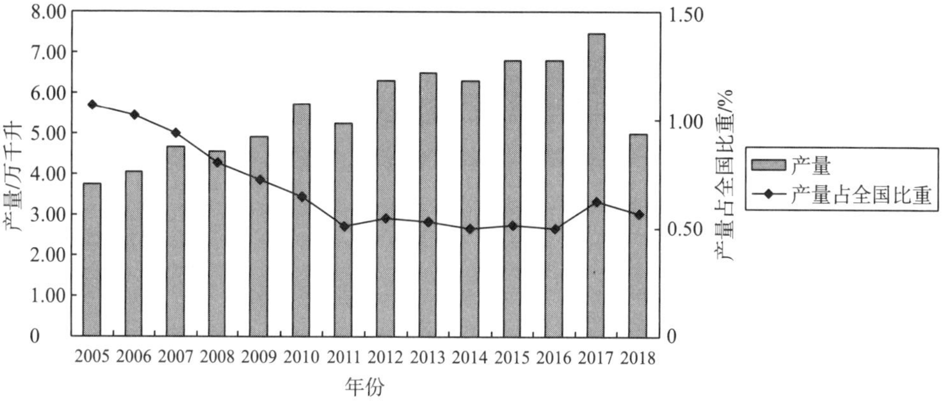

图 3.25　新疆维吾尔自治区 2005～2018 年白酒产量及产量占全国比重

在产业布局方面，新疆白酒企业主要分布在北疆地区和伊犁河谷地带，伊力特是新疆唯一的白酒上市企业，是新疆白酒行业龙头企业。2010 年以来，伊力特的营业收入和净利润持续平稳增长，2018 年其营业收入达 20.95 亿元，净利润达 4.28 亿元，发展态势向好，具有较好的发展前景。新疆与俄罗斯、蒙古国、哈萨克斯坦等八国接壤，贸易往来密切，这为新疆白酒行业走向国际化提供了便利的地理优势。新疆独特的地理生态环境造就了优质的白酒原料。2016 年后白酒行业进入重组整合时代，白酒消费市场趋于理性，竞争也更加激烈，新疆白酒行业正在不断推进产品结构优化、提升产品品质和培养消费者的忠诚度。

3.3.7　东北板块

东北板块主要包括辽宁省、吉林省和黑龙江省 3 个东北白酒主产区。辽宁省名优白酒三沟酒和老龙口等分布于辽河平原，朝阳凌塔、道光廿五和凤城老窖则分别位于辽西和辽东山地，铁刹山位于鸭绿江口的丹东市。吉林省的洮南春酒、洮儿河酒、榆树钱酒、龙泉春和大泉源主要分布于松嫩平原和科尔沁草原东部。黑龙江省的泉酒、黑土地、北大仓、富裕老窖、牡丹江等名优白酒主要分布在松嫩平原。2018 年东北板块白酒产量为 34.00 万千升，占全国白酒产量的 3.92%。

其中辽宁省 0.91 万千升，占东北板块的 2.84%；吉林省 19.39 万千升，占东北板块的 56.86%；黑龙江省 13.70 万千升，占东北板块的 40.30%。

1. 辽宁省

辽宁省是传统的白酒产量大省，2016 年之前其白酒产量排进全国前十，2005 年及 2007～2011 年排在全国第四位。如图 3.26 所示，2012 年是辽宁白酒产量的一个分水岭。2005～2012 年，产量逐年增长，从 2005 年的 26.16 万千升增长到 2012 年的 80.60 万千升，年均增幅 15.10%。随着白酒行业进入“寒冬”，从 2013 年开始，产量大幅下滑，2013 年和 2016 年还出现 2 次断崖式下降，降幅分别达 32.10%和 82.61%；2018 年产量萎缩至 0.97 万千升。2005～2012 年，辽宁白酒产量占全国的比重基本稳定在 7.00%左右；2012 年后随着产量迅速减少，该比重也大幅下降，从 2012 年的 7.02%下降到 2018 年的 0.11%。

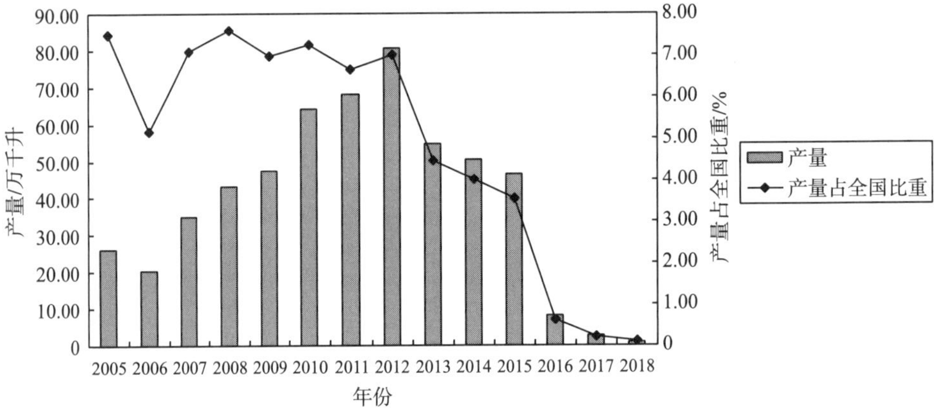

图 3.26 辽宁省 2005～2018 年白酒产量及产量占全国比重

辽宁省缺乏高端白酒品牌，仍以光瓶酒为主导，销售策略给白酒品牌造成负面影响。辽宁白酒错过了产品高端化的机会，使地产白酒沦为低端品牌。随着结构性消费升级，中高端白酒将更大程度地挤压低端白酒的生存空间。随着高端白酒市场空间逐步扩大，白酒行业结构和资源集中度将越来越向高端白酒产品倾斜，加上东北地区的经济和消费疲软，以及成本上升、名酒下沉和挤压竞争等因素，低端化形象已成为制约辽宁白酒行业发展的瓶颈，同时也限制了其产品全国化的步伐。

2. 吉林省

吉林省是东北板块中的白酒产量大省。2009～2018 年，吉林白酒产量一直位居全国前十，2017 年更是排到全国前五。如图 3.27 所示，2005～2017 年，吉林白酒产量快速增长，从 2005 年的 8.46 万千升增长到 2017 年的 77.78 万千升，年均增幅 18.61%；产量占全国的比重从 2.42%增长到 6.49%。2018 年产量出现断崖式下降，降至 19.39 万千升，较 2017 年减少 75.07%，产量占全国的比重也由 2017 年的 6.49%下降到 2.23%，下降 4.26%。

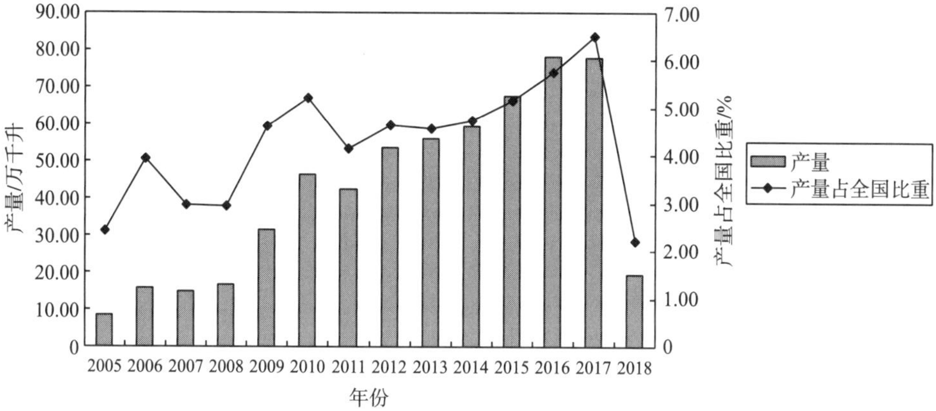

图 3.27　吉林省 2005～2018 年白酒产量及产量占全国比重

吉林省自然资源优势突出，盛产优质的酿酒原料，是中国重要的白酒原料生产基地，水资源优质且丰富，具有发展白酒行业的先天资源禀赋；其酒文化具有浓郁的东北地方特色和悠久的历史内涵，榆树钱酒和大泉源酒有几百年的历史。吉林省白酒行业总体产量较大，但受区域内企业规模小、品牌影响力不足、利润率低、市场占有率低等因素的限制，没有形成区域特色，缺乏核心竞争力。榆树市和德惠市是吉林省的白酒传统产区，产业基础较好，两市正在打造以榆树市为中心，榆树市、德惠市两地协同的松花江流域中部白酒产业集群。

3. 黑龙江省

黑龙江省是东北板块中产量仅次于吉林省的白酒生产大省，2012～2017 年其产量排进全国前十，2017 年排全国第七位。如图 3.28 所示，2005～2017 年，黑龙江白酒产量迅速增加，从 2005 年的 4.5 万千升增长到 2017 年的 57.8 万千升，年均增幅 23.71%；2017 年后产量出现断崖式下滑，2018 年仅 13.7 万千升，较 2017 年减少 76.22%。受全国其他白酒主产省份产量变化的影响，2005～2009 年黑龙江白酒产量占全国的比重出现波动下滑，2009～2017 年该比重由 1.46%增加到 4.82%；2018 年由于黑龙江白酒产量大幅下降，其产量占全国的比重也下降到 1.58%。

黑龙江省的白酒生产厂商大多是小型酒厂，规模以上白酒企业比较少，导致黑龙江白酒行业缺少自己的知名品牌、缺乏市场竞争力，其白酒在激烈的市场竞争中面临的困难不小。此外，拥有悠久历史的黑龙江白酒，一直没有形成自己独特的香型，与四川的浓香、贵州的酱香、山西的清香、陕西的凤香、山东的芝麻香型白酒相比，缺乏差异化、特色化的市场竞争力。

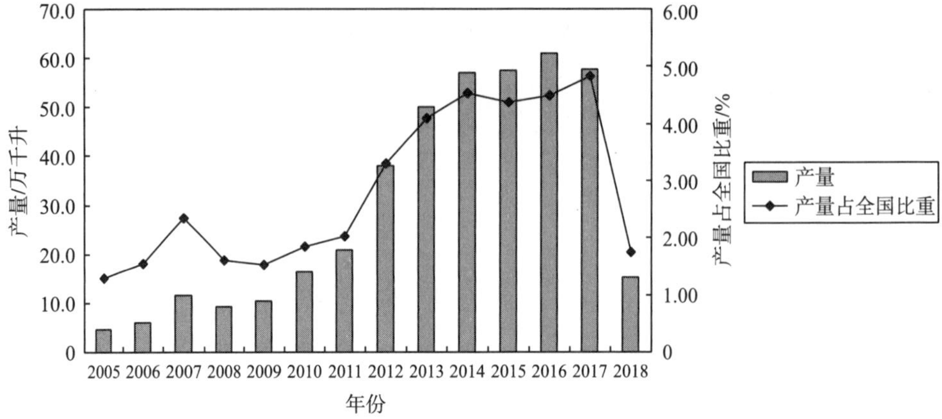

图 3.28 黑龙江省 2005～2018 年白酒产量及产量占全国比重

总体来讲，各个省份的产业布局在白酒行业转型中发挥着不同的作用，其原因在于不同省份的产业基础不同，资源差异显著，发展潜力也不同，发展优势迥异。我国白酒行业的健康持续发展需要依赖于推进全国范围内白酒行业的阶梯形布局和发展：四川、贵州是产业布局第一梯队的白酒生产大省，两省通过整合产业僵尸企业，打造白酒产业聚集区，实现品牌与地区合二为一，带动产业协同发展；江苏、河南、山东为第二梯队，要赶超第一梯队白酒大省，积极把握产业转型时间，力求恢复原有产酒大省地位；湖北、安徽、内蒙古为第三梯队，要保持较好发展势头并向占全国产量 10%的目标奋斗；河北、湖南、陕西、山西等其他各省份要挖掘省内白酒优势，在品类、品牌等异质性特点上进行创新。

3.4 产 业 政 策

3.4.1 白酒行业政策演进

酿酒行业是传统制造业，有着历史悠久、技艺独特的酿造工艺。但因酿酒生产消耗过多粮食，古代为节约粮食，早在夏商时期就有“禁酒令”，对酒的生产、流通及消费实行管制，限制某些地区的酒流通。汉代实行“榷酒”，由国家垄断酒类生产与销售，一方面可扩大财政收入，转移经济财富；另一方面可通过加强酿酒管理，控制酿酒规模，保证粮食供给。因此，历代朝廷多禁止百姓私自酿酒，而鼓励多种粮食。汉代以前酒实行市税，汉代之后实行专税。

自新中国成立至《中华人民共和国酒类管理条例》颁布，我国酒类政策经历七个阶段。

(1)新中国成立初期酒类专卖阶段：1949 年 10 月至 1952 年 12 月。这一阶段延续民国时期酒类管理办法；1951 年 5 月颁布的《专卖事业暂行条例》规定酒类与卷烟类实行全国专卖的统一管理，以国营、公私合营、特许私营、委托加工四种方式经营，由专卖公司规定生产计划。1950 年，酒类征税文件《关于华北公营及暂许私营酒类征税管理加以修正的指示》规定对白酒征收固定税额，每市斤酒征二市斤半小米。

(2)第一个五年计划时期酒类专卖阶段：1953～1957 年。按照《各级专卖事业行政组织规程(草案)》规定，设置专卖总局及大区、省(盟)、直辖市、专区或市、县专卖事业管理局。酒类收购单位设定验收专员，实行责任验收；包装及仓库保管遵守《包装用品管理试行办法》《酒类、卷烟、烟叶、盘纸、铝纸仓库保管制度》的管理规定，并按《关于加强调拨运输工作的指示》(1954 年)规定，对白酒根据购销计划与产销情况制定大区的调拨供应计划。1953 年，规定白酒、黄酒类利润率为 11%；白酒类与酒精类一致，征收从价税。

(3)“大跃进”时期酒类专卖阶段：1958～1960 年。在 1958 年商业管理体制改革的推动下，除国家名酒及部分啤酒由国家生产及计划外，其他酒类均被下放到地区进行生产销售。1958 年，《关于改变酒精配置白酒的方法的联合通知》规定，由原来酒的工业生产部门设立酒精配制白酒试点改由商业部门进行白酒兑制。

(4)国民经济调整时期酒类专卖阶段：1961～1965 年。1963 年，国务院颁布《关于加强酒类专卖管理工作的通知》，规定酒类由轻工业部统一计划生产，私人不得酿酒，并由糖业烟酒公司收购及批发，零售则由国营商店、供销社及城乡合作商店、合作小组负责。

(5)“文化大革命”期间酒类专卖阶段：1966～1976 年。大多数专卖机构被暂停销售，酒类生产、销售受到严格管制。

(6)改革开放初期酒类专卖阶段：1977～1990 年。这一阶段实施如下政策。①酒类流通。1978 年颁布的《关于加强酒类专卖管理工作的报告》，规定依旧实行酒类专卖，对酒类的生产、销售有严格规定，酿酒原料多为饲料粮与副产品下脚料，酒类由糖业烟酒公司统一收购，不得私自销售。②散酒生产。1987 年，《关于由生产单位解决散装白酒酒度的通知》规定由商业部负责生产环节白酒加浆调度，流通环节不得进行调浆，白酒销售前要经过质检。③卫生标准。1981 年、1982 年、1986 年颁布蒸馏酒及其他酒类的卫生安全标准，1990 年国家修订了《酒类卫生管理办法》。④酒类价格调整。1982 年，商业部、轻工业部下达了《关于调整部分酒价的通知》，适当降低部分名酒价格；1987 年 7 月后，名酒价格普遍放开。⑤税收规定。1983 年发布的《关于加强酒税征收管理的通知》规定对不同的酿酒原料进行征税。1984 年，财政部规定使用加价粮或议价粮生产的白酒、黄酒、啤酒，减按 30%、30%、29%的税率征收工业环节工商税；对于白酒，征税前需扣除包装费用。⑥进出口规定。1991 年《关于开展寄售洋酒、啤酒、饮料业务有关问题的请示》的函文中规定不再进口洋酒，只允许寄售进口；由中国粮油食品进口总公司管理啤酒、饮料进口；适当降低进口关税。

(7) 市场化阶段：1991 年至今。这一阶段的政策仍然处于收紧状态，但实施市场运行机制，主要政策包括以下几个方面。①酒类管理。1991 年通过的《中华人民共和国酒类管理条例》结束酒类产销不统一管理的历史，其中规定“酒类销售须取得经营许可证”。②1997 年《进口酒类国内市场管理办法》对进出口酒类的生产加工、流通及违法产品进行监管。③税收规定。1994 年税制改革，对酒类同时征收增值税和消费税。白酒消费税税率为粮食白酒 25%、薯类白酒 15%；增值税税率为 17%。2001 年规定对于白酒在征收从价消费税的同时再按实际销售量对每斤(500 克)征收 0.5 元的定额消费税，同时停止执行外购或委托加工已税酒和酒精生产的酒抵扣上一生产环节已纳消费税的政策。2006 年规定粮食白酒、薯类白酒的比例税率统一调整为 20%。2009 年，国家税务总局发布《关于加强白酒消费税征收管理的通知》，对计税价格偏低的白酒核定消费税最低计税价格。2014 年取消酒精消费税。④食品安全规定。2008 年颁布的《关于开展全国打击违法添加非食用物质和滥用食品添加剂专项整治的紧急通知》指出对食品中非物质添加剂及滥用添加剂现象进行专项整治，对食品添加剂的使用要严格按照《食品添加剂使用卫生标准》执行。2009 年颁布的《中华人民共和国食品安全法》规定“乳品、转基因食品、生猪屠宰、酒类和食盐的食品安全管理，适用本法；法律、行政法规另有规定的，依照其规定。”

3.4.2 白酒行业标准

20 世纪 80 年代，白酒行业实施产品标准、饮料酒标签、检测标准、卫生标准等国家标准，标志着白酒行业走向规范化、标准化。随着白酒行业发展及一些问题暴露，国家在 2004 年后进行了标准整顿，实施的标准包括 24 项国家标准、21 项国家标准计划项目、5 项行业标准。新的白酒标准颁布，并呈现出以下几个特点：第一，产品标准数量多，包括 12 种香型标准、3 种工艺标准、8 个地方标准及 15 个地理标志标准(不完全统计)；第二，指标有重复，即标准中关于不同级别白酒中总酸、总酯的含量判定标准重复；第三，理化指标不容易判定，在判定白酒香型及其品质时，仅通过产品中的总酸、总酯含量等人为可控因素不能证实白酒品质，而关于添加剂等的检测手段也相对缺乏；第四，感官指标被忽视，标准中关于酒温低于 10℃、高级酯类出现白色絮状物等感官指标在评酒中被忽视，而仅重视理化标准；第五，新标准呈现淡、醇、甜趋势，标准对酸、酯含量的要求降低，口感偏向清淡。

3.5 产 业 竞 争

白酒行业竞争表现为不同白酒产地、不同白酒产品的差异性竞争，产生差异性优势的因素称为产业竞争优势，产业竞争优势的数量与权重决定地区产业竞争力。以白酒上市公司为例，分析营业收入、利润等指标，可以判定其竞争力情况，并分析其竞争优势。

从白酒上市公司的营业收入增幅(表 3.16)来看，贵州茅台、古井贡酒、顺鑫农业和老白干酒 2010～2018 年的营业收入一直保持增长态势，泸州老窖、五粮液、洋河股份、山西汾酒、迎驾贡酒、今世缘、伊力特、舍得酒业、青青稞酒、酒鬼酒、口子窖和金徽酒个别年份出现营业收入负增长，水井坊有 3 年营业收入负增长，皇台酒业则有 5 年营业收入增幅为负，面临较大的经营困境。纵向来看，2010～2012 年除水井坊和皇台酒业营业收入为负增长外，其他白酒上市公司的营业收入均为正增长；2012 年白酒行业出现“黄金十年”后的余晖，19 家白酒上市公司营业收入增幅均为正；2013～2015 年，超过 70%的白酒上市公司营业收入出现负增长，白酒行业受政策的影响开始凸显；2016～2018 年，除个别企业外，大部分白酒上市公司扭转了营业收入负增长的局面，出现了不同程度的正增长。

表 3.16　白酒上市公司 2010～2018 年营业收入增幅(%)

上市公司	2010 年	2011 年	2012 年	2013 年	2014 年	2015 年	2016 年	2017 年	2018 年
贵州茅台	20.30	58.19	43.76	16.88	2.11	3.44	18.99	49.81	26.49
五粮液	39.64	30.95	33.66	−9.13	−15.00	3.08	13.32	22.99	32.61
洋河股份	90.38	67.22	35.55	−13.01	−2.34	9.41	7.04	15.92	21.30
泸州老窖	22.89	56.92	37.12	−9.74	−48.68	28.89	20.34	20.50	25.60
古井贡酒	39.89	76.04	26.88	9.14	1.53	12.96	14.54	15.81	24.65
顺鑫农业	2.98	20.93	10.05	8.76	4.50	1.65	16.18	4.79	2.90
山西汾酒	40.74	48.78	44.35	−6.04	−35.67	5.43	6.69	37.06	47.48
迎驾贡酒	—	—	16.05	1.23	−12.84	−1.09	3.81	3.29	11.17
今世缘	—	—	15.67	−3.02	−4.60	1.05	5.34	15.57	26.55
老白干酒	24.72	21.24	17.87	8.19	17.00	10.75	4.39	3.96	41.34
金种子酒	31.97	27.87	30.03	−9.32	−0.27	−16.74	−16.89	−10.14	1.89
伊力特	24.60	13.80	42.71	−1.07	−7.12	0.57	3.38	13.34	10.70
舍得酒业	23.66	41.87	54.38	−27.60	1.86	−19.99	26.42	12.10	35.02
青青稞酒	39.55	41.01	42.18	20.13	−5.74	0.63	5.39	−8.27	2.29
酒鬼酒	53.60	71.61	71.77	−58.56	−43.26	54.76	8.92	34.13	35.13

续表

上市公司	2010年	2011年	2012年	2013年	2014年	2015年	2016年	2017年	2018年
水井坊	8.64	−18.49	10.41	−70.31	−24.89	134.29	37.61	74.13	37.62
皇台酒业	−18.25	62.74	27.83	−19.44	−46.92	82.51	70.14	−73.23	−46.47
金徽酒	—	—	42.18	12.04	−7.34	16.74	8.02	4.35	9.72
口子窖	—	—	19.79	−2.37	−7.71	14.41	9.53	27.29	18.50

注：今世缘为2014年上市，迎驾贡酒和口子窖为2015年上市，金徽酒为2016年上市(数据来源：白酒上市公司年报)。“—”表示未查到相关数据。

从白酒上市公司的净利润占比(表3.17)中可以看出，贵州茅台净利润一直占绝对优势，其占比从2010年的32.09%增长到2018年的51.71%，占据了主要白酒上市企业净利润的半壁江山。2010～2018年，贵州茅台、泸州老窖、五粮液和洋河股份一直占据白酒上市公司净利润的前四强。2010年白酒上市公司净利润总额的80%以上集中在贵州茅台、泸州老窖、五粮液和洋河股份4家公司；2018年集中在贵州茅台、五粮液和洋河股份3家公司，前4名白酒上市公司垄断了净利润的86.79%。酒鬼酒及水井坊2013年和2014年的净利润为负，皇台酒业则在2010～2018年的9年中有6年出现亏损。

表3.17 白酒上市公司2010～2018年净利润占比(%)

上市公司	2010年	2011年	2012年	2013年	2014年	2015年	2016年	2017年	2018年
贵州茅台	32.09	33.35	33.84	43.83	51.59	48.11	47.26	53.05	51.71
五粮液	27.92	23.06	24.97	21.89	19.61	18.74	18.60	18.45	19.19
洋河股份	14.01	14.92	14.86	13.73	15.15	15.68	15.30	12.11	11.09
泸州老窖	14.01	11.02	10.97	9.44	2.96	4.53	5.14	4.76	4.80
古井贡酒	1.99	2.04	1.75	1.71	2.01	2.09	2.19	2.10	2.32
顺鑫农业	1.68	1.11	0.30	0.54	1.21	1.10	1.09	0.80	1.02
山西汾酒	3.14	3.34	3.35	2.70	1.20	1.52	1.59	1.73	2.01
迎驾贡酒	—	1.62	1.13	1.16	1.64	1.55	1.80	1.22	1.06
今世缘	—	1.92	1.64	1.87	2.17	2.00	1.99	1.64	1.57
老白干酒	0.27	0.33	0.27	0.18	0.20	0.22	0.29	0.30	0.48
金种子酒	1.07	1.32	1.36	0.37	0.30	0.15	0.04	0.01	0.14
伊力特	0.85	0.74	0.55	0.73	0.90	0.82	0.73	0.65	0.59
舍得酒业	0.48	0.70	0.89	0.03	0.04	0.02	0.21	0.26	0.47
青青稞酒	0.86	0.76	0.73	1.02	1.07	0.68	0.57	−0.17	0.15
酒鬼酒	0.50	0.70	1.20	−0.11	−0.33	0.26	0.29	0.32	0.30
水井坊	1.49	1.16	0.82	−0.42	−1.40	0.26	0.59	0.61	0.79

续表

上市公司	2010 年	2011 年	2012 年	2013 年	2014 年	2015 年	2016 年	2017 年	2018 年
皇台酒业	-0.37	0.17	0.02	-0.08	-0.13	0.00	-0.33	-0.34	-0.13
金徽酒	—	0.31	0.26	0.30	0.42	0.49	0.59	0.46	0.35
口子窖	—	1.43	1.10	1.09	1.42	1.77	2.06	2.04	2.10

注：“—”表示未查到相关数据。数据来源：白酒上市公司年报。

从白酒上市公司的自由现金流量情况(表 3.18)看，2010～2018 年洋河股份、古井贡酒、顺鑫农业、金种子酒、青青稞酒、酒鬼酒、皇台酒业、口子窖常年为负数，主要是由于这些公司处于快速扩张阶段，需要支出的资本较多。2018 年洋河股份的最少，为-349.67 亿元；古井贡酒的为-44.81 亿元；今世缘的为-37.38 亿元。皇台酒业则由于经营状况不佳，出现多年亏损。2010～2018 年，贵州茅台、五粮液和山西汾酒的自由现金流量均为正值，其中贵州茅台的增幅最为显著，年均增幅达 42%，五粮液和山西汾酒分别为 22%和 6%。2018 年贵州茅台的自由现金流量高达 156.01 亿元，居第一位；五粮液的为 30.52 亿元，排第二位；泸州老窖的为 17.74 亿元，居第三位。贵州茅台、泸州老窖、五粮液和山西汾酒的自由现金流量较大、利润质量较高且实际经营状况和财务状况较好，具备较强的发展潜力。

表 3.18　白酒上市公司 2010～2018 年自由现金流量　(单位：亿元)

上市公司	2010 年	2011 年	2012 年	2013 年	2014 年	2015 年	2016 年	2017 年	2018 年
贵州茅台	9.44	19.51	11.18	60.67	57.91	71.40	95.03	84.16	156.01
五粮液	6.10	9.73	22.06	24.63	21.64	18.43	23.87	30.33	30.52
洋河股份	4.00	-9.43	-45.75	1.91	-51.41	-46.33	-99.21	-300.71	-349.67
泸州老窖	12.70	14.55	10.75	24.27	20.52	14.57	12.27	-14.80	17.74
古井贡酒	-0.03	-12.49	2.91	-16.71	-26.35	-22.11	-36.24	-52.85	-44.81
顺鑫农业	6.94	-13.22	-13.81	1.73	-21.87	-11.81	-5.89	2.03	-0.88
山西汾酒	2.74	4.54	3.71	8.35	3.19	3.21	4.49	2.56	4.35
迎驾贡酒	—	-7.43	1.79	1.32	1.62	-14.19	-19.22	-13.50	-22.37
今世缘	—	4.31	7.37	4.95	4.73	7.02	9.25	10.01	-37.38
老白干酒	0.08	0.75	-1.07	1.85	-0.17	-11.18	-5.45	-3.26	3.35
金种子酒	-6.60	-0.30	0.83	-12.82	-16.30	-13.47	0.30	-1.53	-0.36
伊力特	0.47	2.53	2.35	-7.95	1.83	0.35	0.65	-0.04	1.55
舍得酒业	-0.86	1.19	1.14	1.32	0.56	0.43	-0.18	-2.81	2.87
青青稞酒	-1.16	-9.02	1.00	1.18	-9.51	-8.14	-13.38	-10.42	-6.90
酒鬼酒	-0.03	-6.03	-2.84	0.21	-1.28	-0.77	-3.14	-2.28	-15.45

续表

上市公司	2010年	2011年	2012年	2013年	2014年	2015年	2016年	2017年	2018年
水井坊	−2.53	1.48	3.11	−0.26	−1.85	0.04	−1.81	2.39	2.60
皇台酒业	−0.09	−0.25	0.26	−0.22	0.10	−0.13	−0.64	−0.35	−0.17
金徽酒	—	0.37	−2.87	1.91	−3.11	3.05	−5.86	−1.45	−3.87
口子窖	—	−0.58	0.77	2.09	−4.03	−12.55	−30.09	−22.93	−24.12

注：“—”表示未查到相关数据。数据来源：白酒上市公司年报。

从白酒上市公司存货周转率（表3.19）看，2010～2018年白酒上市公司平均存货周转率呈现下降态势，从2010年的1.25下降到2018年的0.71。2010～2018年泸州老窖、五粮液、洋河股份、古井贡酒、顺鑫农业、迎驾贡酒、金种子酒、伊力特和金徽酒的平均存货周转时间在1年以下，其中金种子酒的最短，约为半年；山西汾酒、今世缘、老白干酒、青青稞酒和口子窖的平均存货周转时间为1～2年；水井坊、皇台酒业的平均存货周转时间为2～3年；贵州茅台、舍得酒业和酒鬼酒的平均存货周转时间在3年以上，其中贵州茅台超过4年半。从2018年的情况看，存货周转时间在1年以下的有山西汾酒、老白干酒、金种子酒和伊力特，其中伊力特最短，约为264天；存货周转时间为1～2年的有泸州老窖、五粮液、古井贡酒、顺鑫农业、迎驾贡酒、今世缘、青青稞酒、金徽酒和口子窖；存货周转时间为2～3年的有洋河股份和水井坊；存货周转时间为3年以上的有贵州茅台、舍得酒业、酒鬼酒、皇台酒业，其中最长的为舍得酒业，约为1400天。存货周转率和存货周转时间反映了企业的销售状况、库存积压和产能过剩情况，白酒上市公司中大部分都存在库存积压和产能过剩情况，部分公司在销售方面存在问题。

表3.19 白酒上市公司2010～2018年存货周转率 （单位：次/年）

上市公司	2010年	2011年	2012年	2013年	2014年	2015年	2016年	2017年	2018年
贵州茅台	0.22	0.24	0.24	0.20	0.17	0.15	0.18	0.28	0.29
五粮液	1.22	1.37	1.31	0.97	0.77	0.79	0.81	0.85	0.94
洋河股份	2.39	1.88	1.30	0.81	0.61	0.58	0.53	0.53	0.47
泸州老窖	1.23	1.57	1.57	1.68	1.07	1.23	1.17	1.10	0.97
古井贡酒	1.32	1.67	1.79	1.49	1.27	1.15	0.96	0.85	0.86
顺鑫农业	1.95	1.67	1.26	1.02	0.88	0.81	0.95	0.99	0.90
山西汾酒	0.77	0.95	1.22	0.92	0.68	0.71	0.72	0.86	1.13
迎驾贡酒	—	1.54	1.66	1.52	1.20	0.86	0.64	0.61	0.61
今世缘	—	0.83	0.84	0.70	0.59	0.55	0.51	0.52	0.55
老白干酒	1.14	1.10	0.89	0.86	0.70	0.75	0.83	0.89	1.05
金种子酒	4.04	2.91	2.76	1.87	1.77	1.55	1.33	1.14	1.02

续表

上市公司	2010 年	2011 年	2012 年	2013 年	2014 年	2015 年	2016 年	2017 年	2018 年
伊力特	1.35	1.11	1.47	1.33	1.19	1.25	1.26	1.35	1.38
舍得酒业	0.43	0.42	0.48	0.30	0.35	0.27	0.24	0.19	0.26
青青稞酒	1.19	1.08	1.06	1.08	0.83	0.83	0.78	0.68	0.62
酒鬼酒	0.29	0.51	0.62	0.29	0.21	0.23	0.21	0.25	0.31
水井坊	0.80	0.37	0.28	0.15	0.15	0.28	0.37	0.50	0.45
皇台酒业	0.36	0.54	0.47	0.29	0.13	0.22	0.80	0.25	0.27
金徽酒	—	1.87	1.87	1.76	1.61	1.60	1.42	1.16	0.92
口子窖	—	1.15	1.20	0.89	0.61	0.56	0.49	0.56	0.57
均值	1.25	1.20	1.17	0.95	0.78	0.76	0.75	0.71	0.71

注：“—”表示未查到相关数据。数据来源：白酒上市公司年报。

综上所述，19 家白酒上市公司中竞争力最强的是贵州茅台，其产业竞争优势体现为营业收入增幅较为显著，且一直保持增长态势，盈利能力强、净利润高、自由现金流量充足，企业运营能力好，但企业存货周转率低，运营周期长，存在库存积压和产能过剩情况。泸州老窖、五粮液、洋河股份依旧占据行业利润主要份额，产量与销量排在行业前四位，自由现金流量仅次于茅台，具有较高的产业竞争力。洋河股份近些年呈现出明显的扩张态势，资本支出较多，自由现金流量为负数，且数额较大。泸州老窖和五粮液的存货周转率相对较高，洋河股份则相对偏低，面临产能过剩问题。古井贡酒、山西汾酒、老白干、顺鑫农业、今世缘的产业竞争力较强，营业收入呈正增长，且近些年增幅较大，盈利能力较强，净利润占比较高，存货周转率相对较高，呈现较好的发展趋势。金种子酒、青青稞酒和皇台酒业的产业竞争力相对较差，近 3 年营业收入出现负增长，盈利能力较弱，存货周转率较低，自由现金流量为负数，利润质量不高。青青稞酒 2017 年出现亏损，而皇台酒业 2010～2018 年连续出现亏损，实际经营状况和财务状况较差，发展潜力有待挖掘，企业发展缺乏可持续性。

3.6　产 业 链

产业链源于产业经济学，是指各产业部门间依照某种特定逻辑关系、时空布局关系形成的链条式关联关系。白酒产业链依照白酒生产流程中涉及的产业形成白酒从原材料流向产成品再到终端消费者的链条网络，并将核心产品的流入方命名为上游产业链、核心产品的流出方命名为下游产业链，形成涵盖种植业、食品添加业、酿造机械业、包装业等的上游产业链及包含批发零售业和物流业等的下游产业链。如图 3.29 所示，在白酒产业链中，传统白酒销售渠道依托经销商渠道，具体包括总代理制与经销商代理制。总代理制是在一定地区范围内设置总代理机构，由代理商开拓终端市场，此种方式减少了渠道成本、销售成本，但依赖代理商风险较大；经销商代理制是由企业设立销售地点，虽减少了中间成本，但增加了销售费用。因此，为实现销售费用减少，又使白酒生产贴近终端，不少白酒企业开展直销方式。它们通过特设专卖店、集团销售等方式压缩中间费用，还利用“互联网+”实现白酒线上销售。

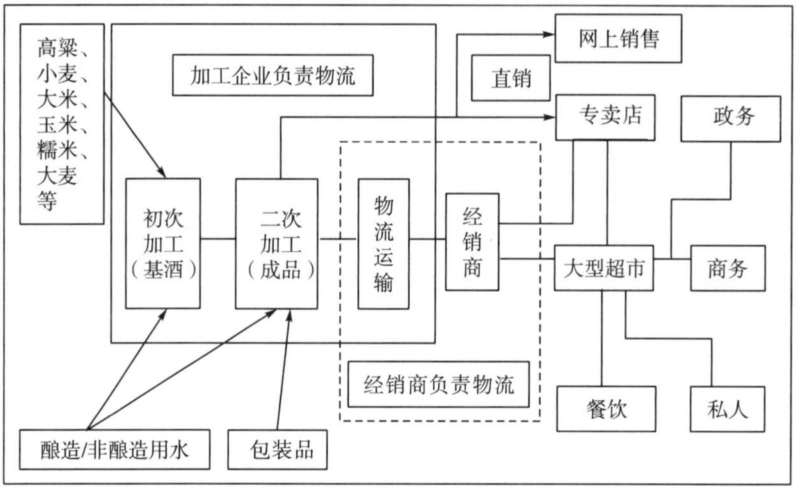

图 3.29 白酒产业链全景图

杜龙政等(2010)依据产业链中资源、市场、技术、协作四大驱动力量的不同，将产业链分为资源驱动型产业链、市场主导型产业链、技术主导型产业链及四要素协同型产业链。从目前的市场看，洋酒、调制酒等对白酒产品产生巨大的市场挤压，呈现出白酒行业在销售渠道、白酒品牌及价格体系上的不足，而这源于四个方面：一是白酒产业链较长，承载产业链中间环节过多成本，失去竞争优势；二是传统白酒销售渠道耗费大量人力和物力，不利于低成本产品竞争；三是企业产品结构不清晰，导致产品分销渠道雷同；四是价格体系不完善，导致产品差异性特质无法凸显。

因此，白酒产业链属于市场主导型产业链，且亟须加强产业链治理。在全球竞争驱动形成产业链竞争的背景下，公司治理已由企业治理、企业集团治理发展到产业链治理。产业链治理要从管理模式出发，既包含公司内部管理层治理，还要包括企业间的关系结构治理，尤其要形成上下游产业链协同治理模式。

第4章　白酒行业发展质量评估

党的十九大报告指出："我国经济已由高速增长阶段转向高质量发展阶段，正处在转变发展方式、优化经济结构、转换增长动力的攻关期"，这意味着中国经济步入提质增效的新时期。高质量发展是当前我国经济发展的必然要求。企业作为经济发展的主体，是社会前进的动力，企业发展质量决定着经济增长的质量。企业要具有高质量发展的价值观与利益观，以创新为引领、竞争为核心，追求协调、可持续发展，从而实现企业价值最大化。2002年以来，白酒行业从快速增长到鼎盛再转向转型，产能过剩与市场泡沫等问题凸显，而它作为我国传统行业之一，始终受到政府管制和市场竞争影响，如限制"三公"消费、白酒及酒精生产线被列入限制类产业目录①、国际酒业巨头大举并购、外来资本利用各渠道渗透等。白酒上市公司本身的问题也不少，如企业产能过剩、结构失衡、标准模糊、经销商库存高企、团购渠道不畅、厂家压货、终端消费需求快速变化，以及塑化剂、年份酒、酒精勾兑等。对于我国白酒上市公司发展而言，提升发展质量、实现高质量发展已刻不容缓。为此，各地方政府、行业协会、白酒企业出台了一系列政策和措施，以推进白酒行业和白酒企业高质量发展。四川省作为我国主要白酒产区，2015年四川省经济和信息化委员会出台《关于促进白酒产业转型升级健康发展的指导意见》，对产品结构、功能定位、市场需求和发展理念四个方面的指导思想做了详细说明；2017年起又先后发布了《中共四川省委关于全面推动高质量发展的决定》《关于推进白酒产业供给侧结构性改革加快转型升级的指导意见》《四川省白酒产业"十三五"发展指南》《优质白酒产业振兴发展培育方案》等文件，强调推动白酒行业转变发展方式须贯彻创新、协调、绿色、共享和开放五大发展理念，加快四川省白酒行业高质量发展进程，为实现"川酒振兴"、打造"中国白酒金三角"和提升"六朵金花"品牌辨识度做战略谋划。贵州省对于白酒行业发展先后出台了《贵州省人民政府关于促进贵州白酒产业又好又快发展的指导意见》《贵州省白酒产业振兴计划》《贵州省推动白酒行业供给侧结构性改革促进产业转型升级实施意见》等政策，对白酒行业转型升级、提质增效和高质量发展指明方向。其他白酒主产区如江苏、安徽、湖北、山东等省份也出台了相关政策，大力支持白酒行业的发展。

---

① 2019年11月6日，国家发改委发布《产业结构调整指导目录(2019年本)》，自2020年1月1日起施行，同时废止《产业结构调整指导目录(2011年本)(修正)》。在《产业结构调整指导目录(2019年本)》第二类的"限制类"产业中去掉了白酒产业，这意味着白酒产业不再是国家限制类产业。

研究提出白酒行业特别是上市公司要实现高质量发展，需要全面评价白酒上市公司质量水平，而现有的关于白酒行业的研究文献多集中于我国白酒上市公司的企业绩效、收益质量、竞争力水平及产业发展路径等方面。在高质量发展背景下，对于白酒上市公司质量评价需要做进一步探讨。基于此，本章对白酒上市公司进行质量评价和质量等级划分，以期为我国白酒企业乃至整个白酒产业高质量发展提供参考。

4.1 白酒行业质量评价指标体系构建

增长是企业成长中永恒的话题，一直以来，经济学对企业的研究重在企业增长数量，对企业质量的研究较少。随着我国进入新时代，高质量发展成为新时代经济增长的主题，旨在推动经济增长由高速增长转向高质量发展。高质量发展要求实现创新、协调、绿色、开放、共享理念的协同，表现为结构稳定、效率提高、质量优良(夏春玉，2018)。从微观角度看，企业发展质量除了提高经济效益，还有企业本身价值的实现。任保平等(2017)提出微观层面的企业质量评价体系，将企业质量的决定因素归类为制度、创新和公司治理，研究企业内、外部环境状况对企业质量的影响；而张跃文等(2018)将上市公司质量定义为上市公司为股东创造价值、管理价值和分配价值的能力表现，即高质量的上市公司不仅要追求经营业绩，而且要从全体股东利益出发完善公司治理，充分管理和分配股权价值。本节基于任保平等(2017)和张跃文等(2018)对企业质量综合评价的指标体系，参考白重恩等(2006)、李善民等(2004)、林汉川和管鸿禧(2004)等的研究成果，结合相关实证研究(齐保垒等，2010；张秀君，2008；王化成等，2007；张宗新等，2007；李心丹等，2006)，遵循科学性、导向性、综合性、可操作性的原则，以白酒行业为典型代表，即以白酒上市公司为样本，从价值创造能力、价值管理能力、价值分配能力三个维度构建白酒上市公司质量评价体系(图 4.1)。

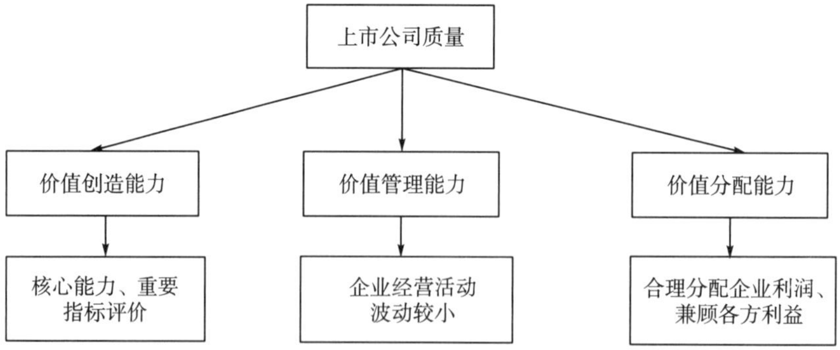

图 4.1　白酒上市公司质量评价体系

如图 4.1 所示，价值创造能力是企业为股东创造价值的表现，是企业质量表现的核心，可从企业规模、公司治理、财务质量、品牌价值和创新能力来反映；价值管理能力是企业经营管理活动的表现，包括内部控制、信息披露和股价维护，一般在时间维度上具有波动较小的特点；价值分配能力是企业分配股权价值的表现，由投资者保护和企业社会责任构成。基于上述三个维度的分析，形成白酒上市公司质量评价指标体系，见表 4.1。

表 4.1　白酒上市公司质量评价指标体系

一级指标	二级指标	三级指标	计算方法	指标来源
价值创造	企业规模	资产总额	年报可查	任保平等(2017)
		人均资产额	年报可查	林汉川和管鸿禧(2004)
	公司治理	年度股东大会股东出席比率	年报可查	张秀君(2008)
		董事会上独立董事人数所占比例	＜20%：0 分；20%～24%：1 分；25%～32%：2 分；33%～37%：3 分；38%～49%：4 分；≥50%：5 分	王化成等(2007)
	财务质量	净资产收益率	净资产收益率=净利润/平均净资产×100% 其中，平均净资产=(年初净资产+年末净资产)/2	李善民等(2004)
		销售净利润率	年报可查	张跃文等(2018)
		主营业务比率	主营业务比率=营业利润/利润总额×100%	张秀君(2008)
		资产负债率	资产负债率=负债总额/资产总额×100%	白重恩等(2006)
		流动资产周转率	年报可查	张跃文等(2018)
		总资产周转率	年报可查	张宗新等(2007)
		总资产增长率	(年末总资产－年初总资产)/年初总资产×100%	张秀君(2008)
		净利润增长率	(本期净利润－上期净利润)/上期净利润×100%	李善民等(2004)
	品牌价值	品牌资产价值	世界品牌实验室在《中国 500 最具价值品牌》报告中发布的年度数据	世界品牌实验室
价值管理	创新能力	研发投入占主营业务比率	年报可查	张跃文等(2018)
		无形资产增长率	年报可查	张跃文等(2018)
	内部控制	财务报告内部控制审计意见	持否定意见并加以说明：0 分；无法发表意见：1 分；保留意见并强调事项：2 分；无保留意见和强调事项：3 分；标准无保留意见：4 分	齐保垒(2010)
	信息披露	各时期报告公开及时性	是：5 分；否：0 分	李心丹等(2006)
	股价维护	第一大股东持股变化情况	增持：5 分；不变：4 分；减持：3 分	王化成等(2007)
		管理层持股变化情况	增持：5 分；不变：4 分；减持：3 分	李心丹等(2006)

续表

一级指标	二级指标	三级指标	计算方法	指标来源
价值分配	投资者保护	股东大会是否实行投票制度	是：5 分；否：0 分	张跃文等(2018)
		是否组织投资者活动	没有组织：0 分；组织活动次数在 10 次以下：1 分；组织活动次数为 10～20 次：2 分；组织活动次数为 20～30 次：3 分；组织活动次数为 30～40 次：4 分；组织活动次数在 40 次以上：5 分	张跃文等(2018)
	企业社会责任	是否披露企业社会责任报告	是：5 分；否：0 分	李心丹等(2006)
		企业支付税费增长率	(本年企业支付税费－上年企业支付税费)/上年企业支付税费×100%	张跃文等(2018)
		员工就业增长率	(年末从业人数－年初从业人数)/年初从业人数×100%	张跃文等(2018)
		环境保护*	环保投资、排污费	任保平等(2017)

注：环境保护指标无法获取相关数据，暂不考虑。

4.2 样本选取与研究方法

截至目前我国白酒上市公司近 20 家，本节选取白酒上市公司 2010～2018 年年度报告为样本，根据企业年报的财务与非财务数据，评价 2010～2018 年我国白酒上市公司发展质量水平。剔除新上市公司和未披露相关信息和指标的上市公司(口子窖、迎驾贡酒、金徽酒、今世缘、青青稞酒、顺鑫农业、维维股份、金徽酒)后共有 13 家，分别为贵州茅台、五粮液、洋河股份、泸州老窖、古井贡酒、山西汾酒、金种子酒、伊力特、沱牌舍得、水井坊、酒鬼酒、皇台酒业、老白干酒。

国内学者对上市公司质量的评价方法主要有主成分分析法、熵值法、层次分析法、相对指数法等。熵值法作为一种客观赋值法，通过信息熵理论确定权重，能避免主观赋权。基于此，本节参考了杨丽和孙之淳(2015)提出的加入时间变量的熵值法，其模型构造步骤如下。

(1)定义指标：设有 t 个年份，n 个上市公司，m 个指标，则 x_{tij} 为第 t 年第 i 个上市公司的第 j 个指标。

(2)对原始数据进行标准化处理。

正向指标：

$$x'_{tij}=\frac{x_{tij}-\min\left(x_{t1j},\cdots,x_{tnj}\right)}{\max\left(x_{t1j},\cdots,x_{tnj}\right)-\min\left(x_{t1j},\cdots,x_{tnj}\right)} \tag{4.1}$$

负向指标：

$$x'_{tij}=\frac{\max\left(x_{t1j},\cdots,x_{tnj}\right)-x_{tij}}{\max\left(x_{t1j},\cdots,x_{tnj}\right)-\min\left(x_{t1j},\cdots,x_{tnj}\right)} \tag{4.2}$$

(3) 确定指标权重：

$$p_{tij}=\frac{x_{\theta ij}}{\sum_{t=1}^{9}\sum_{i=1}^{13}x_{tij}} \tag{4.3}$$

式中，i=1,…,13，j=1,…,24，t=1,…,9。

(4) 第 j 项指标的熵值：

$$e_j=-k\sum_{i=1}^{13}p_{tij}\ln(p_{tij}) \tag{4.4}$$

式中，$k=\frac{1}{\ln tn}$ (k>0)，满足 $e_j \geqslant 0$。

(5) 计算差异系数 d_j 和各个指标的权重 w_j：

$$d_j=1-e_j\text{，}\quad w_j=\frac{d_j}{\sum_{j=1}^{m}d_j} \tag{4.5}$$

(6) 计算各上市公司质量的综合得分：

$$s_j=\sum_{j=1}^{m}w_j\cdot p_{tij} \tag{4.6}$$

4.3 结果及讨论

4.3.1 白酒上市公司质量排序及演化

对 2010～2018 年 13 家白酒上市公司质量的相关数据进行评估，得到各上市公司的得分变化及排序情况，结果见表 4.2、表 4.3。

表 4.2　2010～2018 年我国白酒上市公司质量得分情况

上市公司	2010 年	2011 年	2012 年	2013 年	2014 年	2015 年	2016 年	2017 年	2018 年
皇台酒业	0.0495	0.0288	0.0482	0.0724	0.0499	0.0545	0.0746	0.0114	0.0558
古井贡酒	0.0861	0.1036	0.0814	0.0794	0.0766	0.0946	0.1087	0.1495	0.1685
贵州茅台	0.1076	0.1190	0.1077	0.1267	0.1127	0.3314	0.3456	0.3665	0.3833
金种子酒	0.0830	0.0803	0.0652	0.0688	0.0429	0.0675	0.0899	0.0222	0.0692
酒鬼酒	0.0702	0.0693	0.0591	0.0409	0.0619	0.0703	0.0189	0.0306	0.0413
老白干酒	0.0462	0.0732	0.0714	0.0847	0.0591	0.0911	0.1007	0.1215	0.1541
泸州老窖	0.1009	0.0831	0.0910	0.0876	0.0977	0.1145	0.1211	0.1705	0.2482

续表

上市公司	2010 年	2011 年	2012 年	2013 年	2014 年	2015 年	2016 年	2017 年	2018 年
山西汾酒	0.0854	0.0549	0.0842	0.0765	0.0789	0.0974	0.1023	0.1439	0.1661
沱牌舍得	0.0891	0.0741	0.0871	0.0818	0.0797	0.1005	0.0961	0.1294	0.1366
水井坊	0.0557	0.0517	0.0435	0.0417	0.0703	0.0806	0.1004	0.1361	0.2478
五粮液	0.1101	0.0954	0.0910	0.0916	0.1016	0.2181	0.3458	0.3975	0.4872
洋河股份	0.0946	0.1017	0.0855	0.0872	0.0855	0.1641	0.2224	0.3037	0.3662
伊力特	0.0817	0.0650	0.0646	0.0606	0.0683	0.0964	0.1054	0.0953	0.0888
整体水平	0.0814	0.0766	0.0762	0.0776	0.0821	0.1317	0.1527	0.1732	0.2119

注：以上我国白酒上市公司质量得分数据根据 13 家白酒上市公司年度报告原始数据计算整理，个别数据缺失，采用均值插补法填补。

2015～2018 年白酒上市公司整体质量迅速上升，与 2010～2014 年相比，其增幅较大。对表 4.3 中的白酒上市公司质量排序情况进行分析可以发现，贵州茅台自 2011 年起基本排在第 1 位或第 2 位，可以被认为是质量最高的白酒上市公司；五粮液一直处于前列，公司质量较高；泸州老窖、洋河股份和伊力特的变动幅度不大，发展较为稳定；水井坊从 2010 年的第 11 位上升到 2018 年的第 5 位，是我国白酒企业发展质量提升幅度最大的上市公司；老白干酒和沱牌舍得的波动较为明显，变化幅度较大；皇台酒业、酒鬼酒和金种子酒的质量得分始终在中等水平以下的范围变动，其中金种子酒从 2010 年的第 8 位下降至 2018 年的第 11 位，是下降幅度最大的白酒上市公司。

表 4.3　2010～2018 年我国白酒上市公司质量排序情况

排名	2010 年	2011 年	2012 年	2013 年	2014 年	2015 年	2016 年	2017 年	2018 年
1	五粮液	贵州茅台	贵州茅台	贵州茅台	贵州茅台	贵州茅台	贵州茅台	贵州茅台	五粮液
2	贵州茅台	古井贡酒	五粮液	五粮液	五粮液	五粮液	五粮液	五粮液	贵州茅台
3	泸州老窖	洋河股份	泸州老窖	泸州老窖	泸州老窖	洋河股份	洋河股份	洋河股份	洋河股份
4	洋河股份	五粮液	沱牌舍得	洋河股份	洋河股份	泸州老窖	泸州老窖	泸州老窖	泸州老窖
5	沱牌舍得	泸州老窖	洋河股份	老白干酒	沱牌舍得	沱牌舍得	古井贡酒	古井贡酒	水井坊
6	古井贡酒	金种子酒	山西汾酒	沱牌舍得	山西汾酒	山西汾酒	伊力特	山西汾酒	古井贡酒
7	山西汾酒	沱牌舍得	古井贡酒	古井贡酒	古井贡酒	伊力特	山西汾酒	水井坊	山西汾酒
8	金种子酒	老白干酒	老白干酒	山西汾酒	水井坊	古井贡酒	老白干酒	沱牌舍得	老白干酒
9	伊力特	酒鬼酒	金种子酒	皇台酒业	伊力特	老白干酒	水井坊	老白干酒	沱牌舍得
10	酒鬼酒	伊力特	伊力特	金种子酒	酒鬼酒	水井坊	沱牌舍得	伊力特	伊力特
11	水井坊	山西汾酒	酒鬼酒	伊力特	老白干酒	酒鬼酒	金种子酒	酒鬼酒	金种子酒
12	皇台酒业	水井坊	皇台酒业	水井坊	皇台酒业	金种子酒	皇台酒业	金种子酒	皇台酒业
13	老白干酒	皇台酒业	水井坊	酒鬼酒	金种子酒	皇台酒业	酒鬼酒	皇台酒业	酒鬼酒

4.3.2　白酒上市公司质量分指标贡献度分析

根据 2010～2018 年数据计算平均值，按照价值创造、价值管理、价值分配 3 个一级指标和这 3 个一级指标下的 10 个二级指标对白酒上市公司质量的贡献情况进行分析。表 4.4 显示，3 个一级指标对白酒上市公司质量的贡献度大小依次为：价值创造(0.053926)、价值管理(0.016456)和价值分配(0.014886)。10 个二级指标对白酒上市公司质量的贡献度大小依次为：财务质量(0.039235)、公司治理(0.009006)、企业社会责任(0.008385)、投资者保护(0.006501)、信息披露(0.005886)、内部控制(0.005478)、股价维护(0.005092)、公司规模(0.003919)、品牌价值(0.001177)、创新能力(0.000589)。根据结果可以发现，推动白酒上市公司高质量发展最核心的问题是价值创造能力。而创新能力对白酒上市公司质量的影响最小，说明各上市公司研发创新能力的差距较小。公司规模、公司治理、品牌价值、财务质量和创新能力共同决定价值创造能力；品牌价值和财务质量是上市公司价值创造能力方面的具体表现，财务质量最低分为 0.022287，最高分为 0.050563，说明各上市公司财务质量的差距较大。价值管理和价值分配是影响企业质量的重要因素，而内部控制、信息披露和股价维护能力是价值管理能力的主要体现，三者得分较为一致。价值分配能力则主要由企业社会责任履行能力表现，其最低分为 0.002849，最高分为 0.01277，差距较为明显。

表 4.4　2010～2018 年我国白酒上市公司各分指标平均质量水平

上市公司	公司规模	公司治理	财务质量	品牌价值	创新能力	内部控制	信息披露	股价维护	投资者保护	企业社会责任
贵州茅台	0.012336	0.014221	0.045775	0.004630	−0.000450	0.007797	0.006376	0.006319	0.009694	0.002849
五粮液	0.009668	0.009527	0.038951	0.005951	0.005377	0.004264	0.006376	0.002701	0.005985	0.009216
洋河股份	0.006735	0.004939	0.050563	0.000948	0.001312	0.006624	0.006376	0.008247	0.010169	0.012770
泸州老窖	0.012258	0.007300	0.045620	0.001223	−0.022670	0.006617	0.006376	0.005368	0.005811	0.010237
古井贡酒	0.001181	0.010486	0.050560	0.000532	0.006538	0.006624	0.006376	0.007728	0.006513	0.010413
山西汾酒	0.001063	0.009965	0.050224	0.000565	0.000049	0.005444	0.006376	0.003462	0.005133	0.009820
金种子酒	0.000819	0.008445	0.041879	0.000057	0.000372	0.005444	0.006376	0.005368	0.004662	0.006953
伊力特	0.001421	0.012576	0.037113	0.000001	0.002314	0.005444	0.006376	0.004288	0.008044	0.011144
沱牌舍得	0.001180	0.009541	0.029621	0.001058	0.001790	0.004271	0.006376	0.004542	0.008989	0.012932
水井坊	0.002222	0.005055	0.022287	0.000330	0.001989	0.005444	0.006376	0.003440	0.004666	0.003181
酒鬼酒	0.001356	0.005942	0.030763	0.000001	0.003886	0.005444	0.006376	0.004542	0.007172	0.007027
皇台酒业	0.000457	0.010428	0.020506	0.000001	0.005808	0.002355	0.000001	0.004542	0.001860	0.006501
老白干酒	0.000254	0.008661	0.046193	0.000001	0.001345	0.005444	0.006376	0.005644	0.005815	0.005960
整体平均水平	0.003919	0.009006	0.039235	0.001177	0.000589	0.005478	0.005886	0.005092	0.006501	0.008385
分维度	价值创造 0.053926					价值管理 0.016456			价值分配 0.014886	

注：以上白酒上市公司各分指标质量数据，根据我国 13 家白酒上市公司 2010～2018 年年度报告原始数据计算平均值并整理而来。

4.3.3 白酒上市公司质量聚类分析

为探讨各白酒上市公司的质量差异，采用 ward 系统聚类法对白酒上市公司质量进行分类，结果如图 4.2 所示。根据 2010～2018 年我国白酒上市公司质量聚类图，把 2010～2018 年以来我国白酒上市公司质量划分为四类(表 4.5)。

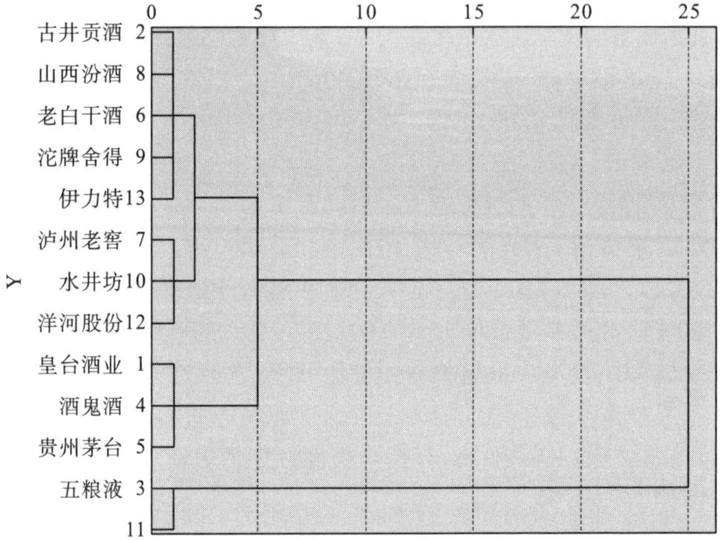

图 4.2 2010～2018 年我国白酒上市公司质量聚类图

表 4.5 2010～2018 年我国白酒上市公司质量划分

质量水平	上市公司
高质量	贵州茅台、五粮液
较高质量	泸州老窖、洋河股份、水井坊
较低质量	沱牌舍得、老白干酒、山西汾酒、伊力特、古井贡酒
低质量	皇台酒业、酒鬼酒、金种子酒

1. 高质量水平：贵州茅台、五粮液

贵州茅台是全国白酒行业领军企业。2018 年，公司生产茅台酒及系列酒基酒 7.02 万千升，其中茅台酒基酒 4.97 万千升，系列酒基酒 2.05 万千升，实现营业收入 736.39 亿元，同比增长 26.49%，营业利润 513.43 亿元，同比增长 31.85%，呈现出经济指标持续向好、发展效益持续提高、市场布局持续完善、品牌表现更加突出等特点。五粮液在 2018 年整体上继续保持稳中有进的态势，实现营业收入

400.30 亿元，同比增长 32.61%，营业利润 160.95 亿元，同比增长 33.21%，公司通过生产、营销管理等一系列改革创新举措，推动企业高质量发展。

2. 较高质量水平：泸州老窖、洋河股份和水井坊

从上市公司质量得分上可以看出，泸州老窖、洋河股份和水井坊 3 个白酒上市公司质量较好，但与贵州茅台、五粮液相比还存在一定差距。2018 年，泸州老窖实现营业收入 130.55 亿元，同比增长 25.60%，营业利润 46.77 亿元，同比增长 38.41%，净利润 34.86 亿元，完成计划的 104.91%，圆满完成了年初制定的任务目标。结合表 4.4 的分指标质量水平，可以发现差距主要来自公司治理、品牌价值和股价维护等分指标；泸州老窖、洋河股份和水井坊在公司治理、品牌价值等方面与贵州茅台、五粮液相比较为不足。

3. 较低质量水平：沱牌舍得、古井贡酒、老白干酒、山西汾酒和伊力特

沱牌舍得、古井贡酒、老白干酒、山西汾酒和伊力特等 5 个白酒上市公司的质量处于全国平均水平，在企业规模、创新能力、投资者保护方面与高质量水平上市公司相比，其质量较低。2018 年，老白干酒不断梳理产品线，同时优化产品结构，深化市场建设，主营业务有了较为突出的增长。山西汾酒坚持“加强党的建设、力推改革创新、持续强化营销、提升运营水平”的年度经营方针，实现营业收入 93.82 亿元，同比增长 47.48%。伊力特实现营业收入 21.24 亿元，同比增长 10.70%，营业利润 5.76 亿元，同比增长 18.21%，净利润 4.27 亿元，是较低质量水平的 5 家上市公司中营利波动较大的公司。近几年老白干酒、伊力特不断刷新业绩，在上市公司质量排名中逐年靠前，发展潜力较大。

4. 低质量水平：皇台酒业、金种子酒和酒鬼酒

皇台酒业、金种子酒和酒鬼酒 3 个上市公司的质量历年处于较低水平。其中皇台酒业的市场份额过度集中，在公司治理和信息披露方面较差，且受制于资金短缺和销售收入较低等因素，主营业务出现亏损；同时，净利润自 2016 年以来一直为负值，企业质量处于绝对靠后位置。金种子酒在二级指标创新能力和投资者保护上得分较差，成为其质量水平低下的主要原因，需要进一步提高研发投入、加大投资者活动力度，保障投资者利益。

4.4 研究结论

2010～2018 年我国白酒上市公司质量经历了先降后平稳再大幅上升的过程。2010～2014 年白酒上市公司质量先下降后平稳增长，表明“三公”消费限制、“产

能去库存”等政策效应明显；2015～2018年逐年上升。贵州茅台和五粮液始终处于全国领先水平；水井坊是质量提升幅度最大的白酒上市公司；老白干酒和沱牌舍得历年的质量水平波动较为明显，变化幅度较大；金种子酒是质量水平下降幅度最大的白酒上市公司。

从多指标维度来看，对白酒上市公司质量的贡献度依次为价值创造能力、价值管理能力和价值分配能力。提高价值创造能力是提升白酒上市公司发展质量的关键，财务质量和品牌价值是上市公司价值创造能力方面的具体指标；价值管理和价值分配是影响企业质量的重要因素，股价维护能力是衡量价值管理能力的主要指标，价值分配能力则主要由企业社会责任履行能力表现。

对白酒上市公司质量进行聚类分析后发现，贵州茅台、五粮液是高质量发展水平的上市公司；泸州老窖、洋河股份、水井坊处于较高质量水平；较低质量水平上市公司有古井贡酒、沱牌舍得、老白干酒、山西汾酒和伊力特；低质量上市公司包括皇台酒业、金种子酒和酒鬼酒，其处于全国白酒上市公司质量的最低水平。

高质量的内涵涉及发展动力转换、创新驱动、战略变革等内容。我国白酒上市公司高质量发展应从企业层面、市场层面、政府层面和社会层面考虑，通过战略变革、品牌建设、创新驱动、合理竞争、责任重塑和有效治理等方式真正实现此发展目标。同时，实现此发展目标需要长期标本兼治，本着股东利益最大化原则，全面提高价值管理能力、价值创造能力和价值分配能力。特别是所有白酒上市公司需要在价值分配能力上实现进一步提升，增强投资者保护意识，积极履行企业社会责任，实现价值分配能力持续改善。白酒上市公司质量欠佳固然有体制、机制上的原因，应一方面尽快制定产品安全、产品担保、产品责任等方面的法律法规，着力解决质量发展中的突出问题；另一方面，树立中国制造良好形象，建立多边、双边质量合作机制，促进中国标准与国际标准接轨，鼓励引进国外先进质量管理方法、技术和高端人才，实现我国白酒行业高质量发展。

第 5 章　白酒行业竞争能力分析与动态竞争水平评估

2010～2018 年，白酒行业发展经历了一个波澜起伏的过程，从“黄金十年”到遭遇“寒冬”再到整体回暖，白酒企业面临更加复杂多变的宏观形势：经济一体化加快、信息技术传播加速、消费者对产品的需求趋于复杂与精细、产品生命周期缩短；企业竞争模式转向动态竞争，动态竞争能力对于企业转型有着重要的作用。白酒上市公司动态竞争水平决定企业的竞争行为、竞争地位及战略转型进程。本章首先对 15 家白酒上市公司的竞争力分级并进行有效性分析，同时对白酒上市公司竞争效率进行分析；其次，运用主、客观结合的熵值-G1 组合赋权方法，评价白酒上市公司 2010 年、2014 年和 2018 年的动态竞争水平。

5.1　白酒行业竞争能力分析

自 2012 年以来，白酒行业进入深度调整转型期。白酒上市公司经过转型调整，呈现出不同层级的竞争水平。通过评估以白酒上市公司为代表的白酒行业竞争力的强弱并分析影响行业竞争力的因素，为白酒行业战略转型提供参考依据。

已有的关于白酒行业竞争力的研究偏向集中在定性分析与区域分析，例如，杨柳(2009)研究了白酒行业内部竞争中的优势与劣势、外在威胁与机遇，并探索白酒行业未来发展的核心竞争力；方美燕(2009)构建了白酒行业竞争力评价模型，以四川白酒行业为样本进行分析。但相关研究侧重区域性研究，白酒行业竞争力的进一步分析受到限制。而关于白酒行业效率的分析集中在综合效率和效率动态变化上，例如，王秋丽和陈瑾(2014)对白酒行业综合效率进行了分析，评价了白酒行业综合效率及投入产出冗余度，并对评价结果展开了分析；凌泽华(2014)对 2008～2011 年白酒上市公司效率动态变化进行了研究。以上关于白酒行业效率的研究文献分析针对效率本身，缺乏竞争力、竞争效率角度的评价分析。因此，本节以白酒上市公司为样本，运用实证方法探讨白酒行业的竞争力、竞争效率，这对于白酒行业战略转型具有现实意义。

现有的关于评价行业竞争力的实证研究方法包括因子分析法、偏离-份额分析法等，例如，黄妍和戴新民(2013)运用因子分析法，从偿债能力、盈利能力、运营能力及成长能力 4 个方面评价我国白酒上市公司财务竞争力，并依据评价结果提供改进策略与建议；赵喜仓等(2014)采用偏离-份额空间模型，从竞争力与产业结构两个角度分析镇江市高新技术行业的竞争力。在行业竞争力评价指标(体系)设计上，汪莹(2008)将评价指标划分为两种：单一指标测度和指标体系测度。其中，单一指标测度包括进出口指标、生产率指标、利润指标；指标体系测度则构成多层次、多指标的指标体系。这两种测度均存在各自优、缺点，需视情形选择合适测度。

本节从市场占有率、收入、资本运作及盈利能力、生产能力 4 个方面衡量白酒行业竞争能力，采用数据包络分析法(data envelopment analysis，DEA)进行评估。首先，改进传统 DEA 评价过程，分级评价白酒行业竞争力有效性；其次，分析投入冗余率与产出不足率；最后，利用 Malmquist 指数分析面板数据，对比 2010～2018 年各个白酒上市公司竞争力强弱，分析竞争效率的差异来源。分级评价白酒上市公司竞争力有效性、划分竞争力层级、分析投入产出效率、研究竞争效率差异来源，对于掌握白酒上市公司竞争力情况、制定转型战略具有重要意义。

5.1.1 模型构建

1. DEA 的 CCR 模型

数据包络分析法(DEA)以 Charnes 和 Cooper 提出的“相对效率”为基础，依据相同类别决策单元(decision making unit，DMU)的投入指标与产出指标，运用线性规划建构非参数的观测数据分段前沿，对比这个前沿面进行效率计算，从而对决策单元的相对有效性及效益进行评价。投入指标指决策单元进行某种经济活动时消耗的经济量；产出指标指在某种要素投入组合下，决策单元在经济社会发展中产出的经济量。DEA 方法的优点是评价决策单元最优效率时无须对投入、产出指标进行无量纲化处理。DEA 的各类参数为：假设存在 m 个 DMU，第 i 个决策单元 DMU_i ($1 \leqslant i \leqslant m$)有 n 种输入和 s 种输出，则对应的投入向量：

$$\boldsymbol{x}_i=(x_{1i},x_{2i},x_{3i},\cdots,x_{ni})^{\mathrm{T}}(i=1,2,3,\cdots,m) \tag{5.1}$$

产出向量：

$$\boldsymbol{y}_i=(y_{1i},y_{2i},y_{3i},\cdots,y_{si})^{\mathrm{T}}(i=1,2,3,\cdots,m) \tag{5.2}$$

式中，$x_{ri}>0$，$y_{ji}>0$，$r=1,2,3,\cdots,n$，$j=1,2,3,\cdots,s$。

另设，$\boldsymbol{v}=(v_1,v_2,v_3,\cdots,v_n)^{\mathrm{T}}$，$\boldsymbol{u}=(u_1,u_2,u_3,\cdots,u_s)^{\mathrm{T}}$ 分别表示输入指标权重与输出指标权重。第 j_0 个决策单元 DMU_{j0} 的效率评价指数：

$$h_{j0}=\frac{\boldsymbol{u}^{\mathrm{T}}y_{i0}}{\boldsymbol{v}^{\mathrm{T}}x_{i0}} \tag{5.3}$$

效率评价指数越大，表明越少投入得到越多产出。为实现效率评价指数尽可能大这一目标，构造 CCR 模型：

$$\max(h_{j0})=\frac{\boldsymbol{u}^{\mathrm{T}}y_{i0}}{\boldsymbol{v}^{\mathrm{T}}x_{i0}}$$

$$\text{s.t.}\begin{cases}\dfrac{\boldsymbol{u}^{\mathrm{T}}y_{i0}}{\boldsymbol{v}^{\mathrm{T}}x_{i0}}\leqslant 1\\ i=1,2,3,\cdots,m\\ \boldsymbol{v}=(v_1,v_2,v_3,\cdots,v_n)^{\mathrm{T}}\geqslant 0\\ \boldsymbol{u}=(u_1,u_2,u_3,\cdots,u_s)^{\mathrm{T}}\geqslant 0\end{cases}\tag{5.4}$$

应用线性规划对偶定律，加入松弛变量 s^{+} 与剩余变量 s^{-}，对式(5.4)进行改造，得到两阶段评价方法：

$$\min\theta$$

$$\text{s.t.}\begin{cases}\sum_{i=1}^{m}\alpha_i x_i+s^{+}=\theta x_0\\ \sum_{i=1}^{m}\alpha_i y_i-s^{-}=y_0\\ \alpha_i\geqslant 0(i=1,2,3,\cdots,m)\\ s^{+}\geqslant 0,s^{-}\geqslant 0\end{cases}\tag{5.5}$$

第一阶段依据式(5.5)的结果判断决策单元的弱有效性，再进行第二阶段计算，输出最优解 α^{*}、s^{*-}、s^{*+}、θ^{*}，判断 DEA 的有效性及技术有效性与规模有效性，得到以下结论。

(1) 当 $\theta^{*}=1$、$s^{*-}=0$、$s^{*+}=0$ 时，第 j_0 个决策单元的 DEA 有效，且同时存在技术有效性与规模有效性。

(2) 当 $\theta^{*}=1$且s^{*-}或$s^{*+}\neq 0$ 时，第 j_0 个决策单元的 DEA 为弱有效，表明技术有效性与规模有效性不同时存在；松弛变量或剩余变量不为 0，表明可以在同等产出水平下，径向收缩投入要素，或在同等投入水平下，径向扩张产出水平。

(3) 当 $\theta^{*}<1$ 时，第 j_0 个决策单元的 DEA 无效，此类生产活动既不是技术效率最佳也不是规模效率最佳。

(4) 当 $\sum\alpha_{i*}=1(i=1,2,3,\cdots,m)$ 时，规模效益不变。

(5) 当 $\sum\alpha_{i*}<1(i=1,2,3,\cdots,m)$ 时，规模效益递增。

(6) 当 $\sum\alpha_{i*}>1(i=1,2,3,\cdots,m)$ 时，规模效益递减。

CCR 模型的假设前提是规模效益不变，当加入凸性约束 $\sum\alpha_{i*}=1$ 时，CCR 模型变为 BCC 模型，即规模收益可变模型。若想进一步判断 DMU 的规模报酬是递增还是递减，则需额外运行一个非规模报酬递增的(NIRS)DEA 模型；若结果与 BCC 模型相等，则规模报酬递减$\left(\sum\alpha_{i*}\leqslant 1\right)$；反之，则规模报酬递增。

2. Malmquist 指数模型

当决策单元拥有面板数据时，可以凭借 DEA 线性规划与 Malmquist 指数模型（Malmquist，1953），测度决策单元的生产效率，并将生产效率来源划分为效率变化与技术变化。

这里采用 Färe 等(1994)定义的产出 Malmquist 全要素(total factor productivity，TFP)指数：

$$m_0(y_{t+1},x_{t+1},y_t,x_t)=\left[\frac{d_0^t(x_{t+1},y_{t+1})}{d_0^t(x_t,y_t)}\times\frac{d_0^{t+1}(x_{t+1},y_{t+1})}{d_0^{t+1}(x_t,y_t)}\right]^{\frac{1}{2}} \tag{5.6}$$

Malmquist 生产力指数表示从 t 时期到 t+1 时期的全要素相对变化情况。其中，$d_0^t(x_t,y_t)$、$d_0^{t+1}(x_{t+1},y_{t+1})$ 表示单期距离函数；$d_0^t(x_{t+1},y_{t+1})$、$d_0^{t+1}(x_t,y_t)$ 表示跨期距离函数，分别指用 t+1 时期的技术水平表示 t 时期的效率及用 t 时期的技术水平表示 t+1 时期的效率。据此，可以改写 Malmquist 生产力指数：

$$m_0(y_{t+1},x_{t+1},y_t,x_t)=\frac{d_0^{t+1}(x_{t+1},y_{t+1})}{d_0^t(x_t,y_t)}\left[\frac{d_0^t(x_{t+1},y_{t+1})}{d_0^{t+1}(x_{t+1},y_{t+1})}\times\frac{d_0^t(x_t,y_t)}{d_0^{t+1}(x_t,y_t)}\right]^{\frac{1}{2}} \tag{5.7}$$

令

$$\alpha=\frac{d_0^{t+1}(x_{t+1},y_{t+1})}{d_0^t(x_t,y_t)},\quad \beta=\left[\frac{d_0^t(x_{t+1},y_{t+1})}{d_0^{t+1}(x_{t+1},y_{t+1})}\times\frac{d_0^t(x_t,y_t)}{d_0^{t+1}(x_t,y_t)}\right]^{\frac{1}{2}}$$

式中，α 表示效率变化，并可进一步分解为纯技术效率变动与规模效率变动；β 表示技术变化。变动值大于 1，表示效率改善或技术进步；反之，表示效率降低或技术退步。

5.1.2 样本与数据

目前，白酒上市企业有 20 家，主营白酒的企业包括贵州茅台、五粮液、洋河股份、泸州老窖、古井贡酒、山西汾酒、迎驾贡酒、口子窖、今世缘、老白干酒、金种子酒、伊力特、青青稞酒、舍得酒业、水井坊、酒鬼酒、皇台酒业、顺鑫农业、维维股份、金徽酒。其中，今世缘为 2014 年上市，迎驾贡酒和口子窖为 2015 年上市，金徽酒为 2016 年上市，上市之前的数据无法获取，考虑到数据获取的连续性，故剔除今世缘、迎驾贡酒、口子窖、金徽酒；维维集团为多元化经营，未披露白酒业务相关财务数据，故剔除维维集团。本节选取剔除后的 15 家以白酒为主营业务的上市公司为样本，以 2010 年、2014 年、2018 年年度报告为数据来源，对其竞争有效性进行对比及分级评价分析。

本节参考汪莹(2008)提出的测度指标并进行改良，从成本类指标的技术人员比重、销售费用、管理费用三方面衡量白酒行业竞争力投入，从收益类指标的市场占有率、营业收入、资本运作与盈利能力、生产能力四方面衡量白酒行业竞争力产出，具体指标见表 5.1。

表 5.1　变量名称和具体指标

投入变量		产出变量	
变量名称	具体指标	变量名称	具体指标
技术人员比重	技术人员人数占职工人数的比例/%	市场占有率	产量市场占有率/%
销售费用	销售费用/元	资本运作与盈利能力	取得投资收益后收到的现金/元
			加权平均净资产收益率/%
			营业利润率/%
管理费用	管理费用/元	营业收入	营业收入占行业收入的比重/%
		生产能力	单位职工创造收入量/元

资料来源：根据上市公司财务报表及国家统计局资料整理。

表 5.1 中：①技术人员比重＝(企业技术人员人数/企业职工人数)×100%，反映企业技术创新能力；②销售费用指企业经营期间在推广、销售产品的过程中支付的广告费、物流费及劳务费等，反映企业销售渠道效率；③管理费用指企业经营期间进行运营、组织生产与管理而发生的费用，包括管理人员的工资与福利、折旧费、无形资产摊销、技术转让费、差旅费、土地使用税等一系列费用；④产量市场占有率＝(企业当年产量/全国当年产量)×100%，反映企业市场占有率；⑤单位职工创造收入量=营业收入/企业职工人数，反映单位职工创造营业收入的能力；⑥取得投资收益后收到的现金，指企业相比去年因股权性、债权性投资而取得的现金股利与利息及从子公司、联营企业和合营企业分回利润后收到的现金，反映企业投融资能力；⑦加权平均净资产收益率＝当期净利润÷[(期初净资产＋期末净资产)÷2+当期发行新股或配股新增净资产×(自缴款结束日下一月份至报告期末的月份数-6)÷12]，反映经营期间净资产赚取利润的程度，表明企业经营能力强弱；⑧营业利润率＝(营业利润/销售收入)×100%，反映公司主营业务对盈利的贡献情况；⑨营业收入占行业总收入的比重＝(营业收入/行业总收入)×100%，反映企业收入占行业的比重。

针对酒鬼酒、水井坊、皇台酒业 2013 年、2014 年利润率及加权平均净资产收益率相关指标呈负值的问题，限于软件无法处理数值为负数的投入、产出数据，本节采用在同一指标中将决策单元同时加上最小负值数进行变换，即利用同时变换 DEA 数值而有效性不变的特征，使数据均为非负数，从而保证软件正常运算。

5.1.3 结果与讨论

利用MaxDEA 5.2及Deap 2.1软件进行分析，且采用投入导向(input-orientated)的方式计算与分析结果。

1. 白酒上市公司竞争力分级有效性分析

首先对上市公司(DMU)进行第一次有效性评价，剔除有效的DMU，对剩下无效的DMU进行第二次评价，直至剩下的DMU均无效或均有效为止，其中第一次评价值等于1为一级有效，第二次评价值等于1为二级有效，依此类推。依照这种测度方法，划分有效性层次，评价结果见表5.2。

表5.2 2010年、2014年、2018年白酒上市公司竞争力分级有效性结果

上市企业	2010年				2014年				2018年			
	第一次评价值	一级有效性(规模效益)	第二次评价值	二级有效性(规模效益)	第一次评价值	一级有效性(规模效益)	第二次评价值	二级有效性(规模效益)	第一次评价值	一级有效性(规模效益)	第二次评价值	二级有效性(规模效益)
贵州茅台	1.0000	有效			1.0000	有效			1.0000	有效		
五粮液	1.0000	有效			1.0000	有效			1.0000	有效		
泸州老窖	1.0000	有效			1.0000	有效			1.0000	有效		
水井坊	1.0000	有效			0.1544	无效(+)	0.4750	无效(+)	1.0000	有效		
山西汾酒	1.0000	有效			0.7580	无效(+)	1.0000	有效	1.0000	有效		
舍得酒业	0.4980	无效(+)	1.0000	有效	0.5128	无效(+)	1.0000	有效	0.5540	无效(+)	1.0000	有效
洋河股份	1.0000	有效			1.0000	有效			1.0000	有效		
古井贡酒	1.0000	有效			1.0000	有效			0.9720	无效(–)	1.0000	有效
酒鬼酒	0.9750	无效(+)	1.0000	有效	0.4238	无效(+)	0.7880	无效(+)	0.7510	无效(–)	1.0000	有效
青青稞酒	1.0000	有效			0.8205	无效(–)	1.0000	有效	0.6740	无效(+)	1.0000	有效
金种子酒	0.9460	无效(–)	1.0000	有效	0.7273	无效(–)	1.0000	有效	0.5560	无效(+)	1.0000	有效
老白干酒	1.0000	有效			0.5112	无效(–)	1.0000	有效	1.0000	有效		
伊力特	1.0000	有效			1.0000	有效			0.9630	无效(+)	1.0000	有效

续表

上市企业	2010 年				2014 年				2018 年			
	第一次评价值	一级有效性(规模效益)	第二次评价值	二级有效性(规模效益)	第一次评价值	一级有效性(规模效益)	第二次评价值	二级有效性(规模效益)	第一次评价值	一级有效性(规模效益)	第二次评价值	二级有效性(规模效益)
皇台酒业	1.0000	有效			0.5971	无效	1.0000	有效	0.5230	无效(–)	0.5460	无效(–)
顺鑫农业	1.0000	有效			1.0000	有效			0.8600	无效(+)	1.0000	有效
平均值	0.9610		1.0000		0.7820		0.9080		0.8350		0.9430	

二级有效性测算结果表明：①白酒上市公司中竞争力属一级的企业逐渐减少。2010 年，贵州茅台、五粮液、泸州老窖、水井坊、山西汾酒、洋河股份、古井贡酒、青青稞酒、老白干酒、伊力特、皇台酒业和顺鑫农业 12 家白酒上市公司的竞争力为一级；2014 年贵州茅台、五粮液、泸州老窖、洋河股份、古井贡酒、伊力特和顺鑫农业 7 家白酒上市公司的竞争力为一级；2018 年也仅有这 7 家企业。②白酒上市公司中竞争力属二级的企业相对增多。2010 年，仅舍得酒业、酒鬼酒、金种子酒为二级；2014 年，山西汾酒、舍得酒业、青青稞酒、金种子酒、老白干酒和皇台酒业 6 家白酒上市公司的竞争力为二级，水井坊和酒鬼酒 2 家白酒上市公司的竞争力为二级；2018 年，7 家白酒上市公司的竞争力为二级。③白酒上市公司竞争力均值先降低后又小幅回升。2010 年均值为 0.9610；2014 年下降为 0.7820；2018 年升至 0.8350。④白酒上市公司规模效益变化较大。2010 年，舍得酒业、酒鬼酒规模报酬递增，金种子酒规模报酬递减；2014 年，水井坊、舍得酒业、山西汾酒、酒鬼酒和皇台酒业规模报酬递增，表明企业投入产出效率较高，可以通过增加投入规模来提升竞争力，而青青稞酒、老白干酒、金种子酒规模报酬递减，要提升竞争力仅能通过改善技术效率来实现；2018 年，舍得酒业、青青稞酒、金种子酒、伊力特、顺鑫农业规模报酬递增，古井贡酒、酒鬼酒规模报酬递减。2010 年、2014 年和 2018 年白酒上市公司竞争力三级分级有效性如图 5.1～图 5.3 所示。

一级竞争力有效的白酒上市公司的占比尽管有缩减，但整体竞争力较好，这类企业在市场占有率、资本运作能力、盈利能力、生产能力、经营能力等方面在白酒行业中都属于领先地位，技术人员、管理与销售成本的规模及效率也较高。二级竞争力有效的白酒上市公司增多，规模递增企业可以通过增加技术人员数量、加大销售力度、增强企业管理力度、加速设备折旧、增投研发费用等途径提升竞争力。在二级竞争力有效的白酒上市公司中，规模报酬递减的企业能通过提升技术人员研发效率、管理效率、销售效率等途径提升竞争力。三级竞争力有效的白酒上市公司仅在 2014 年、2018 年出现，2014 年为规模报酬递增，表明企业在投入规模与效率方面均欠缺，可以通过短期内增加投入规模并长期改善投入效率来有效地提升竞争力；2018 年皇台酒业出现规模报酬递减，主要是经营和管理出现问题。

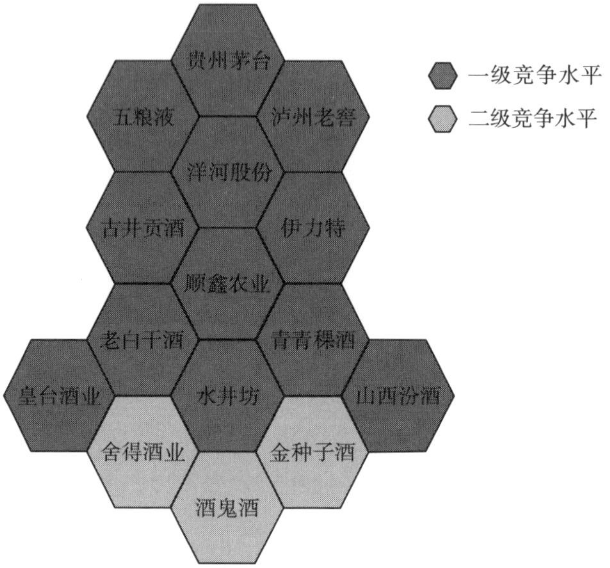

图 5.1 2010 年白酒上市公司竞争力有效性分级评价结果

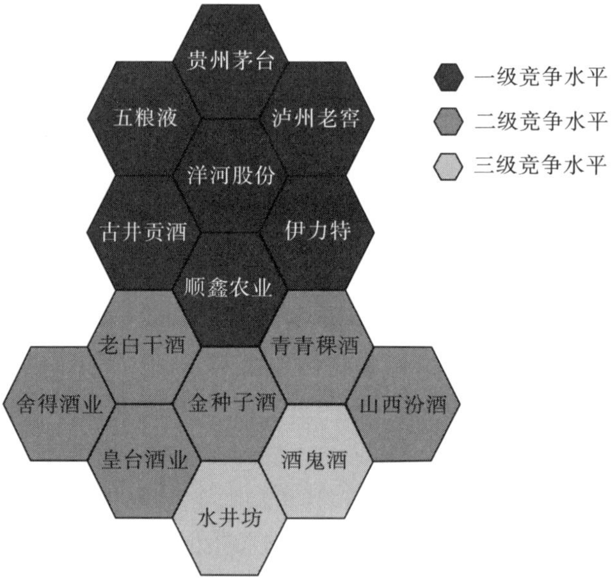

图 5.2 2014 年白酒上市公司竞争力有效性分级评价结果

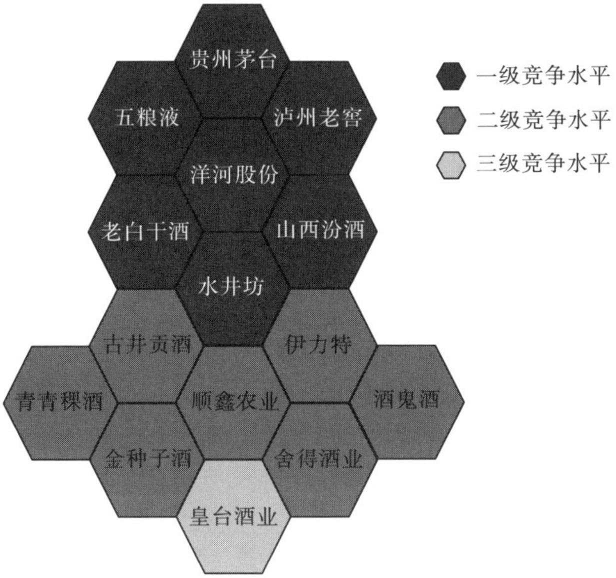

图 5.3　2018 年白酒上市公司竞争力有效性分级评价结果

2. 基于 Malmquist 指数的白酒上市公司竞争效率分析

以 15 家白酒上市公司为样本，运用 2010～2018 年面板数据，测算竞争效率，见表 5.3。根据测度结果分析产生竞争差异的原因，为提出提升白酒上市公司竞争力的对策与建议提供依据。从 2010～2018 年的竞争效率指数看，呈现出以下特征。

(1) 技术效率是对决策单元资源配置能力、资源使用效率的多方衡量，包括纯技术效率和规模效率。纯技术效率指制度和管理水平带来的效率，其中泸州老窖、五粮液、水井坊、山西汾酒、舍得酒业、洋河股份、古井贡酒、青青稞酒、金种子酒、老白干酒、伊力特为有效率，贵州茅台、酒鬼酒、皇台酒业、顺鑫农业在制度和管理上的效率有待提升。规模效率反映实际规模与最优生产规模的差距，泸州老窖、五粮液、水井坊、山西汾酒、舍得酒业、青青稞酒、金种子酒、老白干酒、伊力特为有效率，贵州茅台、洋河股份、古井贡酒、酒鬼酒、皇台酒业、顺鑫农业在规模上还有发展空间。总的来说，这些企业受产业转型中产能消化、产业结构调整、价格体系调整等因素的影响较大，贵州茅台、洋河股份、古井贡酒、酒鬼酒、皇台酒业、顺鑫农业需要进一步提升投入产出效率。

(2) 从技术变化看，高于均值的企业主要有贵州茅台、泸州老窖、水井坊、舍得酒业、洋河股份、酒鬼酒、青青稞酒、老白干酒、伊力特。这些名酒企业在转型过程中重视新元素融合，不仅依靠品牌力竞争，还加快参与“互联网+”平台，寻求新的转型契机，同时积极进行产品创新、拓展营销渠道的深度与广度，通过改革产品体系、营销体系使企业技术进步，其竞争力得到有效提升。相反，其余企业技术变化较低，忽视技术创新带来的快速发展。

(3)从综合指标结果看，有效率的企业数量较少，仅有泸州老窖、舍得酒业、青青稞酒、金种子酒、老白干酒、伊力特 6 家企业；而知名度较高的贵州茅台、五粮液、洋河股份等老企业及市场份额小的皇台酒业、顺鑫农业效率较低。贵州茅台技术效率低主要是制度管理方面暴露出较多问题；五粮液、山西汾酒、洋河股份在技术效率方面水平较高，但技术变化逐年衰退，生产前沿面收缩，与新业态、新经济结合效果较差；古井贡酒和酒鬼酒在制度管理上也存在改进空间。效率较低的企业中出现竞争态势极不平稳的发展态势，这与企业转型调整相关联；其中皇台酒业遭遇债务危机，股权结构频频调整使企业发展危机四伏；顺鑫农业是白酒行业转型期的一匹黑马，但受经营业务多元化影响，在酒业经营方面需要提升技术创新能力。

表 5.3　2010～2018 年白酒上市公司竞争效率指数

上市企业	排名	技术效率	技术变化	纯技术效率	规模效率	Malmquist 指数
老白干酒	1	1.8300	1.0240	1.7240	1.0620	1.8730
舍得酒业	2	1.5610	0.8990	1.5500	1.0070	1.4020
泸州老窖	3	1.0000	1.1100	1.0000	1.0000	1.1100
青青稞酒	4	1.0450	0.9990	1.0000	1.0450	1.0440
金种子酒	5	1.2480	0.8280	1.1870	1.0520	1.0330
伊力特	6	1.0410	0.9800	1.0020	1.0390	1.0190
水井坊	7	1.0000	0.9710	1.0000	1.0000	0.9710
汾酒	8	1.0000	0.8120	1.0000	1.0000	0.8120
洋河股份	9	0.8940	0.9060	1.0000	0.8940	0.8100
酒鬼酒	10	0.7060	1.0530	0.7840	0.9000	0.7430
古井贡酒	11	0.8820	0.8190	1.0000	0.8820	0.7220
五粮液	12	1.0000	0.6670	1.0000	1.0000	0.6670
贵州茅台	13	0.6420	0.9320	0.7760	0.8260	0.5980
皇台酒业	14	0.8110	0.6500	0.8500	0.9540	0.5270
顺鑫农业	15	0.7270	0.3870	0.7470	0.9730	0.2810

5.1.4　研究结论

根据2010～2018年白酒上市公司竞争力有效性分级评价结果和基于Malmquist指数评价的 2010～2018 年白酒上市公司竞争效率结果得到以下结论。

(1)从白酒上市公司竞争力有效性分级评价结果看，2010～2018 年，白酒行业面临转型升级，白酒上市企业作为行业标杆其发展势头体现行业变化，这期间公司竞争力属一级的企业逐渐减少。2010 年，12 家白酒上市公司竞争力为一级，2014 年仅 7 家；2018 年也仅有 7 家。白酒上市公司中竞争力属二级的企业相对增多。2010 年，仅 3 家企业为二级；2014 年，6 家为二级，2 家为三级；2018 年，7 家为二级，1 家为三级。

(2) 从白酒上市公司竞争水平结果看，有效率的企业数量较少，仅有泸州老窖、舍得酒业、青青稞酒、金种子酒、老白干酒、伊力特 6 家企业；而知名度较高的贵州茅台、五粮液、洋河股份等老企业及市场份额小的皇台酒业、顺鑫农业效率较低。技术效率低的企业如贵州茅台、古井贡酒和酒鬼酒等主要是制度管理方面存在问题；而技术变化慢的企业主要是与新业态、新经济结合效果较差；还有一些企业的竞争态势极不平稳，如皇台酒业遭遇债务危机、顺鑫农业在酒业经营方面需要提升技术创新能力。

总之，2010～2018 年是经济转型和白酒行业转型的重叠期，是白酒企业提升竞争实力、发挥企业竞争优势的攻坚期。各个白酒上市公司针对企业的薄弱环节展开一系列战略转型调整。尽管某些企业保持强劲的增长态势，但总体上经营业绩不容乐观。本节涉及的竞争力、竞争效率排名指 2010～2018 年，从企业的市场占有率、资本运作与运营能力、营业收入、生产能力四个方面评价的企业竞争态势，并不包含企业品牌力等主观评价内容。因此，客观评价出的企业竞争态势与企业综合实力排名有些许出入，在今后的白酒上市公司竞争力评价研究中，可考虑加入品牌力主观指标研究，注重客观评价与主观评价相结合。

5.2　白酒上市公司动态竞争水平评估

自 2012 年起，白酒行业结束量价齐驱的“黄金十年”，转向行业深度转型调整。白酒上市公司在转型调整过程中，面临更复杂多变的经济形势、“互联网+”平台及高新技术不断渗透传统行业，同时白酒消费者的消费需求更加趋向多元化并谋求服务更专业、产品更细分的白酒提供商。白酒行业动态变化呈现出处于不同层级竞争水平的白酒企业其转型实力也不同的特征。Li 和 Liu(2014) 认为企业间的竞争模式决定企业在动态环境中如何保持竞争优势，此见解受到理论与实践界广泛关注。竞争水平的强弱可用于衡量白酒企业竞争实力、企业竞争优势，决定着企业未来发展的路径。各白酒上市公司针对企业的薄弱环节展开了一系列战略调整，尽管某些企业保持强劲增长态势，但总体上经营业绩不容乐观。尤其在宏观经济不稳定的背景下，经济一体化加快、信息技术传播加速，消费者对产品的需求趋于复杂与精细，产品生命周期缩短，这些都推进企业间的竞争模式转向动态竞争，企业动态竞争能力对企业转型发挥着重要作用。白酒企业间动态竞争实力的差异决定白酒企业在战略转型中的竞争地位、竞争行为。

动态竞争是相比静态竞争而提出的概念，最早源于 D' Aveni 和 Gunther(1994)提出的超竞争理论(hyper-competition)。该理论认为，持续优势是不存在的，在超竞争环境中，企业的竞争优势是短暂且易失去的。在企业竞争过程中，竞争会发生本质改变。企业只有不断地争取一系列短暂的竞争优势，才能维持长期的竞争平衡。随着博弈论等研究方法成熟，动态竞争理论应运而生，关注企业动态竞争中的攻击与反攻击行为，成为研究竞争力、竞争优势的重要基础。在白酒行业动态竞争研究中，企业经营现状、资金运营能力、市场占有率等指标反映的是某一时点的静态竞争实力；企业技术人员、研发费用、资产的情况等指标反映竞争潜力；而识别对手、反击对手的能力与实力等指标反映竞争动态。目前，针对白酒行业竞争能力尤其是动态竞争能力的研究相对缺乏。本节中的白酒行业动态竞争能力是指白酒企业在动态竞争中反映出的竞争实力与竞争潜力。

现有的关于竞争力评价的研究较多集中在静态竞争，关于行业和企业动态竞争评估的研究相对缺乏，白酒企业动态竞争评估研究鲜有涉及，其典型代表有：董保宝等(2011)将资源整合过程、动态能力、竞争优势纳入研究框架，并运用结构方程分析这三者间的关系，结果表明，动态竞争能力在拾取外部资源、优化资源配置以获取竞争优势的过程中起到中介作用，因此企业可通过提升动态竞争能力来提高竞争优势；白贵玉等(2015)将动态竞争划分为研发竞争与营销竞争两种竞争行为，并对高技术民营上市公司中企业规模对动态竞争的影响进行实证分析，结果表明，企业规模与研发竞争行为、营销竞争行为分别呈正向、反向关系，动态竞争行为与企业绩效呈正向相关性，其中研发竞争行为更能提升企业绩效。

已有的评价研究方法将权重设置集中在客观赋权上，将客观与主观权重赋值结合的方法较少，因此选用熵值及 G1 组合赋权衡量权重大小，以克服单一地使用主观、客观赋权所产生的差异。已有的关于熵值与 G1 的研究方法分为两个方面：一是用熵值修正 G1 的赋权方式，这种方式通过指标熵值并按照 G1 计算方式算出权重，将客观赋权融入主观赋权中，减少主观差异性。例如，李刚(2010)运用熵值修正 G1 法构建科技评价模型，评价 14 个省份的科技发展水平；王大为和张舒乔(2015)运用熵值修正 G1 法构建粮食安全水平评价模型，对我国 2001～2013 年的粮食安全水平进行测评。这类赋权方式将主、客观方式融合，但对主观、客观权重相结合的比例并无限制与说明。二是熵值-G1 组合赋权方式，这种方式通过将主观权重与客观权重线性组合确定综合权重，以弥补主观、客观相结合的比例问题，但相应的文献研究较少。例如，迟国泰等(2008)运用熵值-G1 组合赋权法评价我国 2000～2005 年的科技发展水平；王恩旭(2014)运用熵值-G1 组合赋权法评价 17 个智慧旅游城市的建设水平，并提出评价建议。

本节采用熵值-G1 组合赋权方法，根据最小二乘法建立目标函数，决定主观、客观权重相结合的比例，构建白酒行业动态竞争评价模型，并以白酒上市公司为样本，评价白酒行业动态竞争水平，为衡量白酒行业竞争水平及白酒企业转型战略提供参考。

5.2.1　模型构建

1. 基于熵值-G1 法组合的评价模型

(1) 数据无量纲化处理。设评价企业数量为 n，每个评价企业有 m 个评价指标，则 $\boldsymbol{X}=(x_{ij})_{n\times m}$ (i=1,2,3,⋯,n，j=1,2,3,⋯,m)，表示评价企业矩阵，x_{ij} 表示第 i 家企业的第 j 项指标值。考虑到指标的单位及方向限制，通过函数关系式消除指标为无量纲化。其中，$a_j=\max_{1\leqslant i\leqslant m}\left(x_{ij}\right)$ 为 j 指标的最大值；$b_j=\min_{1\leqslant i\leqslant m}\left(x_{ij}\right)$ 为 j 指标的最小值。当指标为效益类指标时，指标值越大，目标效果越好，公式为

$$y_{ij}=\frac{x_{ij}-b_j}{a_j-b_j} \tag{5.8}$$

当指标为成本类指标时，指标值越小，目标效果越好，公式为

$$y_{ij}=\frac{a_j-x_{ij}}{a_j-b_j} \tag{5.9}$$

(2) 模糊评价指标。竞争动态指标为定性评价指标，通过专家打分模糊评价指标，但并不影响样本间的竞争程度。评价级 $\boldsymbol{V}=\left[v_1,v_2,v_3,v_4,v_5\right]$=(强，较强，一般，较弱，弱)。模糊综合判断矩阵 $\boldsymbol{R}=\begin{bmatrix} r_{11} & \cdots & r_{1m} \\ \vdots & \ddots & \vdots \\ r_{n1} & \cdots & r_{nm}\end{bmatrix}$ 表示对 j 个指标进行各个评价隶属度为 $\boldsymbol{V}$ 的模糊评价；$\boldsymbol{A}=\left[a_1,a_2,a_3,\cdots,a_n\right]$，$\sum_{i=1}^{n}a_i=1$ 表示各个评价指标在评价体系中的权重分配。组成模糊综合评价矩阵：$\boldsymbol{B}=\boldsymbol{A}\cdot\boldsymbol{R}=\left[b_1,b_2,b_3,\cdots,b_m\right]$。

(3) 熵值-G1 组合赋权。熵值法是客观权重赋值法，指标值差异越大，体现重要性越强，代表信息熵越多。首先，计算每个企业每项指标的比重：$z_{ij}=y_{ij}\Big/\sum_{i=1}^{n}y_{ij}$。然后，计算每项指标的熵值：$e_j=-(\ln n)^{-1}\times\sum_{i=1}^{n}z_{ij}\ln z_{ij}$。最后，得到第 j 项指标的熵值权重：$w_j^s=(1-e_j)\Big/\sum_{j=1}^{m}(1-e_j)$。其中：$i$=1,2,⋯,$n$；$j$=1,2,⋯,$m$。

G1 法是主观权重赋值法中的一种，通过指标重要性排序，将重要程度高的指标给予较大权重。首先，对指标进行定性排序，并计算第 k 项指标重要程度的比值：$r_k=\dfrac{y_k}{y_{k+1}},y_k\geqslant y_{k+1}$。其次，计算第 m 项指标的权重：$w_m=\left(1+\sum_{k=2}^{m}\prod_{i=k}^{m}r_k\right)^{-1}$。最

后，依次计算第 $m-1, m-2, \cdots, 2$ 项指标的权重：$w_{m-1}=r_k w_k$。其中：$k=m, m-1, m-2, \cdots, 2$。则第 j 项指标的 G1 权重为 w_j^G。

通过线性组合熵值、G1 权重，得到第 j 项指标的组合权重：$w_j=\alpha w_j^G+\beta w_j^s$。其中，$\alpha$ 表示主观权重的比例，β 表示客观权重的比例，且 $\alpha+\beta=1$，$j=1,2,3,\cdots,m$。根据组合权重与 G1 权重、熵值权重之差的最小平方和建立目标函数，$\min(z)=\sum_{j=1}^{m}[(w_j-w_j^G)^2-(w_j-w_j^s)^2]$，联立方程组，对 α 求导，令一阶导数为 0，得方程解 $\alpha=\beta=0.5$，则组合权重为：$w_j=0.5w_j^G+0.5w_j^s$。所以，当主观、客观权重分别占 50%时，得到的组合权重与主观、客观权重的偏差最小。组合权重既反映客观权重，又综合专家意见，实现了主、客观有机结合。

(4) 动态竞争力综合评价指标。对样本的各项指标进行无量纲化处理后，指标 y_{ij} 与相应指标组合权重 w_j 的乘积为对应指标的动态竞争评价水平 W_j，即 $W_j=y_{ij}\times w_j$，准则层权重由 G1 权重与熵值权重确定，准则层评价水平与动态竞争力综合评价水平通过将 G1 权重与熵值权重相加获得。

2. 评价指标体系

结合竞争力评价相关文献，本节在杨嵘(2004)提出的竞争实力、竞争潜力、竞争环境、竞争动态 4 项综合指标的基础上，剔除竞争环境这一共性指标，参考孟卫东等(2014)在动态竞争战略中提出的战略实施过程指标，构建白酒行业竞争力水平评价模型。其中，准则层包括竞争实力、竞争潜力、竞争动态 3 项指标；指标层包括 12 项指标。动态竞争水平评价指标体系及各指标描述见表 5.4。

表 5.4 动态竞争水平评价指标体系及各指标描述

目标层	准则层	指标层	指标描述
动态竞争水平	竞争实力指标	产量市场占有率/%	产量市场占有率=(企业当年产量/全国当年产量)×100%，反映企业市场占有率
		营业利润率/%	营业利润率＝(营业利润/销售收入)×100%，反映公司主营业务对盈利的贡献情况
		取得投资收益后收到的现金/元	指企业相比去年因股权性、债权性投资而取得的现金股利与利息及从子公司、联营企业和合营企业分回利润后收到现金的能力，反映企业投融资能力
		加权平均净资产收益率/%	反映经营期间净资产赚取利润的程度，表明企业经营能力的强弱
	竞争潜力指标	技术开发人员比例/%	技术开发人员比例=(企业技术人员人数/企业职工人数)×100%，反映企业技术创造能力
		技术研发经费比例/%	技术研发经费比例=(企业研发经费支出/企业产品销售收入)×100%，反映企业技术创造能力
		固定资产/元	提供生产、劳务、出租或经营管理的超过一年期限的资产
		无形资产/元	技术上能产生商品、劳务等经济价值但无法以实物形式辨认的非货币资产，通常指技术、专利等

续表

目标层	准则层	指标层	指标描述
	竞争动态指标	竞争对手识别度	对市场共享、资源相似对手的识别能力
		反攻击行动驱动分析能力	察觉攻击者并反击攻击者的动力与能力
		竞争行动制定和实施能力	反映企业竞争行动的可能性及速度
		竞争结果	反映企业的市场地位及绩效水平

5.2.2 样本与数据

目前，白酒上市企业有 20 家，主营白酒的企业包括贵州茅台、五粮液、洋河股份、泸州老窖、古井贡酒、山西汾酒、迎驾贡酒、口子窖、今世缘、老白干酒、金种子酒、伊力特、青青稞酒、沱牌舍得、水井坊、酒鬼酒、皇台酒业、顺鑫农业、维维股份、金徽酒。其中，维维股份未披露白酒业务相关财务数据；今世缘、金徽酒、口子窖、迎驾贡酒属于新近上市白酒企业。因此，本节共选取 15 家以白酒为主营业务的上市公司为样本，以 2010 年、2014 年和 2018 年年度报告为数据来源，评价这些公司在 2010 年、2014 年和 2018 年的动态竞争力水平，样本数据的描述统计分别如表 5.5～表 5.7 所示。

表 5.5 2010 年样本数据描述统计

评价指标	最大值	最小值	均值	方差
市场占有率/%	2.303	0.020	0.574	0.465
营业利润率/%	61.560	−79.520	19.373	1028.575
取得投资收益后收到的现金/元	52.100	0	6.067	227.095
加权平均净资产收益率/%	41.310	−30.530	19.708	339.222
技术开发人员比例/%	21.644	0	9.329	31.043
技术研发经费比例/%	3.661	0.028	0.731	1.064
固定资产/元	63.735	1.032	12.401	350.650
无形资产/元	9.750	0.284	2.544	8.232

表 5.6 2014 年样本数据描述统计

评价指标	最大值	最小值	均值	方差
市场占有率/%	5.880	0.020	1.270	0.016
营业利润率/%	67.850	1.630	20.680	0.176
取得投资收益后收到的现金/元	97.425	0	13.788	32.509
加权平均净资产收益率/%	26.230	0.320	11.358	7.598
技术开发人员比例/%	23.624	2.133	10.236	5.718

续表

评价指标	最大值	最小值	均值	方差
技术研发经费比例/%	3.090	0	0.890	0.009
固定资产/元	114.159	0.933	22.751	31.050
无形资产/元	35.825	0.420	5.544	9.033

表 5.7　2018 年样本数据描述统计

评价指标	最大值	最小值	均值	方差
市场占有率/%	6.902	0.010	1.172	3.143
营业利润率/%	69.720	−289.490	6.634	6979.616
取得投资收益后收到的现金/元	320.153	0	34.301	6949.070
加权平均净资产收益率/%	34.460	0	17.580	110.251
技术开发人员比例/%	15.690	1.260	5.702	23.204
技术研发经费比例/%	2.863	0	0.715	0.807
固定资产/元	152.486	0.594	26.772	1669.867
无形资产/元	34.992	0.579	6.160	84.018

注：数据来源于 15 家白酒上市公司年度报表。

5.2.3　结果与讨论

依照熵值-G1 组合法确定的指标权重见表 5.8，将 15 家白酒上市公司评价数据做无量纲化处理后，运用熵值-G1 动态竞争力水平评价模型得出 2010 年、2014 年和 2018 年白酒上市公司动态竞争水平评价结果，分别见表 5.9～表 5.11。

表 5.8　白酒上市公司动态竞争水平评价指标及其权重

目标层	准则层	权重	指标层	G1 权重	熵值权重	组合权重
白酒上市公司动态竞争水平	竞争实力指标	0.405	市场占有率/%	0.111	0.169	0.306
			营业利润率/%	0.148	0.071	0.239
			取得投资收益后收到的现金/元	0.037	0.296	0.364
			加权平均净资产收益率/%	0.037	0.046	0.091
	竞争潜力指标	0.332	技术开发人员比例/%	0.044	0.046	0.120
			技术研发经费比例/%	0.089	0.081	0.226
			固定资产/元	0.133	0.129	0.349
			无形资产/元	0.067	0.162	0.305
	竞争动态指标	0.263	竞争对手识别度	0.060	0.065	0.211
			反攻击行动驱动分析能力	0.103	0.064	0.282
			竞争行动制定和实施能力	0.137	0.065	0.340
			竞争结果	0.034	0.065	0.167

1. 2010 年动态竞争水平分析

从 2010 年的情况来看，五粮液的动态竞争水平最高，为 0.731，远高于动态竞争水平均值(0.337)。其中竞争潜力(0.782)居第一，且远高于其他白酒上市公司，竞争实力(0.682)略低于贵州茅台(0.721)，竞争动态(0.740)水平也位居前列。2010 年五粮液的营业收入为 155.41 亿元，超过贵州茅台近 40 亿元，居上市公司首位；营业利润率为 39.22%，低于贵州茅台、洋河股份和泸州老窖，排上市公司第四位；资本运作方面，2010 年取得投资收益后收到的现金为 31.72 亿元，仅次于贵州茅台，远高于其他白酒上市公司；加权平均净资产收益率为 26.68%，具有较强的竞争实力。五粮液企业规模大，2010 年其固定资产达 63.73 亿元，居白酒上市公司首位，无形资产为 3 亿元，且科研技术人员和研发投入占比高，创新能力强，具有很强的发展潜力。

贵州茅台的动态竞争水平为 0.659，仅次于五粮液。企业的竞争实力和竞争动态整体实力强，在白酒上市企业中均排第一位，竞争潜力一般，动态竞争水平与五粮液差距不大。2010 年贵州茅台的营业收入为 116.33 亿元，营业利润率高达 61.56%，居白酒行业首位；资本运作方面，贵州茅台取得投资收益后收到的现金达 52.10 亿元，加权平均净资产收益率为 30.91%。其盈利能力和资本运作能力都较强，但需要进一步培育企业的竞争潜力。

洋河股份、泸州老窖和顺鑫农业的动态竞争水平在 0.400～0.600，高于 15 家白酒上市企业动态竞争水平的均值(0.337)。企业的竞争实力、竞争潜力和竞争动态整体实力较强，是仅次于贵州茅台和五粮液的白酒领军企业，具有较强的竞争力。2010 年洋河股份、泸州老窖和顺鑫农业的营业收入分别为 75.48 亿元、53.71 亿元和 16.99 亿元，营业利润率分别为 40.42%、54.31%和 5.43%，其中洋河股份和泸州老窖的营业利润率仅低于贵州茅台，高于五粮液的 39.22%；资本运作方面，洋河股份、泸州老窖和顺鑫农业取得投资收益后收到的现金与贵州茅台和五粮液不在一个数量级，加权平均净资产收益率分别为 37.13%、41.21%和 10.49%，其中洋河股份和泸州老窖高于五粮液和贵州茅台；企业规模与五粮液和贵州茅台存在一定的差距，竞争潜力居于中上游。

青青稞酒的动态竞争水平为 0.305，古井贡酒、山西汾酒、伊力特、金种子酒、老白干酒和沱牌舍得的动态竞争水平在 0.200～0.300，低于动态竞争水平均值(0.337)。受企业规模、盈利能力、营运能力和资本运作能力等制约，这些企业在竞争实力、竞争潜力和竞争动态方面参差不齐，尤其是在竞争潜力方面与白酒行业领军企业存在较大差距。

水井坊、酒鬼酒和皇台酒业的动态竞争水平排在最后三位，均在 0～0.200，远低于 15 家上市公司均值，处于较低水平，这些企业的竞争实力不强、竞争潜力偏低，其中皇台酒业的竞争实力和竞争动态实力最低，水井坊的竞争潜力最低。

2010年水井坊、酒鬼酒和皇台酒业的营业收入分别为18.18亿元、5.60亿元和0.64亿元，营业利润率分别为20.77%、13.37%和-79.52%；资本运作方面，酒鬼酒和皇台酒业无取得投资收益后收到的现金，皇台酒业的加权平均净资产收益率为负值。

表5.9 白酒上市公司2010年动态竞争水平评价结果

排名	上市企业	竞争实力	竞争潜力	竞争动态	动态竞争水平
1	五粮液	0.682	0.782	0.740	0.731
2	贵州茅台	0.721	0.391	0.903	0.659
3	洋河股份	0.595	0.381	0.720	0.557
4	泸州老窖	0.523	0.245	0.831	0.512
5	顺鑫农业	0.338	0.558	0.363	0.418
6	青青稞酒	0.299	0.084	0.592	0.305
7	古井贡酒	0.315	0.087	0.433	0.270
8	山西汾酒	0.309	0.073	0.435	0.264
9	伊力特	0.261	0.163	0.357	0.254
10	金种子酒	0.252	0.097	0.425	0.246
11	老白干酒	0.233	0.152	0.311	0.227
12	沱牌舍得	0.223	0.172	0.287	0.223
13	水井坊	0.247	0.057	0.229	0.179
14	酒鬼酒	0.219	0.058	0.176	0.154
15	皇台酒业	0	0.173	0	0.057
平均值		0.348	0.232	0.453	0.337

2. 2014年动态竞争水平分析

从2014年的情况来看，贵州茅台的动态竞争水平最高(0.945)，远超动态竞争水平均值(0.285)。其中，竞争实力、竞争潜力和竞争动态实力均处于第一，表明其竞争实力、潜在竞争优势及动态竞争能力均较强。2014年贵州茅台的营业收入达315.74亿元，营业利润达221.03亿元，营业利润率高达70.00%；资本运作方面，取得投资收益后收到的现金为309.53亿元，加权平均净资产收益率为31.96%。其盈利能力和资本运作能力都较强，稳居白酒上市公司第一位。

五粮液的动态竞争水平(0.628)处于第二位。企业的竞争实力和竞争动态整体实力较强，竞争潜力一般，动态竞争水平与第一名存在一定的差距。2014年其营业收入为210.11亿元，营业利润为80.32亿元，具有较强的竞争实力；资本运作方面，取得投资收益后收到的现金达62.80亿元，加权平均净资产收益率为15.42%。需要进一步培育企业的竞争潜力。

洋河股份的动态竞争水平(0.490)排在第三位，竞争实力和竞争潜力排名靠前，与第一位存在较大差距。2014 年其营业收入 146.72 亿元，营业利润 60.09 亿元，营业利润率达 40.96%，盈利能力较强；取得投资收益后收到的现金 37.57 亿元，加权平均净资产收益率 4.19%；固定资产和无形资产分别为 63.62 亿元和 16.93 亿元。洋河股份的竞争潜力仅次于贵州茅台，但在竞争动态方面，水平有待进一步提高。

泸州老窖的动态竞争水平(0.337)排在第四位，除了竞争动态外，竞争实力和竞争潜力较为一般，动态竞争水平整体不高，与前三位存在一定的差距。2014 年泸州老窖的营业收入为 53.53 亿元，营业利润 11.92 亿元；取得投资收益后收到的现金为 9.63 亿元，加权平均净资产收益率为 7.99%，资本运作能力有待提升；固定资产为 10.86 亿元，无形资产为 2.51 亿元。需要进一步培育竞争潜力，增强竞争实力。

顺鑫农业的动态竞争水平(0.313)居第五位，略高于平均水平(0.285)。在竞争动态(0.748)方面，企业的竞争水平较强，竞争实力、竞争潜力和动态竞争水平均一般。2014 年顺鑫农业的营业收入为 41.20 亿元，营业利润率仅 5.68%，盈利能力有待提升；固定资产和无形资产较 2013 年有小幅减少。其竞争实力和竞争潜力均有待进一步提升。

皇台酒业、水井坊和酒鬼酒的动态竞争水平排在最后三位，均在 0～0.100，远远低于 15 家上市公司均值，处于较低水平。这些企业竞争实力不强、竞争潜力偏低，均呈现亏损状态，处于退市边缘，面临巨大的经营危机。皇台酒业 2014 年的营业收入为 0.57 亿元，营业利润为-0.33 亿元，营业利润率为-57.90%，固定资产和无形资产分别为 1.19 亿元和 0.96 亿元，较 2013 年减少 4.84%和 15.89%，竞争实力、竞争潜力和竞争动态远低于均值。水井坊 2014 年的营业收入和营业利润分别为 3.65 亿元和-3.07 亿元，营业利润率为-84.26%，竞争实力(0.071)偏低，固定资产和无形资产较 2013 年减少 5.41%和 19.27%，加上研发投入削减，导致竞争潜力(0.092)降低，动态竞争水平仅为 0.072。酒鬼酒的动态竞争水平最低，仅为 0.045，竞争潜力和竞争动态均排最后，市场占有能力、盈利能力、资本运作能力均偏低，无形资产减少、研发投入低是主要原因。其在竞争实力、竞争潜力和竞争动态方面仍需要较大的提升。

表 5.10　白酒上市公司 2014 年动态竞争水平评价结果

排名	上市企业	竞争实力	竞争潜力	竞争动态	动态竞争水平
1	贵州茅台	1.000	0.835	1.000	0.945
2	五粮液	0.742	0.332	0.828	0.628
3	洋河股份	0.397	0.454	0.678	0.490
4	泸州老窖	0.251	0.209	0.629	0.337

续表

排名	上市企业	竞争实力	竞争潜力	竞争动态	动态竞争水平
5	顺鑫农业	0.129	0.193	0.748	0.313
6	古井贡酒	0.164	0.312	0.301	0.249
7	青青稞酒	0.121	0.115	0.454	0.207
8	老白干酒	0.078	0.095	0.513	0.198
9	伊力特	0.159	0.120	0.336	0.190
10	山西汾酒	0.142	0.092	0.375	0.187
11	沱牌舍得	0.012	0.210	0.406	0.181
12	金种子酒	0.029	0.164	0.364	0.162
13	皇台酒业	0.004	0.068	0.200	0.077
14	水井坊	0.071	0.092	0.049	0.072
15	酒鬼酒	0.074	0.029	0.021	0.045
平均值		0.225	0.221	0.463	0.285

3. 2018 年动态竞争水平分析

从 2018 年的情况来看，贵州茅台的动态竞争水平最高，为 0.791，远高于动态竞争水平均值(0.318)。其竞争实力、竞争潜力和竞争动态实力均位于第一。2018 年贵州茅台的营业收入为 736.39 亿元，营业利润为 513.43 亿元，营业利润率为 69.72%，均居白酒行业首位；资本运作方面，取得投资收益后收到的现金为 320.15 亿元，远高于其他白酒上市公司，加权平均净资产收益率为 34.46%，具有较强的竞争实力。其企业规模居白酒上市公司首位，2018 年固定资产达 152.48 亿元，无形资产为 34.99 亿元，企业创新能力强，具有很强的发展潜力。

五粮液的动态竞争水平为 0.502，仅次于贵州茅台。企业的竞争实力和竞争动态整体实力较强，竞争潜力一般，动态竞争水平与贵州茅台存在一定差距。2018 年五粮液的营业收入为 400.30 亿元，营业利润为 187.18 亿元，营业利润率为 46.76%，盈利能力仅次于贵州茅台；资本运作方面，取得投资收益后收到的现金达 86.34 亿元，加权平均净资产收益率为 22.80%。其盈利能力和资本运作能力都较强，但还需要进一步培育企业的竞争潜力。

洋河股份、泸州老窖、顺鑫农业和古井贡酒的动态竞争水平为 0.300～0.500，高于 15 家白酒上市企业动态竞争水平的均值(0.318)。企业的竞争实力、竞争潜力和竞争动态整体实力较强，是仅次于贵州茅台和五粮液的白酒行业领军企业，具有较强的竞争力。2018 年洋河股份、泸州老窖、顺鑫农业和古井贡酒的营业收入分别为 241.60 亿元、130.55 亿元、120.74 亿元和 86.86 亿元，营业利润率分别为 44.76%、35.82%、8.80%和 27.02%；资本运作方面，洋河股份和泸州老窖取得投资收益后收到的现金分别为 66.66 亿元和 20.35 亿元，仅次于五粮液和贵州茅台，顺鑫农业和古井贡酒取得投资收益后收到的现金较少，与贵州茅台、五粮液、洋河股份和泸州老窖不在一个数量级；洋河股份、泸州老窖、顺鑫农业和古井贡酒的加权平均净资产收益率分别为 25.95%、21.81%、10.04%和 24.03%。

伊力特、老白干酒、山西汾酒、青青稞酒和舍得酒业的动态竞争水平为 0.200～0.300，低于 15 家白酒上市企业动态竞争水平的均值(0.318)。受企业规模、盈利能力、营运能力和资本运作能力等制约，这些企业在竞争实力、竞争潜力和竞争动态方面参差不齐，尤其是在竞争潜力方面与白酒行业领军企业存在较大差距。

金种子酒、水井坊、酒鬼酒和皇台酒业的动态竞争水平排在最后四位，均为 0～0.200，处于较低水平。这些企业的竞争实力不强、竞争潜力偏低，其中皇台酒业的竞争实力和竞争动态整体实力最低，水井坊和皇台酒业的竞争潜力最低。2018 年金种子酒、水井坊、酒鬼酒和皇台酒业的营业收入分别为 13.15 亿元、28.19 亿元、11.87 亿元和 0.25 亿元，营业利润率分别为 9.85%、27.68%、24.83%和 −289.49%；资本运作方面，皇台酒业无取得投资收益后收到的现金，水井坊、金种子酒和酒鬼酒取得投资收益后收到的现金分别为 3.12 亿元、48.46 万元、831.41 万元。皇台酒业的经营状况持续恶化，退市风险进一步加大。

表 5.11　白酒上市公司 2018 年动态竞争水平评价结果

排名	上市企业	竞争实力	竞争潜力	竞争动态	动态竞争水平
1	贵州茅台	0.729	0.702	1.000	0.791
2	五粮液	0.480	0.242	0.864	0.502
3	洋河股份	0.474	0.353	0.720	0.499
4	泸州老窖	0.377	0.209	0.702	0.407
5	顺鑫农业	0.531	0.141	0.544	0.405
6	古井贡酒	0.327	0.390	0.428	0.374
7	伊力特	0.275	0.176	0.420	0.280
8	老白干酒	0.269	0.098	0.479	0.267
9	山西汾酒	0.317	0.080	0.319	0.239
10	青青稞酒	0.221	0.300	0.185	0.238
11	舍得酒业	0.247	0.061	0.402	0.226
12	金种子酒	0.216	0.156	0.228	0.199
13	水井坊	0.307	0.039	0.211	0.193
14	酒鬼酒	0.241	0.059	0.054	0.131
15	皇台酒业	0	0.039	0	0.013
平均值		0.334	0.203	0.437	0.318

5.2.4 研究结论

根据 2010 年、2014 年和 2018 年白酒上市公司动态竞争水平排名，得出以下结论。

第一，2010～2018 年白酒行业的发展转型经历了波动起伏的过程，从“黄金十年”到遭遇“寒冬”，再到初步出现转机并进入回暖期，个人消费和商务消费在一定程度上弥补了“三公”消费的缺口，整个行业呈现出量价齐升的态势，白酒企业通过自我转型调整，适应了行业形势，并呈现出恢复式增长。2016 年后，白酒行业在产量和销售收入双双下降的情况下，仍保持利润持续高位增长，行业内各企业的整体盈利能力都有明显提升。过去几年一直濒临退市的酒鬼酒、水井坊扭亏为盈，其营业利润率增幅较为明显，而皇台酒业连续 3 年亏损，经营状况较差，2019 年 5 月已暂停上市。2010 年以来，白酒行业营业收入和利润的集中度越来越高，2018 年前四强企业(贵州茅台、五粮液、洋河股份、泸州老窖)的营业收入达到 28.13%，利润则占据整个行业的一半，利润集中度达到 50.77%。综合来看，大量资本或将向名优酒企集中，兼并重组将成为新趋势，行业集中度将会进一步提升。

第二，白酒行业内部的竞争实力和竞争潜力以及动态竞争水平差距较大，开始呈现两极化发展态势。2010 年和 2014 年白酒上市公司中动态竞争水平大于均值的企业只有 5 家，2018 年有 6 家，其他企业均低于均值，竞争力水平差距较大，且动态竞争能力普遍偏低。在三大竞争能力上，竞争动态实力均值较高，反映出白酒上市公司在动态环境中能快速、准确地识别竞争对手并制定竞争策略。2010 年、2014 年和 2018 年白酒上市公司的竞争实力和竞争潜力均低于竞争动态，表明白酒行业内企业间的差距较大，整体竞争实力有待增强，企业的技术创新能力及资源储备水平较低，竞争潜力中技术研发、无形资产等的支持水平欠佳，这些都制约白酒上市公司进一步竞争发展。

第三，动态竞争水平排名前五的白酒上市公司属于全国一线品牌，具有较强的行业实力，在转型期依旧保持稳健的发展态势，相比大多数上市公司的下行态势，这 5 家白酒企业在平稳中求转型。其中，顺鑫农业挤入动态竞争水平较高的行列之中，而曾经经营较好的企业，如水井坊、酒鬼酒、皇台酒业因经营不善、企业重组等原因而走向衰退，水井坊和酒鬼酒通过自我转型调整后情况有所好转，但是皇台酒业已于 2019 年暂停上市，其近三年的经营状况持续恶化，退市风险较大。

动态竞争水平反映白酒上市企业的动态竞争能力，它不仅与企业内部条件相关，还与行业竞争环境密切相关。行业竞争环境作为共性因素并不会影响上市公司竞争水平排名，但要实现上市公司的战略转型，还需要上市公司对企业转型的竞争环境做进一步探索，并融合行业发展新契机，快速培养动态竞争优势，寻求战略转型突破。

第 6 章 白酒行业战略转型的目标与路径

基于前几章对白酒行业战略环境、产业组织的分析，以及对白酒行业发展质量、行业竞争能力与动态竞争水平的评估分析，本章首先从市场回归理性、行业创新加快、消费结构调整、整合趋势增强、行业竞争力薄弱等方面分析白酒行业战略转型中的新特征；然后从重构白酒行业商业生态系统、重塑白酒行业核心价值体系两个角度探讨白酒行业战略转型的目标与方向，并具体分析白酒行业商业生态系统的重构路径，包括白酒行业商业生态系统的框架模型及其特征、白酒行业商业生态系统子系统、白酒行业商业生态系统运行机制、白酒行业商业生态系统创新与竞争、白酒行业商业生态系统有效性评估，以及白酒行业商业生态系统网络等方面；最后，从重塑白酒行业企业安全边界、推进白酒行业供给侧结构性改革、推进白酒行业高质量发展、建立行业长效合作机制等视角提出白酒行业战略转型的实施路径，并详细分析商业模式转型、绿色化转型、集群化转型、结构化转型、国际化转型、创新驱动转型、消费驱动转型、智能化转型、标准化转型、共享化转型等十类转型的具体路径。

6.1 白酒行业战略转型中的新特征

自 2012 年以来，白酒行业开始进行战略调整；2014 年起进入深度调整期；2015 年实施供给侧结构性改革以来，行业发展总体情况平稳，既无回暖迹象，也没持续探底。产品、渠道、企业组织及商业模式的转型、调整与创新步伐明显加快，行业稳定与企业发展呈现出一些新的特征。

(1) 市场回归理性。产出方面，“黄金十年”期间白酒行业高利润、高速度成长吸引大量国内外资本进入白酒行业，成为白酒行业产能扩张、价格飙升的重要助推剂。但随着白酒市场深度调整，大量白酒企业改变原有的依靠产能扩张带来经济效益的路径，选择新的商业模式赢得企业发展契机。行业内利润下降及白酒上市公司市值大幅缩水，引发资本投资热情减退，白酒行业产能规模得到控制。消费方面，“八项规定”及各级政府反腐倡廉工作的推进，使高端白酒消费大幅缩水，白酒消费“倒三角”结构得到调整，消费主体正趋向中等价位的大众消费。价格方面，高端白酒中出现的价格倒挂问题得到缓解，高端白酒价格走低后出现小幅回升，价格日趋合理；中低端白酒市场环境良好，产销及价格情况稳定，总体发展趋势渐佳。

(2)行业创新加快。大部分白酒企业已预判市场发展趋势，理性分析企业战略定位，改变盲从跟风与模仿方式，谋求企业发展。为改变依靠行业畸形消费结构与规模扩增获取企业利润与发展优势，大部分白酒企业通过产品品类创新、销售渠道创新、企业组织创新、商业模式创新、文化价值创新、产品概念创新来拓宽行业发展的范围及方向，其效果显著。随着转型持续进行，创新也以无形资源的形式支撑企业健康发展。

(3)消费结构调整。以需求为导向的消费结构调整持续进行。为应对持续衰退的高端白酒消费热情，白酒企业纷纷压缩利润、下调价格以迎合大众消费群体，或推出高端品质、中低端价位的“腰部产品”满足中端产品市场。低端白酒企业受产品品质接受度低的影响，推出中端白酒产品，引发消费结构中高、低端白酒产品向中端白酒市场过渡的趋势。一些企业主动对接年轻化消费需求，以产品创新为主、渠道创新为辅推出低酒精度、时尚化、特色化的产品，培育年轻消费者市场。除消费主体转换外，消费市场倾向层次多元化、细分化，对婚庆、宴请、纪念、礼品等批量定制产品逐渐细分消费市场。通过分析消费主体的收入差异、区域需求差异，进一步划分消费市场结构。同时，酒类行业协会不断推进行业标准化，与食药监部门合作推动实施“品质诚实、服务诚心、产业诚信”的“3C”计划，推动完善白酒品类感官、检测标准，并通过宣传白酒文化、白酒功效等方式引导白酒健康消费。总之，以消费者需求为导向的消费结构调整成为行业主要特征。

(4)整合趋势增强。在白酒行业转型过程中，行业整合加速带动行业并购重组步伐加快。以名优企业并购中小优势企业为主的横向整合频繁。这种整合方式有别于通过扩张规模寻求规模经济的单一目标，更侧重部分中小企业的特殊无形资源优势，如地理位置、销售渠道等，对于名优企业具有重要的战略意义。另一些白酒企业通过强强联手方式，形成较强的市场势力。

(5)行业竞争力薄弱。行业竞争力的强弱取决于行业结构有序化的程度，以及是否具有差别化的企业竞争边界及清晰的企业战略。传统白酒行业属于低端制造业，其技术水平较低，生产工艺依赖于生产经验与独特技艺，对品牌的依赖度较高，行业整体缺乏产品研发与价值挖掘能力，整体竞争力较弱。白酒企业较多，行业结构较复杂，行业内企业竞争力的层次多，企业差距较大且边界模糊，呈现多重交叉，严重影响行业布局及企业竞争进度；行业内企业竞争战略不清晰、抽象且笼统，缺少精细化的战略规划和实施策略，在营销战略、品牌战略、行业价值等方面有待提升。

6.2　白酒行业战略转型的目标与方向

白酒行业存在的结构性问题需要通过转型来解决，其转型的目标与方向即是重构白酒行业商业生态系统及核心竞争价值体系。本节在分析白酒行业外部环境、内部企业现状的基础上，深入梳理白酒行业生态系统呈现出的系统乱象、规制政策缺失、企业战略错位等问题，并讨论如何重构白酒行业商业生态系统，打破传统的纵向一体化，实施产业集群化、集中化和集约化策略，将与白酒行业相关联的主体纳入商业生态系统并做出战略规划与调整，形成各主体协同发展的新型战略模式。

6.2.1　重构白酒行业商业生态系统

“十三五”以来，我国经济增长率保持在 6%～7%，经济依旧延续新常态，并以深度调整、优化结构、稳定增长为主要目标。白酒行业受政策影响较大，目前限制类白酒政策较多，不利于白酒行业发展。缺失定价准则、产能过剩、质量安全监管缺失等都迫使白酒行业实施战略转型；同时，经济结构、产业结构调整，产业融合、产业集聚、产业合作的机会增多，“互联网+”“C+行动”(即：碰撞，collide；连接，connect；合作，collaborate)等运作模式，都给白酒行业振兴带来新契机。白酒行业战略转型是一项系统工程，仅从营销转型、价值转型、绿色转型、驱动转型、集群化转型等创新渠道拓展转型路径并实现短期产销突破，不足以维持白酒行业商业生态系统的动态平衡，也不能抵御新型市场风险。产能过剩、质量隐患、价格泡沫等问题暴露出白酒行业商业生态系统还处于低级、无序、自组织能力差、反馈能力弱的状态，系统面临内部驱动重组；经济下滑与限制类政策出台使白酒行业销量锐减，表明系统对环境的依存度较高，且稳定性较差，系统受到外部诱导式重组；白酒企业恶性竞争、企业盲目跟风，体现系统内“生态位”缺失和共生机制缺失；各白酒企业、产业园区已运用各种渠道转型，效果不一，表明系统恢复能力较差、资源整合机制较弱。因此，白酒行业战略转型的首要目标是提升产业基础能力，增强产业链韧性，重构健康稳定、自组织能力强、反馈能力强、恢复能力强、“生态位”明确的白酒行业商业生态系统，这同时也是白酒行业战略转型的实施路径。在“互联网+”、大数据背景下，商业生态系统正成为白酒行业商业模式的创新源，产业、技术的各种排列组合及兼容都迸发出新的经济增长点。

6.2.2　重塑白酒行业核心价值体系

企业核心价值观是企业行为导向的价值标准和对是非善恶的判断标准，是企业全体成员达成的共识。随着经济社会发展，企业核心价值观已由传统的“利润最大化”演进到“顾客价值最大化”，并进一步演进到“利益相关者利益最大化”。本书认为，白酒行业核心价值体系应该是“结构-行为-绩效”的价值标准和价值判断的总和，是行业全体成员企业达成的共识。陈于后和万东升(2015)的研究指出，白酒行业具有较高的信赖度，尤其是一些名优白酒因品牌效应而积淀下来了美誉度和影响力，但概念酒、塑化剂、价格垄断、消费畸形等引发了信任危机，因而，基于信赖视角可将白酒行业核心价值体系概括为：推动白酒行业各企业、员工与社会加强沟通，提高白酒行业核心竞争力，推动白酒行业履行社会责任，充分挖掘资源优势，传播白酒优秀历史文化，满足多元化的白酒消费需求，提高白酒消费的健康度。重塑白酒行业核心价值体系，需要推出白酒行业核心价值公约，包括：行业的使命、愿景、宗旨、精神、理念及企业核心价值观，同时需要制定适应行业核心价值要求的行业制度、自律规范和机制流程及其举措保障，需要白酒企业、白酒行业、白酒行业协会、政府管理部门及全社会共同努力。本书认为，白酒行业核心价值体系是商业生态系统重构的重要内容，核心价值体系的重塑推进商业生态系统的更新。商业生态系统更新是一个系统不断演进的过程，包括核心价值体系和利益相关者在内的各直接或间接作用于系统的要素被融入系统，这一过程模糊了传统产业边界，又不同于传统范围经济考虑的纵向、横向一体化战略；各系统成员通过激励约束机制进行调节，由“零和”思维方式转变为“共赢”的战略方式，在此基础上识别核心能力和培育竞争优势。整个螺旋式演进过程不断地完善与识别新的“生态位”，实现商业生态系统更新。

6.3 白酒行业战略转型的商业生态系统重构

6.3.1 白酒行业商业生态系统的框架模型及其特征

1. 白酒行业商业生态系统的框架模型

重构白酒行业商业生态系统的本质是应变，对新形势下的目标重新确定，对新目标的资源再配置。白酒行业商业生态系统重构关注的是：①重构是根本的、系统的，而非局部的、表面的；②重构不意味着行业消亡，而是一种对原有增长方式与发展方向的“创新性破坏”；③重构不只关注营销、组织结构、产品，还要挖掘白酒产品价值、转型方向等深层次问题；④重构是捕捉任何细小的机会与市场，而不是在大众市场上恶性瓜分；⑤重构是对供给侧与需求侧的双重视，为其提供更好的交流平台；⑥重构要求精细化操作，重视“精众”市场。因此，白酒行业商业生态系统重构是系统性地构建一种打破原有模式的创新方式，从供给侧与需求侧双向出发，关注行业价值及竞争力的一种系统发展模式。

重构白酒行业商业生态系统，需要考虑与白酒行业直接或间接相关的各个主体和影响因素，打破传统商业模式下对企业、政府机构、投资者、消费者等不同群体及其不同作用的区分方式，模糊化细分行业界限，扩大企业的服务领域。图 6.1 为参考相关文献后构建的白酒行业商业生态系统框架模型，图 6.2 为子系统核心商业生态系统模型。

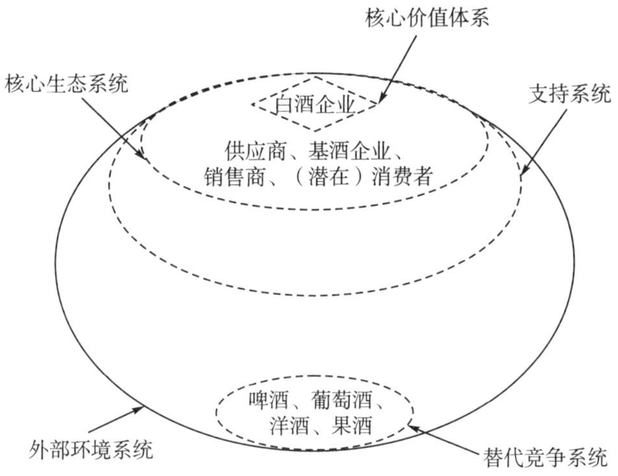

图 6.1　白酒行业商业生态系统框架模型

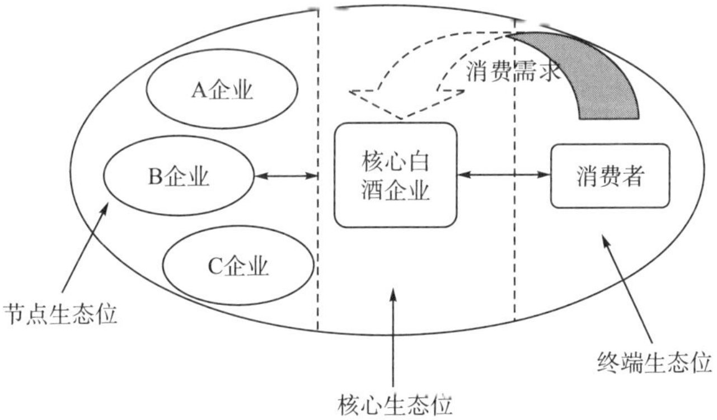

图 6.2　核心商业生态系统模型

2. 白酒行业商业生态系统的特征

分析图 6.1 和图 6.2 的框架模型，可以看出白酒行业商业生态系统的基本特征。

(1) 不同的企业成员占据不同的“生态位”，如图 6.2 所示，将核心商业生态系统内部分为三种生态位：核心白酒企业掌控行业关键，是其他白酒企业进行信息共享、消费者信息反馈、信息公开的中间平台，因此处于核心生态位；其余白酒企业处于系统节点，接受系统反馈信息，发挥特殊作用，处于节点生态位；消费者处于系统平台另一端，是产品流向的终端，也是检验系统运行效果、评价系统产出的终端，因此处于终端生态位。彼此分离的“生态位”可以避免过度的竞争，形成有特色的产品或服务范围，有利于生态系统的稳定。据此，白酒企业需不断地调整自己的产品定位，防止与其他企业形成领域交叉，并阻止恶性竞争事件发生，充分发挥特定生态位的作用与功能。

(2) 白酒行业商业生态系统是一个多层次的复杂系统，如图 6.1 包含了 5 个层次，该系统由众多子系统组成，每个子系统内部由众多种类的成员组成，如图 6.2 划分了 3 种生态位，同一类型的成员在实际工作中又有不同分工，形成了层层嵌套的系统结构；子系统成员可以分布在一定区域内，也可以在全球分散分布，且在组成上表现出复杂性。

(3) 白酒行业商业生态系统具有动态性，即白酒企业的生态位和作用会随时间的变动发生更迭，不断地会有其他新成员进入或旧成员退出生态系统，这种动态的转变会使白酒行业商业生态系统朝更加稳固的态势发展，也可能使其走向衰退与灭亡。而且，白酒行业商业生态系统呈现出生命周期特征，即开拓、发展、领导、更新或衰亡四个阶段，该系统在动态变化中不断地发展与更新。

(4) 白酒行业商业生态系统表现出自组织性，即该系统是一个高度自律的组织，具有一定的自发调节系统成员的作用，能促进系统成员完成系统任务、明确系统目标。当系统成员与系统内部环境相适应时，会促进系统成员协同发展；当系统成员与系统内部环境相抵触时，系统会促使系统成员自身变革，否则会被系统淘汰。

(5) 白酒行业商业生态系统更新和变革的动力来自消费需求，消费需求的变动通过系统平台反馈至商业生态系统，而系统成员通过反馈的信息快速做出战略调整，以适应新的消费趋势。

(6) 白酒行业商业生态系统能形成协同作用，系统内部成员各尽其责、相互依赖、相互联系，形成共同进化、协同发展的局面。这种协同作用激励白酒企业为白酒行业发展考虑，采取适当的战略模式，实现白酒行业共生共赢。

6.3.2 白酒行业商业生态系统子系统分析

为构建健康稳定的白酒行业商业生态系统，辨识出系统中的关键成员，分析影响系统运行的核心因素，根据白酒行业商业生态系统内部成员的紧密程度和重要程度，将白酒行业商业生态系统划分为白酒行业核心生态系统、白酒行业竞争系统、白酒行业支持系统及白酒行业外部环境系统。

(1) 白酒行业核心生态系统处于整个系统的核心，是影响与决定白酒产品原料供应、生产、销售环节的关键。该系统包括供应商、基酒企业、白酒生产企业、销售商、(潜在)消费者。整个子系统的内部成员构成商业生态系统的关键组成要素，是商业生态系统中最具活力的部分。系统成员稳定健康地发展不仅关系到自身在行业内的长期生存，还对产业上、下游的企业形成关联互动，无限次循环往复地作用于核心生态系统。

(2) 白酒行业核心生态系统会受到竞争系统的影响。白酒行业竞争系统包括直接竞争者和潜在竞争者，前者包括啤酒、葡萄酒、洋酒、果酒生产企业，后者指其他软饮料类饮品生产企业。竞争系统对白酒行业核心生态系统的生产、销售产生影响，其竞争产品与白酒产品共同分割饮料类消费市场。白酒行业核心生态系统是开放的，受竞争系统作用，又反作用于竞争系统。

(3) 白酒行业支持系统为白酒行业核心生态系统的正常运行提供法律保障、标准指引、质量检测、技术支持、行业引导、融通渠道等，是整个白酒行业商业生态系统的后备支持系统，保障白酒行业商业生态系统健康运转，是监督检查、融资渠道、技术支持的实施主体。白酒行业支持系统成员包括投资者、质监质检部门、发改工信部门、白酒行业协会、高校及白酒科研机构、消费者协会等。

(4) 白酒行业外部环境系统是指白酒行业发展的宏观环境，包括：经济环境、政策法律环境、科学技术环境、社会文化环境、地理自然环境等。外部环境系统处于商业生态系统的最外层，作用于核心生态系统、竞争系统、支持系统，为白酒行业核心生态子系统提供生产及销售的政策、经济、法律、科技和地理环境，对白酒行业竞争系统的发展产生重要影响，是白酒行业支持系统提供政策指导、资金、技术、质量检验的背景。

尽管按系统内部成员的紧密程度和重要程度划分商业生态系统子系统存在瑕疵，但这样可以清晰地看到商业生态系统的内部层次，有助于凸现商业生态系统内重要成员的作用，帮助分析子系统之间关联互动的关系，实现商业生态系统成员的互利共生。

6.3.3　白酒行业商业生态系统的运行

1. 白酒行业商业生态系统运行机制

白酒行业商业生态系统运行机制指维持白酒行业商业生态系统有序、稳定、有规律地运作，并激励与制约各要素的结构、行为、功能，以及引导各要素发挥作用与产生影响的原理、机理和作用方式。依据白酒行业商业生态系统的特征与作用，将白酒行业商业生态系统运行机制分为驱动机制、稳定机制和共生机制。

(1) 白酒行业商业生态系统的驱动机制指以系统核心价值体系为引导，调动系统内、外各主体积极性的作用动力，包括内生驱动力、外部作用力、条件支撑力。白酒行业商业生态系统内的原材料供应商、基酒生产商、白酒企业、销售商等产业链各环节主体，占据系统内主要的“生态位”，主导系统的基本运行，作为白酒行业最大利益关联者，各主体受共同的行业价值观和社会责任驱动，维护白酒行业健康发展，此即白酒行业内生驱动力。宏观经济运行状况和白酒行业政策、税收政策、行业规范、质量监管政策是白酒行业不可抗拒的外在作用力，它们可引导白酒行业的发展轨迹，如良好的经济环境与宽松的白酒政策会孕育白酒行业新增长，反之则会挤压白酒行业的发展。白酒行业中的科技研发机构、融资机构、媒体机构等主体不断地向系统输入有竞争力的技术、资金、影响力等能量，并淘汰系统内的冗余配置，是更新商业生态系统的重要推动力和条件支撑力。

(2)白酒行业商业生态系统的稳定机制是衡量白酒行业商业生态系统复杂程度、抗风险能力、平衡调节能力的机理。白酒行业商业生态系统内各成员间的信息流越多、越复杂，系统内的结构层次就越复杂；系统内“生态位”的种类划分越精细，划分出的子系统种类就越多；子系统内成员数量越多、交流越密切，则白酒行业商业生态系统的网络结构就越坚实、越复杂，稳定性就越高。白酒行业商业生态系统的抗风险能力与其稳定性成正比，系统内技术、资金等硬实力与行业价值、产品的不可替代性等软实力构成抗风险能力，间接衡量白酒行业商业生态系统的稳定性。当系统成员进入、退出系统或与外界进行信息、能量交换时，会给系统带来不确定性并打破平衡态，系统通过自身平衡调节机制形成新的平衡态，实现系统更新升级。

(3)白酒行业商业生态系统的共生机制指系统成员在长期进化过程中，为适应复杂多变的环境而逐渐形成的相互联合的关系(李海英，2006)。该共生机制是由进行能量、物质交换的企业构成的共生单元，是在经济、政策、技术、文化、自然生态等共生环境下，在共同价值利益的驱动下，为实现共同能量增加、对行业资源进行整合、利用而建立起来的互利共生的双向物质、能量流动模式。这一运行机制会随信息流的增多而使共生关系更加紧密。

白酒行业商业生态系统的子系统构成商业生态系统的“骨骼”，而白酒行业商业生态系统的运行机制构成商业生态系统的“血液”，运行机制的良性循环维持商业生态系统的正常运行，并促进其“骨骼”发展。

2. 白酒行业商业生态系统运行规制

为保证白酒行业商业生态系统运行顺利，系统不仅要有具自律性的运行机制，还需相关机构完善规制框架，以补救系统失灵、资源配置失效等问题。白酒行业商业生态系统规制包括经济性规制和社会性规制。经济性规制指当存在垄断、信息不对称时，为防止无效率配置发生和确保公平，运用许可、认可手段，对成员的进入、退出及价格、投资、财务等活动进行规制。其运用的方法有价格规制、进入退出规制和激励性规制。社会性规制指保障劳工、消费者、民众的安全、环境、卫生等，对产品及服务实施一定标准，禁止或限定某种行为。在规制过程中，要设计一套激励相容机制，使系统内的理性经济人在制度下追求的自身利益目标与集体利益最大化目标相一致，保证均衡博弈的结果既满足共生共赢的目标函数，又满足各成员观察、交流、处理信息的可行性。图 6.3 将运行机制、运行规制、激励相容机制融合，构成白酒行业商业生态系统的运行系统。保证白酒行业商业生态系统运行，运行系统内几种机制都发挥着不可替代的作用：驱动机制、稳定机制、共生机制三种机制受行业自律性引导，保证系统基本运行，但约束力最弱；价格规制、进出入规制、激励性规制、社会规制受第三方监管机构监管，虽然约束力较强，但系统成员处于被动状态；激励相容机制操作性较高，约束力较强，且系统成员主动性最大。

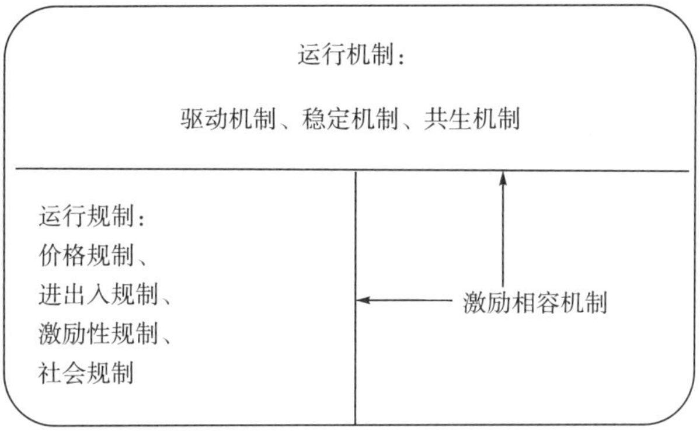

图 6.3　白酒行业商业生态系统运行系统

6.3.4　白酒行业商业生态系统创新

基于重构白酒行业商业生态系统以实现白酒行业战略转型时，需要注重商业生态系统的创新。谢德荪(2012)将创新分为科技创新与商业创新，并进一步将商业创新划分为流创新与源创新(图 6.4)。流创新源于价值链与波特五力模型理论，指通过先进技术手段改造价值链，降低供应链成本或者改进产品类型实现的创新。它能有效地提升商业生态系统的效率，短期内实现商业生态系统改进，但形成的优势也会带来边际报酬递减的副作用，不具有可持续性。源创新弥补了流创新的缺点，在供应商、消费者两面市场及生态系统理论的基础上，指出通过整合资源优势、引导新理念进入由不同价值链的成员构成的商业生态系统、建立企业平台，实现信息交流的良性循环，并合力提高新理念的价值，建立愈加巩固的商业生态系统。源创新是商业生态系统创新的主要路径。

在白酒行业商业生态系统形成前期，系统各方得到的利益较少，激励它们加入系统的是未来产生的新价值；当系统成员加入者较多时，新价值链生成，流创新推动多条价值链产生“创新的网络效应”，白酒行业商业生态系统开始更新和扩张。在白酒行业商业生态系统的结构不断演进时，系统内的成员互相竞争，当新的成员发现加入系统可以给自己带来很多回报时，加入者就会越来越多，整个商业生态系统带来的回报也就越来越高。

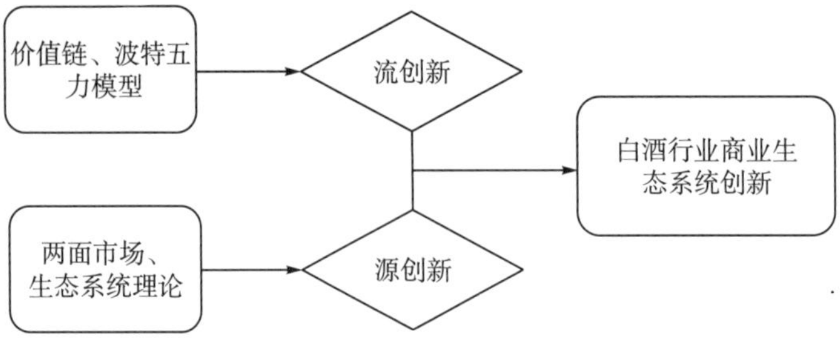

图 6.4 白酒行业商业生态系统创新

随着商业生态系统建立与扩张，白酒行业金融生态系统与创新生态系统的建立会进一步优化商业生态系统并支持白酒行业战略转型。如图 6.5 所示，商业生态系统左侧是金融生态系统，右侧是创新生态系统。金融生态系统中第一类是传统投资者，传统投资风险很低，只是资金的基本供给，因此回报也很低。第二类是流创新风险投资者，流创新投资具有一定风险，项目的回报率不明。通常通过运用少量资金完善项目，将风险降到最低，然后融入传统投资者，使两类投资者形成正向网络效应，流创新投资为传统投资带来越来越多的机会，传统投资又推动更多的流创新投资，因此形成了流创新金融生态系统。第三类是源创新风险投资者，源创新投资风险系数最高。通过开拓市场并引入流创新风险投资者与传统投资者将系统扩大，这三类投资者共同组成金融生态系统。金融生态系统的建立与稳定促进右侧创新生态系统的发展。由基于流创新的企业与基于源创新的企业相互交叉产生的正向推进作用又促进金融生态系统的扩大与完善。金融生态系统与创新生态系统共同作用于白酒行业商业生态系统，促进白酒行业商业生态系统持续创新。

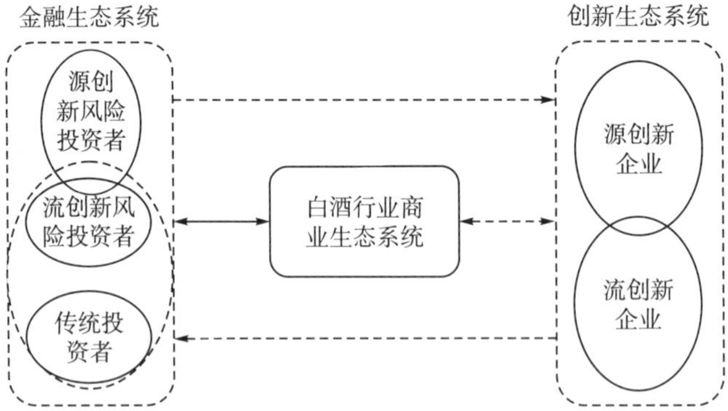

图 6.5 持续创新的白酒行业商业生态系统

6.3.5 白酒行业商业生态系统竞争

白酒行业商业生态系统中的核心生态系统从“生态位”的重要程度及作用的

角度对系统中的白酒企业划分出终端生态位、核心生态位及节点生态位。而从白酒企业不同时期竞争表现特征的角度，可以构建白酒行业商业生态系统的竞争模型，其包括三种竞争系统：掠夺性生态系统、竞争性生态系统及共生性生态系统，它们呈现出由低级到高级、由成长到成熟的发展态势，如图 6.6 所示。三种竞争系统既是白酒企业常采用的战略形式，也是其成长与发展的三个重要阶段。掠夺性生态系统是白酒企业最先采用的战略之一，一般在生态系统的发展初期到成长期采用；掠夺性生态系统中的白酒企业通常对行业内的几个代表性产品进行垄断，同时，在一些产品生产的关键领域有深度渗透。这些白酒企业通常是行业寡头，对开拓市场与占有资源有较大的能力。竞争性生态系统通常是白酒企业在系统成长期采用的战略，此时的白酒企业已经拥有强大的异质性竞争能力作为支撑，体现为生产线较宽、从事多种产品种类的经营、各种产品处于竞争的关系并拥有深层关联。共生性生态系统是商业生态系统的高级表现形式，通常发生在系统成熟期前后，这时白酒企业不仅提供平台服务、物流仓储服务，还吸引其他行业与企业加入生态系统，成为开放形态下的生态分享者，在金融生态系统与创新生态系统的支持下，促使白酒行业商业生态系统创新与成长。三种生态系统都体现出物流基础设施的价值增值、技术的价值增值和运营能力的价值增值，因此，商业生态系统竞争模型的核心是培育不以利润为目的的竞争，即以孕育未来核心竞争力为目的，运用独一无二的系统地位吸引更多的系统成员加入，系统带来的价值增值才是企业竞争的终极目标。

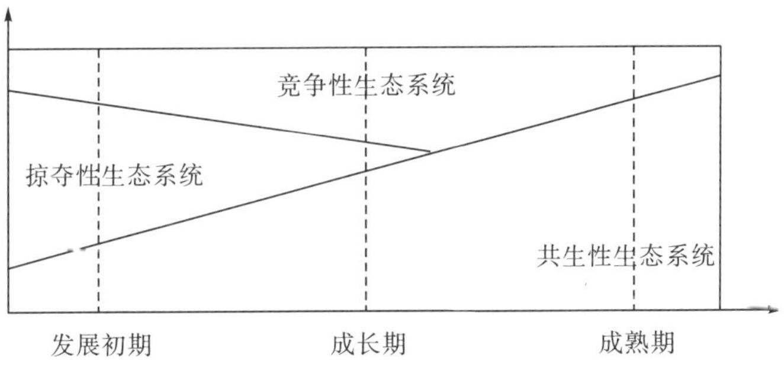

图 6.6　白酒行业商业生态系统竞争模型

6.3.6　白酒行业商业生态系统有效性评估

白酒行业商业生态系统有效与否需要从价值增值能力、用户支撑能力及共生能力三个方面进行衡量。价值增值能力是指生态系统成员整合后价值创造量高出整合成本的部分，共生能力是指生态系统成员吸引其他成员加入系统的能力，用户支撑能力指系统成员享受到共享资源的能力，这是有效性评估的一级指标。其中：共生能力包括吸引其他成员加入系统的能力与对系统的依赖程度，即吸引能力与系统黏性两个指标；用户支撑能力用用户分享能力与辅助设施两个指标衡量，辅助设施包括物流与仓储等的分享能力；价值增值能力用高溢价产品及利润增值两个指标衡量，高溢价产品的产出能力指白酒企业经营的某种产品与服务的价值总和，这类产品与服务具有高溢价、高增值、高频资源互换能力等特点。表 6.1 中第四列为三级指标，选取的是操作性强、解释度高的指标。通过对每一级指标附加权重，可以对三大能力进行有效性评估，并根据各种指标的贡献程度进行有效性排序，分析现阶段系统中各种能力的发挥程度，挖掘潜在能力。

表 6.1　白酒行业商业生态系统有效性评估指标体系

目标	一级指标	二级指标	三级指标
白酒行业商业生态系统有效性评估体系	共生能力	吸引能力	新加入系统成员的比重
		系统黏性	系统成员在系统内的业务占所有业务的比重
	用户支撑能力	用户分享能力	用于互换的资源比重
		辅助设施	物流与仓储等的分享能力
	价值增值能力	高溢价产品	高溢价产品的产出能力
		利润增值	利润增长率

6.3.7　白酒行业商业生态系统网络

根据上述分析，可以构造一个完整的白酒行业商业生态系统网络，包括生态系统子系统、生态系统运行系统、生态系统创新支持系统、生态系统竞争模型及生态系统有效性评价体系，如图 6.7 所示。白酒行业商业生态系统网络表现出以下特征：①不同系统间进行着物质、信息与能量的交换；②各个系统自身不断地进行动态更新；③三种机制保证系统整体健康运行；④金融生态系统与创新生态系统支持商业生态系统不断创新；⑤金融生态系统与创新生态系统的更新依托于流创新与源创新的进化；⑥竞争模型是从竞争发展演进角度划分的核心生态系统；⑦竞争模型具有自动演化过程；⑧生态系统健康与否需要有效性评估体系评估。

白酒行业商业生态系统本质上改变了“分小蛋糕”式的战略思维方式，取而代之的是“做大蛋糕”式的新型战略体系。这种新型战略体系有助于为白酒行业战略转型探索提供新的路径和战略模式，更有利于白酒行业在经济新常态背景下健康发展。

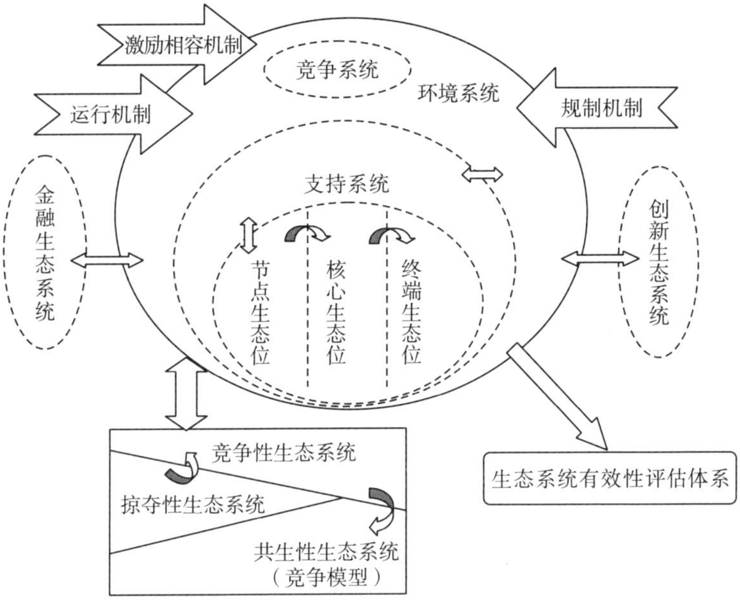

图 6.7 白酒行业商业生态系统网络

6.4 白酒行业战略转型的实施路径

6.4.1 重塑白酒行业企业安全边界

白酒行业和企业的安全边界指白酒行业和企业健康持续发展所需的市场空间，这个领域属于非公共物品，并具有较强的排他性与竞争性；一旦领域的安全边界被破坏，行业和企业的可持续发展将受到威胁。杨永华和郭旭(2014)指出，在白酒行业整合期，白酒企业要重塑企业安全边界。影响企业安全边界的因素包括：两个环境(国家政策、产业生命周期)、一个核心(企业核心品牌)、五个角度(市场份额、销售规模、市场结构、产品结构、平衡量)，见表 6.2。

表 6.2 影响企业安全边界的因素

衡量角度	概念	测量标准
市场份额	企业占市场的实际份额	按市场占有率排名
销售规模	企业年销售收入	按年销售收入排名
平衡率	盈亏平衡点销量与总销量的比率，反映企业安全度	≤50%，企业非常安全；51%～80%，企业相对安全；≥81%，企业危险度越来越高
市场结构	反映市场份额质量、销售规模质量及品牌地位，具有一定市场边界高度的	若区域市场销售额占市场容量的 20%以上，且区域市场销售额与目标群体数量的比率位于平均值以上，则认为企业实现安全边界

续表

衡量角度	概念	测量标准
产品结构	生产线情况，即大单品数量、品种数量、品牌数量等	按照产品数量、大单产品数量进行排名
品牌地位	企业品牌地位决定企业在行业中的地位	按品牌地位进行排名

资料来源：根据《变局下的白酒企业重构》(杨永华和郭旭，2014)整理。

依据上述影响因素，杨永华和郭旭(2014)对行业内8800家拥有生产许可证的白酒企业进行评估，预计它们将对800家企业的安全边界进行争夺，他们将拥有企业安全边界的800家企业划分为7个竞争层次。划分企业安全边界是在供给侧结构性改革背景下，重新调整白酒行业结构，并允许部分企业清算破产，清理供给侧包袱，提升供给侧能力(表6.3)。

表6.3　未来白酒行业的7个竞争层次

层次划分	企业安全边界数量/个	竞争企业数量/个	近似入围比例/%	代表企业	目标/市场份额/销售收入
第一集团	4	8	50	贵州茅台、五粮液、泸州老窖、洋河股份等	全国四强/市场份额5%以上/年销售收入400亿元以上
第二集团	6	24	25	劲酒、西凤酒、口子窖、金种子酒等	全国十强/市场份额2%以上/年销售收入160亿元以上
第三集团	10	33	30	金六福、红星、酒鬼酒、伊力特等	省区三强/市场份额1%以上/年销售收入80亿元以上
第四集团	30	85	35	浏阳河、仰韶、宝丰、董酒等	省区十强/市场份额0.5%以上/年销售收入40亿元以上
第五集团	50	150	33	店小二、金坛子、江小白、钓鱼台等	地区三强/市场份额0.2%以上/年销售收入20亿元以上
第六集团	100	400	25	前五个集团未入围者	地区品牌/市场份额0.05%以上/年销售收入5亿元以上
第七集团	600	8600	7	前六个集团未入围者	县区品牌/市场份额0.01%以上/年销售收入1亿元以上

资料来源：根据《变局下的白酒企业重构》(杨永华和郭旭，2014)整理。

进入供给侧结构性改革阶段后，白酒行业进入整合期，8000多家白酒企业共同切分8000亿～10000亿元的收益，白酒企业通过对企业运营情况进行分析，评估企业竞争层次，为下一阶段争取企业安全边界提供分析依据。唯有争取到企业安全边界的白酒企业才能在整合期取得一定的安全地位，否则将面临兼并与重组的威胁。供给侧结构性改革调整产业结构的目的是淘汰僵尸企业，提高要素回报率，整合行业资源，将资源投向更有效率的企业。通过划清白酒企业的安全边界，迫使白酒企业确定正确的目标方向，同时整合富有竞争力的白酒企业，消除行业过剩产能。

6.4.2　推进白酒行业供给侧结构性改革

当前及今后较长的时期内，我国将仍然处于三重经济问题叠加期：经济增速的“换挡期”、产业结构调整的“阵痛期”、刺激政策的“消化期”，需要以供给侧结构性改革调整产业结构、产品结构和消费结构。白酒行业表现出产能过剩、低端制造、高端产品供给错位、产品营销识别不精准等供给侧问题，对白酒行业和企业产生一系列重要影响。①一方面产能过剩，另一方面正常企业面临资金困境，无法满足消费新需求，供需严重错位，而产能过剩的企业资金链易断裂，企业面临清算危险。②企业易卷入融资骗局。企业到期的债务、银行贷款、债券无法偿还，易滋生以债抵债、以贷抵贷的“庞氏骗局”；在经济发展速率减缓的背景下，易发生费雪提出的“债务－通缩”导致的恶性循环，即物价收缩催生利率上涨，导致负债增加，进而发生债务与经济发展减缓的交互影响。③僵尸企业大量存在。僵尸企业是指生产经营存在严重问题，依靠贷款或政府资金而免于清算的负债企业。由于僵尸企业占有的社会资源如人力、资金、土地等未能投向能被高效利用的地方，且企业本身失去创造价值的能力，因而对社会资源造成极大浪费。

同时，要化解白酒行业产能过剩，提升高端产品的价值，但这仅依靠解决消费结构问题无法实现。因为在收入结构不发生改变的情况下，消费结构取决于消费习惯与消费环境，而习惯与环境受文化影响且短期内不易被改变。尽管近年来人均收入提高，但伴随着物价提升、互联网产业融合度较低等问题，白酒高端产品的价值提升被搁浅。

总之，白酒行业内企业集体表现出缺乏战略思维、战略不明确，产品品牌力不足、缺少声誉产品，营销方式粗放、缺少精准化营销等问题。因此，白酒行业战略转型需要以调整供给侧为手段，以改善供给侧结构问题为目标，打造竞争能力和竞争优势，实现白酒行业战略转型升级。

在供给侧结构性改革背景下，从过去仅仅依靠扩大内需、放宽货币政策的需求侧调控，转向调整供给侧结构与扩大内需的需求侧双向调控，有助于缓解单方面扩大内需产生的“高杠杆”“滞涨”问题。因此，供给侧结构性改革重视要素投入效率，有利于激活企业创新力。供给侧结构性改革在白酒行业战略转型过程中重点实施以下几方面改革。

1. 去产能

从产业层面，白酒产品中的低端产品常常供给过剩，而高端白酒产品的供给出现短缺。这种供给错位的本质是供给侧出现问题，因此需要调整供给结构：①加快白酒企业重组并购，提升白酒行业集中度；②加大出口调整，借助“一带一路”将白酒文化、白酒生产工厂、白酒消费带入国际市场，输出过剩产能；③加快与“互联网+”融合，利用互联网平台与技术拓宽产能输出方向；④淘汰僵尸企业，提高产业资源回报率，消除产业低效率投入。

2. 财税改革

白酒是日常消费品，但我国白酒企业税收成本较高，国家征收较高的从价税，且自2001年以来还收取每500克0.5元的从量税，这对以低端白酒产品为主的中小型白酒企业形成沉重的税收负担，还滋生小酒厂、小酒坊逃税漏税问题。目前我国对中高端白酒产品的征税体制不合理，对收藏酒、高端奢侈酒与低端白酒进行一致性征税欠妥，既造成中高端白酒漫天要价、利润虚高，又扼杀了低端白酒的供给积极性，加剧低端白酒的价格战。因此，亟须改革现行白酒行业税收体制，实现区分白酒消费的征税层次。供给侧结构性改革还应加大减免税收及优惠力度，针对中小微企业、技术型企业、出口型企业，加大财政扶持力度，保证各种层次的白酒企业释放创新生产能力。

3. 金融改革

白酒行业融资问题体现在中小微白酒企业融资难、融资贵。为此，一方面需要通过金融创新提高资本配置效率。在直接融资中，大力发展股权众筹、产权交易市场，加大直接融资比例；在间接融资中，引导民间借贷进入融资渠道，降低融资成本等。另一方面要建立多层次的资本市场，保障各种类别的白酒企业合理融资，使白酒企业从金融抑制的局面中解脱出来，实现经营创新活力；同时要建立白酒行业发展引导基金，奖励与支持用技术研发产生丰硕成果的白酒企业。另外，要充分利用政策性融资、商业性融资、研发性融资、合作性融资渗透白酒行业，培育透明化、公开化的资本市场，加大股票与债券融资比例，建立严格的市场准入制度，为实现白酒企业融资与创业提供有效的风险控制。

总体来说，供给侧结构性改革有助于白酒行业战略转型，而白酒行业战略转型也是供给侧结构性改革的一部分。白酒行业战略转型需要把握供给侧结构性改革的大势，借助多方面改革的机遇，梳理行业结构、提升企业异质性、增强白酒行业竞争力。

6.4.3 推进白酒行业高质量发展

高质量的内涵涉及发展动力转换、创新驱动、战略变革等内容，我国企业高质量发展是从“中国制造”转向“中国创造”，进而迈向中高端价值链的“换道超车”转型升级方式。对于我国白酒行业高质量发展而言，需要企业个体、政府和社会共同投入。

1. 白酒行业高质量发展的实现逻辑

要实现白酒行业高质量发展的目标，应遵循微观—中观—宏观层次的基本要求和主要规律(黄速建等，2018)。对于白酒行业，即由白酒企业高质量发展推动白酒行业经济高质量发展(图 6.8)。企业转型发展是行业高质量发展的核心，包含战略变革、效率提升、创新驱动、品牌建设、质量保障和责任重塑。白酒企业转型需要具备必要的外部市场，合理有效、良性循环的竞争环境能有效推动并实现白酒行业发展质量的提升。白酒企业转型和市场竞争环境的实现需要严格稳定的制度供给作为支撑，这不仅需要政府发挥质量领域的监管作用，还要企业强化质量主体责任，实现资产管理体制创新和企业制度创新。白酒行业战略转型的实现、市场竞争环境的良性运转、制度供给的有效完善都离不开绿色产业生态，产业生态化、商业生态系统对促进企业实现技术提升、产品创新升级和产业结构调整等至关重要。企业转型、市场竞争环境、制度供给和产业生态之间存在多重非线性关系，它们之间相互作用、相互影响，共同推动白酒行业高质量发展。

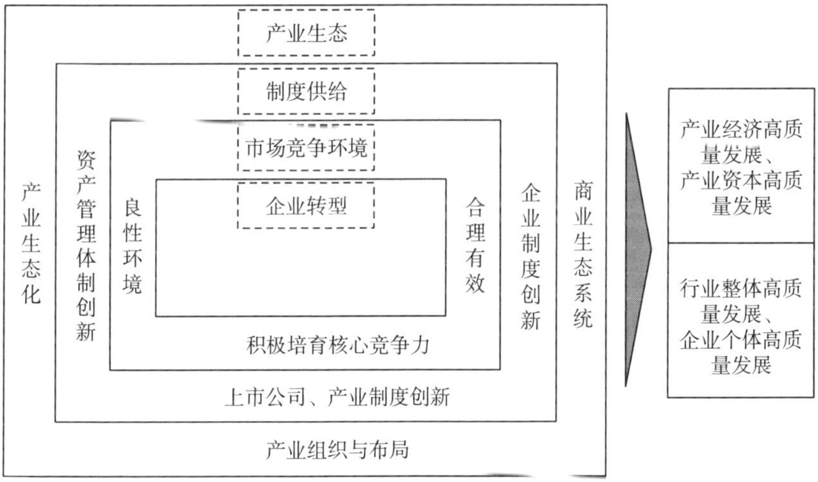

图 6.8　白酒行业高质量发展的逻辑框架

白酒企业高质量发展是白酒行业整体高质量发展的基础。自 2015 年我国白酒行业复苏以来，高质量发展已成为行业共识，白酒行业高质量发展带动白酒产业资本高质量发展。产业资本作为一种从事实际生产的资本形式，通过结合金融资本发挥资本市场的最大价值(何婧和徐龙炳，2012)。其最终结果是为经济增长提供动力、提高经济效率。从社会角度看，当产业经济发展到一定程度时，社会需求会发生变化，此时需要对产业结构进行调整，合理的产业结构和有效的资源配置会带来持续稳定增长的产业经济。

2. 白酒行业高质量发展路径

(1)战略变革，抓好战略重点带动全局。大力实施优质白酒品牌提升战略、提质增效战略、开放合作战略、创新驱动战略、人才科技战略五大战略，推动我国白酒行业高质量发展。要兼顾保持经济平稳增长，适应从数量型追赶到质量型追赶的要求，创新宏观调控的思路。一是正确处理速度、质量、风险三者的联系。在高杠杆率企业、多风险叠加的空间约束下，遵从速度服从质量、质量服从风险的原则。二是加大供给侧结构性改革力度，推动“去产能、去库存、去杠杆、降成本、补短板”，建立有利于通过市场出清过剩产能和激发企业家精神的体制、机制。三是加强国内外合作，在汇率和产品价格波动、资本跨境流动、地缘政治风险、金融改革等方面提高协调能力。

(2)品牌建设，提升品牌实力。白酒作为我国特有的酒种，具有悠久的历史和独特的民族文化内涵。早在杜康酿酒时期，酒已经成为人们社会交际、日常生活的重要组成部分。对于白酒上市公司而言，白酒品牌反映企业竞争实力，贵州茅台、五粮液、泸州老窖等白酒品牌深入人心，其企业竞争实力远远强于其他白酒上市公司。而品牌影响力来自企业综合实力即企业质量，白酒上市公司高质量发展须集中利用资源，深度挖掘品牌价值，着力提升白酒品牌的美誉度和辨识度。第一，推动原酒品牌建设，打造原酒龙头企业和优质品牌，引进战略合作模式，与其他企业形成紧密的市场联系，增强企业良性竞争力，建立原酒交易市场，积极推进做优做强的主导产业，充分发挥品牌提升战略的作用。第二，推动产区协同发展，促进区域产业集群。例如，川酒四大主产区成都、德阳、泸州和宜宾，加快白酒品牌营销和科研创新等服务平台建设，提升产区品牌影响力。

(3)创新驱动，提升白酒上市公司的质量和效益。白酒行业依靠投入大规模低额成本传统要素的要素驱动型发展模式已不再适应经济新常态，因此必须转变发展模式，依靠技术进步、制度创新、科技创新、商业模式创新、管理创新等实现创新驱动发展，坚持高水平的“走出去”和“引进来”相结合，使创新成为引领发展的第一动力，为经济增长增添活力。由于市场经济体制改革及科技改革尚处于攻坚期，因而还存在一些不适应创新发展的体制、机制约束。因此创新发展要面向国家重大需求，紧扣国家经济社会转型主题，深入贯彻五大发展理念，依靠科技创新提高要素生产率，以白酒产品消费者市场需求为导向，依靠创新扩大有效供给，满足多样化消费需求；优化区域创新要素布局，打造白酒产区经济增长极，促进区域联合协调发展；应对环境恶化和资源短缺压力，依靠科技进步促进绿色发展；开拓全球经济视野，推动经济贸易，有效利用全球贸易市场资源，全面提升我国白酒品牌地位。

(4)保障产品质量，完善产品质量标准体系。第一，加强全员、全过程、全方位的质量管理，严格按照标准组织生产经营，严格进行质量控制和计量检测。建立和有效利用产品质量数据库，实现管理的科学化与高效。第二，在充分尊重上市公司及股东财产权利的基础上，有效调动上市公司利益相关者的积极性，发挥监管约束的正面作用，增强信息披露透明度和加强投资者保护，进而提升上市公司价值分配能力，最终提高企业质量。

(5) 责任重塑，树立白酒行业正面形象。白酒上市公司的社会责任除保障股东利益外，还要对消费者、员工、社区和社会组织等相关方负责。白酒企业在政府监管下，履行经济道德责任，制定社会责任规章制度，把要不要承担企业社会责任的问题转变为如何有效实践社会责任。同时，兼顾各方利益，考虑所有社会责任方，做出企业长久可持续发展的战略部署。白酒行业作为我国传统产业，对生态环境的依赖度较大，良好的生态环境为白酒产品的品质提供天然的条件，白酒企业要在企业可持续发展的前提下主动履行生态责任，为白酒行业的发展做出积极努力。

(6) 效率提升，逐步提高企业管理效率和企业质量。管理效率是企业质量的核心问题，通过提升企业竞争力和质量要素的配置能有效实现企业质量提升。首先，进一步规范公司治理结构，完善运营体系，打造具有较强内生成长机制的企业主体。其次，加快现代企业制度和激励制度建设，加强股东参与渠道等方面的建设。另外，发挥股东监督考核高管人员履职的诚信和勤勉程度的作用，形成有效的约束机制。

6.4.4　建立行业长效合作机制

供给侧结构性改革促使白酒企业进行供给体系改革，其本质是解除依靠政府计划与管制，打破行业垄断，各个企业自由竞争，释放抑制的供给。要实现白酒企业合作共赢、创新共同体建立、行业结构稳定等目标，白酒企业可参照白酒行业战略转型路径进行自由选择。在这个过程中，白酒企业依照战略不同，会展开不同层次的合作与非合作博弈，行业相关部门应加大产业、企业信息披露，减少信息不对称、信息不完美产生的博弈；并且，当存在重复博弈时，要建立有效的惩罚与奖励机制，防止出现“冷酷策略”，危害白酒行业发展。

在重复博弈中，需要建立长效合作机制以惩罚并规避背叛的发生，只有这样才能促成长效合作。长效合作机制包括信任机制、惩罚机制和责任式创新机制，三者是组成白酒行业竞争与长效合作的重要因素。要实现白酒企业的合作及白酒行业核心竞争价值体系的建立、完成白酒行业战略转型，需要白酒企业为其长久利益打算，坚守良心生产、真心合作、诚信经营。在合作前要签订合作合同，对违约惩罚进行详细说明；在合作过程中，审慎行动，委托第三方进行违约监督或建立第三方合作监督机构，对行业合作过程进行监督；当企业出现不合作行为时，给予惩罚。行业内的大型白酒企业要多承担企业责任，以企业声誉与行业声誉为重，推进行业合作的进行。这些企业可通过建立一种责任式创新机制加强行业领导者地位，它是一种基于创新驱动基础实现社会责任的创新机制。创新驱动除在产业结构、技术、营销模式、企业管理等方面进行创新，还可以展开社会责任的创新。企业社会责任不再是企业的负累，履行社会责任带来的价值增值得到越来越多的企业关注。白酒大型企业要长久生存与发展不能只关注盈利而忽视企业外部环境，应进一步强化节能减排、绿色制造、环境保护、公益慈善、职工关怀、文化传播等方面，寻求外部社会的认同与关注。白酒生产消耗过多资源，对环境产生破坏，白酒企业要遵守与践行生态补偿制度中的奖励与惩罚措施，通过在线公开能耗与减排等指标，使公众监督企业的绿色生产；同时，要将能源高效利用带来的价值增值用于职工关怀与公益慈善，使履行社会责任节约的资源再投入，实现社会责任增值和责任式创新。社会责任的践行帮助白酒大型企业塑造良好声誉，履行责任式创新有助于行业长效合作机制的发挥。

6.4.5 白酒行业战略转型实施策略

关于白酒企业战略转型的实施，依据创新性、现实性、满足消费者需求的原则，要求白酒企业拓宽战略转型路径，激发潜在创新力。白酒行业战略转型具有方向多元化、结构多层次、渠道多纬度、立意宽视角等特点，主要包括商业模式转型、结构化转型、绿色化转型、创新驱动转型、消费驱动转型、集群化转型、国际化转型、智能化转型、标准化转型、共享化转型十类转型具体路径。

1. 商业模式转型

自缩减“三公”经费、“禁酒令”等一系列限制类白酒政策实施以来，白酒已从“名酒”转向“民酒”，白酒消费回归理性。“盘中盘”“消费者盘中盘”的白酒商业模式受到极大冲击，传统商业模式如深度分销模式、直分销模式、系统营销模式是对市场发展形势做深刻总结后得出的，时间周期较长，缺乏实践指导，且不具有普适性。按照郭毅夫(2002)的观点，商业模式是动态变化的，需要多次校对与修正以满足外部环境与内部条件的适配。因此，为实现白酒行业转型，各企业都在探索适合自己的发展模式，以实现渠道扁平化，减少中间成本，从商业模式转型角度实现白酒复苏。

(1)O2O 模式，即线上线下电子商务模式：白酒企业通过团购、预订等方式使消费者利用终端设备下单，5 公里内的线下白酒销售点(超市、餐饮店、酒类专卖店、便利店等)向酒水销售平台及时推送消息，酒水销售平台分配订单，并在几分钟内实现终端配送。这种商业模式的最大优点是具有时效性，缺点是无法管控质量，管理难度较大(卢益清和李忱，2013)。

(2)B2B、B2C 模式。B2B 模式指企业与企业之间的营销关系，运用 B2B 网站实现与客户紧密相连，包括面向产业链上游或下游形成的供货或销货关系的垂直 B2B 模式、将行业内相近交易汇集于一个平台的水平 B2B 模式、围绕龙头企业自建网站的自建 B2B 模式及综合垂直 B2B 模式、水平 B2B 模式的关联 B2B 模式(傅翠晓等，2010)。B2C 模式指企业直接面向消费者的网络零售模式，包括生产厂商自建线上销售网站模式及依托综合零售网站的线上销售模式。厂商主导的 B2C 平台有“泸州老窖官方网上商城”“e 茅台”等；综合零售线上网站有“酒仙网”“也买酒”“中酒网”“酒美网”等。

(3)“互联网+定制酒”模式。这类模式还在成长中，没有固定模式形态。有线上综合零售平台与酒企联手打造的针对某一消费群体的网站专销产品模式，如酒仙网与泸州老窖打造的“三人炫”产品、针对“80 后”“90 后”的“漂流瓶”系列产品；也有线上综合零售平台与酒企联手打造的满足不同消费场合、特殊消费时期的网站专销产品模式，如满足婚庆、满月庆、升学、乔迁等场合及节日消费需求的定制产品；还有满足私人定制的线上销售模式，如“勾兑大师”App 可以对基酒管理、酒体设计、勾兑三个方面进行操作，定制满足私人需求的白酒产品。

2. 结构化转型

白酒行业结构化转型包括产品结构转型、市场结构转型、价值结构转型。

产品结构转型指通过调整白酒产品结构，培育行业超级单品，淘汰劣势白酒品种，挖掘具有内在价值的白酒产品。其具体体现为产品层次多元化，如重点培育企业声誉品牌，形成企业支柱产品；积极调整新型白酒品种，尤其注重健康酒、养生酒、保健酒的推出；针对女性，推出多款低酒精、果香型(花香型)、包装精美的白酒；针对 18～40 岁敢于尝试的学生、时尚白领、精英人士，推出以清香型、酱香型为基酒，混合多种果香、花香，以完美比例调配出的不同酒精度、五颜六色的鸡尾酒与调配酒，或者彩色白酒、加冰白酒等；注重白酒衍生产品的研发与推广，开拓醒酒饮料市场。

市场结构转型指一些企业从传统的、边际收益低的市场转向新兴市场(如蓝海市场)，远离恶性竞争，探索未知、创新、充满机遇的市场空间，开拓新的细分市场，实施战略性新业务开发，或者对旧市场推广新产品、新模式，开展突破性增长业务。白酒企业通过产品研发、市场布局、渠道创新、品牌传播四个层面拓展市场，例如，研发定制酒、高性价比产品、专属消费产品等抢占新兴产品市场；下沉渠道，开拓乡镇市场，加快海外市场入驻，调整市场布局；精细化、效率化运作传统渠道，完善电商销售渠道，拓展金融销售渠道；加强品牌线上推广及消费者“圈子”扩散式宣传(孟卫东等，2014)。

社会对白酒的舆论多停留在“酒驾”“喝酒伤身”等负面影响上，忽视了对白酒价值的正面引导。白酒具有文化价值、品牌价值、艺术价值、饮用价值，一瓶白酒融入了百年酿造历史文化、传统酿造技艺，且窖藏时间较长、数量稀有，有保值、升值空间及巨大的收藏价值。白酒行业价值结构转型对维护白酒文化、重塑白酒形象产生深远的影响，更为白酒行业战略转型奠定软实力。

3. 绿色化转型

《中国制造 2025》将“绿色制造工程”作为重点实施的五大工程之一，提出全面推行绿色制造，构建高效、清洁、低碳、循环的绿色制造体系。“绿色化”制造体现在高效循环利用资源、产业绿色升级，以及建立以“绿色产品、绿色工厂、绿色园区、绿色供应链、绿色企业、绿色监管”为主的绿色制造体系(郝栋，2013)。白酒行业绿色转型要求构筑绿色生态的顶层设计，形成绿色产业链、循环产业链、低碳产业链、生态产业链，具体包括注重产前节能、加强信息化能耗监测与控制优化、提升能效、减少污染排放、实施设备专项改造。例如，改造废弃酒糟生产复糟酒与化工材料，回收旧材料进行循环利用，用废水生产沼气、乳酸等。绿色制造应注重生态环境保护，加强污染源监控，采用绿色有机原料，抓好绿色原材料供应，坚持原材料无污染、无公害、无毒素；注重产中产品质量管控，实现资源利用最大化，实现物质闭环经济，不添加任何化学药品或采用技术缩短酿造周期，保证产品生产绿色、健康；强调产后绿色营销、低碳包装、绿色消费，将经济效益、绿色生产、社会效益有机协调；普及有机食品理念，推广有机白酒产品，实现白酒产品零污染、零添加、零农残、零激素；打造以绿色生产为理念的白酒产品，树立优良的品牌形象，促进白酒行业的绿色转型。

4. 创新驱动转型

白酒行业步入转型期以来，长期投入大量的要素、资金，使积攒的过量产能集中爆发，出现严重的产能过剩，白酒供过于求，销量大幅下滑。白酒企业在消化过量产能、去除泡沫、实施转型升级的过程中，开始转变以往依靠要素投入的方式，探索创新驱动方式，实现白酒企业及产业转型升级。在供给侧结构性改革背景下，白酒行业战略转型需要做到：第一，激励白酒企业创新，包括制度创新、产权创新、专利创新、组织方式创新；第二，减少管制，增加企业创新供给，降低企业赋税，培育企业创新土壤；第三，消除产能过剩，进行行业重组，让有竞争力、技术优势、经营优势的企业并购没有优势的中小企业，提升行业集中度。在“互联网+”与“创新 2.0”背景下，白酒行业创新驱动方式表现在产业结构创新、生产技术创新、营销模式创新、企业管理方式创新及企业共同体建设创新。

白酒产业结构创新指打造产业聚集区、产业聚集园，塑造区域性白酒品牌，优化产业结构，形成具有区域分工的产业结构。白酒企业技术创新 2.0 包括改良生产技术、包装技术、营销技术和实行产品监管等。通过改良生产技术，实现白酒传统工艺与现代化酿造技术有机结合；运用电子溯源系统保证白酒产品质量安全；借助 3D 打印技术实现包装的个性化需求；利用“互联网+”、物联网技术等实现营销渠道的拓宽；运用二维码、新型传感器等技术实现产品的个性化定制与可识别性。

白酒企业管理创新 2.0 体现为体制、机制、制度创新，以及商业模式创新和生态系统创新等。组织创新表现在明确经营单位的管理目标与规划，沉淀企业文化，建立有序、有效的人事管理制度、现代企业制度，将职能化管理转向流程化管理，适量剪裁管理层级，建立扁平化组织结构，使企业组织灵活、富有弹性，以此实现组织结构、人事管理、战略规划的组织流程再造。白酒企业创新共同体支持企业走向融合、交叉，从而做到“共同设计、共同实现、共同创新、共同分享”，使大企业有创新项目投入，小企业有机会融入创新。

白酒企业营销创新包括将传统营销方式精简化、高效化，以及联合“互联网+”加大开发线上营销方式。白酒企业已有的线上营销方式有三类：酒企自营线上销售平台、与综合型电商合作、联合众多酒企打造白酒行业线上销售平台。受物流、资金、管理运营、企业冗杂等条件限制，使用自营线上销售平台、酒企 App 的企业适用短途区域性营销；利用综合类电商平台销售白酒，能拓展销售渠道且成本低，但长期来看不利于酒企品牌建设与营销；联合酒企打造的行业销售平台使众多品牌相互竞争，有利于白酒行业市场化。另外，可通过开拓“精众营销”“分众营销”实现对各种消费群体的精准营销；大力发展新媒体营销，拓宽微信营销、微博营销、社区营销、论坛营销等社交营销的新营销途径。

白酒企业创新共同体是创新驱动转型的一种高级组织形式。按照《空间力量 2.0：创新力量》《空间力量：建设美国创新共同体系的国家战略》等报告，创新共同体是指为实现产权与知识、人力与资金融合，内部主体协同创新，以推进集群式研发为核心的投资与经济行为，主要由科技园区、实验室、研发企业、学校或科研中心四个元素组成。通过将四大共同体元素的人力、资金、技术、场所等汇聚，可促进研发人才的加速集聚，将白酒研发成果快速产业化，快速挖掘白酒微小企业创新能量，实现资源共享、风险共担、供需对接、合作交流、协同创新、收益共赢的产业创新新局面，企划出共同体元素密切联系与动态交互的网络，建立创新企业生态系统及创新创业网络。

5. 消费驱动转型

消费驱动指企业生产的每一件产品都是按照一定的消费需求进行生产，每件产品在生产之前就能找到消费者，并按照消费者的个性化需求进行生产。企业间竞争的是这种快速找到消费者，并完成消费需求的精准程度，而不是产品的价格。这种新的生产方式是一种有计划、有目标的生产，但又由市场经济运行决定生产与消费的匹配，是一种“新计划经济”：由消费终端发出消费指令，借助大数据、顾客数据库向生产者传递信息，生产者依据消费需求选择接单或拒绝。

消费驱动转型有利于充分挖掘具有内在价值的白酒产品。白酒产品种类繁多，依据不同价位、不同产品定位、不同口感能分为成百上千种产品，众多产品常常导致“选择致盲”，即面对众多选择机会，消费者失去选择能力。企业可以运用品牌生态学中的“超级单品”战略，打造白酒超级单品，即在海量信息背景下，由消费者作为“投票人”，筛选出产品线里最能满足消费者需求、最能代表企业文化与内涵的核心产品进行重点培养，以此提升消费效率（刘飞和李谭君，2011）。

在消费驱动转型过程中，会产生一类新的商业主体——消费商。自媒体时代，人人都是产品与服务的经销商，信息传播的速度与广度决定了产品的推广速度，舆论的透明化与影响力催生出消费商群体。消费商体验产品，并把体验效果分享给其他人，从而参与到产品利润分配中，引起一场新的消费革命。消费商是经营消费者的一个群体，其目标是组织与引导消费者进行消费，激发消费者潜在消费动力，通过凝聚较大的消费势力产生一定的产品效益，主要的消费商包括自媒体、网络红人、网络大 V、明星等。白酒产品是一个特别注重消费过程的产品，但白酒行业缺少消费商为白酒产品进行以白酒鉴赏为主的体验与宣传活动。因此，未来消费驱动转型的潜力较大，将会成为白酒行业转型的重要路径。

6. 集群化转型

“产业集群”一词最早来源于马歇尔提出的“外部经济”概念。韦伯 1909 年在其《工业区位论》著作中，首次提出“产业集群”，系统阐述了产业集群的影响因素，并将产业集群分为因企业自身扩大而产生聚集优势的初级阶段及因企业间互相联系而产生地方工业化的高级阶段。白酒产业集群作为一种空间聚集现象，依托不断扩大的产业聚集规模产生巨大的吸聚作用，将拥有互补技术、互补资金、互补知识的关联产业聚集在一起，借助“拉拔效应”“追赶效应”，促使白酒行业因集群内先进产业的拉拔而提升竞争力，实现白酒行业的赶超与升级转型（Porter，1998）。除产业聚群有助于实现白酒行业转型外，以设立品牌梯队、建造品牌园区、挖掘品牌价值为目标的品牌聚群战略，通过创建区域性品牌集聚区，实现品牌产业链与品牌高地效应，形成以品牌建设、品牌投资、品牌研发为主体的品牌体系，为带动白酒行业战略转型提供重要路径。

7. 国际化转型

白酒行业国际化转型表现为白酒企业经营管理国际化、白酒融资渠道国际化、白酒产品符合国际化需求。《外商投资产业指导目录（2015 年修订）》放宽了名优白酒等的外资股比要求，促进混合所有制改革顺利实施，是市场化的体现。白酒企业通过加大外资参股或控股比率、国外上市等渠道，使白酒企业融资方式国际化，有利于使国外先进生产技术及管理理念与我国本土企业文化融合，实现民族品牌国际化、白酒企业国际化。混合所有制的白酒企业，在弘扬民族酿造技艺的同时，需要积极培育国外市场，寻求白酒产品国外营销新途径，改良白酒品种以符合国外消费习惯。

8. 智能化转型

《中国制造 2025》勾勒出中国制造业在全球化与信息化背景下，迈向“中国创造、中国质量、中国品牌”的三个方向，其中，实现制造业向智能化转型成为重点。白酒行业智能化包括智能制造、智能设备、智能服务、智能管理。智能制造就是实现白酒生产过程的智能化，对发酵过程实现智能控制，减少人工发酵带来的产品误差。智能设备服务于智能制造，通过智能设备做好环境监测，有效控制能源消耗，智能控制产后循环利用，节省人工成本，压缩生产成本。智能服务指运用大数据、物联网等手段，满足不同层次消费者的个性化需求，如实现产品定制、柔性制造、个性化生产等，将制造与服务有机结合，提升企业品牌度与信誉度。智能管理是制造业未来管理经营的方向，通过引入智能管理信息系统，科学分配员工任务，公正处理绩效考核，缩减业务流程，实现企业组织扁平化、精细化管理(杨勇，2014)。

9. 标准化转型

行业稳定发展需要行业标准化建设，尤其对于白酒产品，其行业规范相对缺乏，要实现白酒行业战略转型，需要构建精准、严格的行业标准体系，包括基酒标准、成品标准、定价标准、香型标准等。基酒是白酒的基础，其成分、年份及生产环节都对成品的口感与质量有重大影响；规范白酒基酒生产标准，对于中小白酒企业生产标准化及产品安全至关重要。成品标准体现在产品勾兑过程、产品存储与运输环节上，通过规范添加物标准、明确勾兑细则等确保消费之前的环节都安全妥当。制定明确的定价标准有助于肃清白酒行业价格泡沫，使白酒价格回归理性。规范香型标准在于精细化白酒口感，对白酒消费体验有详细的产品说明，提升白酒产品的消费价值。而且，标准化转型过程也有利于白酒智能化转型与消费驱动转型(王化斌和李明志，2010)。

10. 共享化转型

共享化转型源于共享经济。白酒行业共享化转型包括消费个体间资源共享、企业间资源共享、行业间资源共享。消费个体间资源共享可以是消费者将收藏的不符合自己偏好的白酒与他人共享，从而得到自己偏好的白酒类别。企业间资源共享体现在企业可以出租闲置的发酵设备、厂房、生产线、销售渠道，以减少产能过剩的可能性。行业间资源共享体现在白酒企业出租电商平台、物流运输线、营销平台等。因此，实现白酒行业共享化转型的重点是建立共享平台，发布共享信息，将各自的资源与他人共享，并得到偏好资源。

上述白酒行业转型的具体路径拓宽了白酒行业转型的方向，从不同角度挖掘出白酒行业转型的潜在动力，显示出在供给侧结构性改革背景下企业创新力的释放。争夺不同安全边界的白酒企业可以采用多种路径进行战略转型。各种路径之间不是独立的，而是存在内部关联，一种路径往往是另一种路径的初级阶段或高级阶段，且多种路径转型可以根据战略需要搭配使用。

第 7 章　白酒企业的转型战略

本章根据白酒行业的转型环境与内部条件分析，认为白酒行业存在结构性供需错位问题，从供给侧结构性改革的角度讲，要从供给源头出发调整企业战略，使战略与结构匹配。根据企业战略角度与层次的不同，将企业战略分为公司战略与业务战略。公司战略立足公司未来发展全局，从全局角度考虑企业的经营范围及业务组合，主要包括多元化战略、一体化战略、合作战略、并购战略、国际化战略等。业务战略是企业为在特定行业中获得竞争优势的战略，包括成本领先战略、差异化战略、聚焦战略、动态竞争战略等。另外，本章从商业生态系统角度，提出网络核心型、支配主宰型、缝隙型和坐收其利型白酒企业竞争战略，并沿着公司治理—集团治理—产业链治理的路径，探讨白酒企业战略转型中的治理问题。

7.1　白酒企业转型发展的公司战略

7.1.1　多元化战略

多元化战略是企业从事两个及两个以上不同行业的经营，提供不同产品与服务的战略。根据多元化程度，通常分为低、中、高三种程度的多元化。根据经营行业的关联性，按一种营业额的占比高低将多元化战略分为单一业务型、主导业务型、相关约束型(业务间联系紧密)、相关联系型(业务间联系有限)及非相关多元化(业务间没有联系)。根据多元化对象不同，将多元化战略分为产品多元化、市场多元化、资本多元化等。企业实施多元化战略的动因通常是为形成市场势力、范围经济，规避经营行业的衰退，减少政府的反垄断措施。从企业角度讲，实施多元化战略有利于降低企业经营风险，摆脱周期性行业衰落，减少内部交易成本，并实现管理、财务等协同发展。但多元化战略整合大量资源，内部管理需要进行资源信息共享，横向协调经营、协调监管机制不健全会增加管理成本、产生非配置低效率。

多元化战略内部组织结构依照产品、区域不同，划分出内含各种职能的自主运营单位，即事业部，也称 M 型结构，这类组织机构具有独特的产品及市场，具有自主经营决策权。针对多元化经营业务的相关性不同，按照业务的强相关、弱相关及非相关将企业的事业部组织结构分为合作型、战略事业型和竞争型。合作型事业部组织机构注重事业部之间合作，由职能部门制定总体方案，事业部只执行方案；战略事业部组织机构是一种多层次的组织结构，战略事业部之间既有合作也有竞争，享有更多的自主预算、计划、人力资源分配等决策权；竞争型事业组织机构总部只保留财务与审计权利，各事业部享有完整且独立管理的职能体系。

白酒企业多元化经营指白酒企业实施多元化经营战略，涉足多种产品与产业：①实施混合式多元化经营战略，如实施跨行业的融合，打造基于企业文化、白酒酿造文化、文化旅游、自然风光、消费于一体的旅游项目或度假村，资金注入其他行业，分散资金的集中风险等。②实施垂直多元化战略，如白酒企业向上延伸上游企业业务，培育绿色、有机原材料基地，向下拓展下游物流企业业务，建立企业自身的物流团队，或建立下游营销平台，从事白酒销售及运营。③实施同心多元化战略，即利用企业技术优势，从事技术关联度较大的产品生产，如白酒企业扩展酒类生产种类，利用原有生产技术、设备制造新型酒类，大力挖掘不同潜在消费群体的消费品(如鸡尾酒、调制酒等)。④实施水平多元化战略，拓展新型市场、培育新型产品，扩大白酒类似产品，如果酒、保健酒、醒酒饮料等健康饮料产品，为适应白酒忠实消费者对白酒健康化、养生化、保健化的新需求，调整白酒产品种类。实施多元化战略转型的典型案例是泸州老窖。泸州老窖成立了智通商贸股份有限公司，通过多股东合作模式，建立集白酒、大宗商品贸易与供应链金融服务及投融资、物流等业务的商贸一体化企业；泸州老窖的子公司龙马兴达公司为“中国白酒金三角”的上下游企业提供信用贷款与融资。另外，泸州老窖酿酒基地利用纳溪区大渡口镇清溪河谷的自然风景优势，将旅游产业与白酒文化相融合，打造 5A 风景区“中国白酒世界旅游目的地”，旅客通过参观印象酒庄、酒庄走廊等景点了解白酒生产文化。

7.1.2 一体化战略

一体化战略是从产业链的延伸角度，通过充分利用企业技术、产品、资源优势，纵向、横向整合产业链资源的战略，因此分为纵向一体化与横向一体化。纵向一体化战略根据企业与产品流向的差别，分为与产品流向一致的前向一体化及与产品流向相反的后向一体化。企业实施一体化战略的动因与价值在于减少专用性资产浪费，降低交易费用，具有内部控制行业发展的经济效果，并且能保证产品生产中的供给稳定，减少价格波动。通过一体化还能抵御竞争、提高行业进入壁垒、避免价格歧视，但是需要克服成本壁垒，加大资本投资，降低企业灵活性，且产业链的不同部分需要分级管理，有较高的退出成本等一系列风险。一体化战略未来趋向电子供应链发展，通过压缩供应链长度，拓宽企业横向边界，与其他企业实现共享，实现与电子商务的联合，达成一体化战略的非物质化、非中介化、非纵向化和分享化。

白酒企业实施纵向一体化战略，要求企业从产业链及价值链角度，实现产业链各个环节的整体协同效应及范围经济。白酒生产企业可以组建上游供应商企业、采购商企业，自己培育有机绿色原材料基地，减少中间采购成本，并扩大下游物流团队、营销网络，借助自建互联网平台及物流团队解决产品销售运输问题，实现从采购到销售环节全过程的成本压缩。规模以上白酒基酒企业也可以延伸下游经营范围，将基酒勾兑成成品酒，并组建物流与销售网络，实施一体化。白酒企业实施横向一体化战略，指通过并购、收购从事同类生产经营的白酒企业，实现企业规模的扩大，形成市场势力与规模经济。一些白酒企业可以通过收购意向市场中的白酒生产企业，利用被收购企业的设备、生产线、销售渠道等资源，拓展意向市场，减少市场进入成本。

7.1.3　合作战略

合作战略是为避免与竞争者直接竞争而采取合作进而获得高于正常利润和持续竞争优势的战略。根据合作后产出变动与否，将合作战略划分为合谋战略与战略联盟；根据合作内容不同，将合作战略划分为研发合作、技术合作、产品合作等；根据合作治理关系，将合作战略划分为股权合作、契约合作、合资企业等。企业实施合作战略的动因在于：减少交易成本、实现企业间资源互补、减少资源专用性损失、获得共担风险的规模经济、低成本克服进入壁垒等。但是合作战略中存在合作与欺骗博弈问题，会面临道德风险、逆向选择、“敲竹杠”等欺诈风险。因此，制定背叛惩罚措施、设立“中央权威机构”是保证合作战略顺利进行的必要举措。实施合作战略的企业是介于市场与企业的一种战略群体，在治理上既不能通过价格治理，也不能通过组织机构治理，而只能通过契约、股权、信任等关系治理，因此合作战略中的合作关系治理成为合作成败的关键。

合作战略是在企业股权结构不发生改变的背景下，企业间为实现某种商业目的展开合作。白酒企业间开展合作战略，最典型的是“中国白酒金三角”如泸州老窖、五粮液、贵州茅台、董酒等名优白酒企业抱团合作，为实现四川、贵州白酒区域协同发展提出路径，而这项合作战略已经上升为政府间的产业合作。除此之外，白酒企业还能与科研机构、政府机构、小微企业展开技术合作、产学研合作，建立创新共同体，使研发到生产更快捷，缩短中间环节的时间，降低中间环节的成本。

7.1.4　并购战略

并购战略是指企业用一定的资金、股权换取几家公司的控制权或所有权的战略。根据并购行业的关联性，将并购战略分为横向并购、纵向并购、混合并购；根据并购后企业存在的形式，将并购战略分为吸收合并、新设合并、控股；根据并购手段，将并购战略分为直接并购、间接并购、杠杆并购；根据并购的意图，将并购战略分为善意并购、恶意并购。企业实施并购战略的动因与价值在于并购战略能实现规模经济，产生管理、经营及财务协同效应，提升市场势力，减少进入壁垒，降低产品开发成本，保持企业持续竞争优势。但并购战略会产生巨额投入成本，降低企业灵活性，且过度的多元化并购阻碍企业创新。

白酒企业并购双方出于不同商业目的实施并购战略。从被并购方讲，被并购企业的闲置资源得到利用，且企业吸纳注入资金，并接受有效率的管理模式，可以使企业起死回生，还可以降低员工失业率，如酒鬼酒通过并购谋求企业新的发展契机。除消化闲置资源外，被并购方会面临新的发展前景，市场范围得到扩充，可利用的并购企业的共享资源也增多。从收购方讲，除提升企业市场势力外，被收购方原有的市场、技术、特色产品、特殊地理位置等一些异质性资源，能给收购企业带来新的经济增长点，而被收购方所处的市场，以及拥有的市场规模，给收购方进入市场减少了进入壁垒，如五粮液2014年收购河南五谷春酒业，并控股邯郸永不分梨酒业，在有效输出产能的同时，利用河北省交通枢纽、商业枢纽、白酒消费大省、周边名酒较少、劳动力充足等优势，开拓京津冀市场，降低物流成本。

7.1.5 国际化战略

国际化战略是企业将经营服务对象转向国际市场的战略，根据市场响应程度，分为多国战略、跨国战略、全球战略。跨国战略与全球战略中供应产品的类型相同，产品在很多国家受欢迎，但多国战略中提供产品时需根据所在国家的需求做适当调整，其在技术实施上比跨国战略与全球战略更难。企业实施国际化战略的动因与价值在于：扩张市场范围，挖掘新的消费群体，获得低成本生产要素，探索新的持续竞争力，经营产品多元化，降低风险。但是国际化战略也带来较多的政策风险、经济风险、汇率风险、管理风险、技术风险、消费价值观风险等，对于企业的经营管理是巨大的挑战。国际化战略组织结构受多国战略、跨国战略、全球战略的划分影响：实施多国战略的企业，需要调整多条适应当地需求的产品线，设立区域性部门，由总部控制协调内部关系；跨国战略与全球战略仅设立产品部，由总部控制与调配产品，实施整体管理战略。

白酒企业实施国际化战略，需要注重将白酒产品与中国文化传播相结合，既要注重白酒销售结果，还要注重产品消费过程。实施跨国战略、全球战略的白酒企业要注重选择对中国文化及产品熟悉的地区或国家，将重点放在市场推广方面；而对中国文化陌生的国家或地区，白酒企业重点选择多国战略，基于东道国的资源优势、消费习惯等对白酒产品做出调整。还可以将国际化战略与并购战略融合，借用并购手段，进入国际市场，降低市场进入壁垒，如帝亚吉欧并购水井坊。水井坊曾利用帝亚吉欧的国际渠道开拓国际市场，成为较早实施国际化战略的白酒企业。

上述五种公司战略的动因、类型、风险对比见表 7.1，白酒企业要根据企业的战略规划与目标及各自条件，采取恰当的公司战略。经营欠佳的企业可以通过一体化战略、多元化战略，缓解市场困境；经营较好的白酒企业可以通过一体化战略、多元化战略、并购战略，增强企业的市场势力；龙头企业可以开展合作战略、国际化战略，寻求更多元化的发展空间。白酒企业的战略转型，还需匹配相适应的业务战略、经营战略、战术与策略等。

表 7.1　公司战略对比

公司战略	概念	动因与价值	模式及类型	风险
多元化战略	企业从事两个及两个以上的行业经营，提供不同产品与服务的战略	市场实力理论、范围经济理论、交易成本理论、资源理论	根据业务间的联系程度依次分为单一业务型、主导业务型、相关约束型、相关联系型、非相关多元化；根据多元化程度分为低程度多元化、中等程度多元化、高程度多元化	增加管理成本、形成过度投资
一体化战略	通过充分利用企业的技术、产品、资源优势，纵向、横向整合产业链资源的战略	专用性资产、交易费用、制定行业壁垒、价格歧视	纵向一体化（前向一体化、后向一体化）、横向一体化	较高的成本壁垒、退出壁垒，灵活性降低，资本投入增加
合作战略	为避免与竞争者直接竞争，采取恰当合作战略获得高于正常利润和持续竞争优势的战略	交易成本、企业间资源互补、资源专用性、共担风险、低成本克服进入壁垒	根据合作后产出变动与否，分为合谋战略、战略联盟；根据合作内容，分为研发合作、技术合作、产品合作等；根据合作治理关系，分为股权合作、契约合作、合资企业等	道德风险、逆向选择、“敲竹杠”
并购战略	企业用一定的资金、股权代价换取几家公司的控制权或所有权的战略	规模经济，管理、经营及财务协同效应，低估的市值及代理问题，扩大市场势力，减少进入壁垒，降低产品开发成本	根据并购行业的关联性，分为横向并购、纵向并购、混合并购；根据并购后企业存在的形式，分为吸收合并、新设合并、控股；根据并购手段，分为直接并购、间接并购、杠杆并购；根据并购的意图，分为善意并购、恶意并购	巨额投入成本，降低企业灵活性，过度的多元化阻碍企业创新，忽视效率提升而盲目注重规模扩大
国际化战略	企业将经营服务对象转向国际市场的战略	扩张市场范围，挖掘新的消费群体，获得低成本生产要素，产品多元化，减少风险	根据市场响应程度，分为多国战略、跨国战略、全球战略	政策风险、经济风险、外汇风险、管理风险、技术风险、消费价值观风险等

7.2　白酒企业转型发展的业务战略

7.2.1　低成本战略

低成本战略是企业通过利用生产成本低于大多数竞争对手而获得竞争优势的竞争战略。企业降低成本主要具有三种优势：①由规模带来的优势，通过提升规模经济、提高产能利用率、积累经验等措施实现；②与规模无关的竞争优势，如获得低价格原材料、优越的地理环境、消费者集中、技术优势、政府倾向政策等；③与交易组织有关的优势，如实施纵向一体化、合作或提高组织效率等。

企业实施低成本战略适合以下情景：①当产品存在大量共性需求时，企业实施标准化生产获得规模经济，并采取低成本策略以满足需求；②当某一类消费者对价格敏感且这类消费者数量较多时，采取低成本策略有助于企业发展。但采用低成本战略往往会抹杀个性化产品需求，且需投入大量固定资产，竞争者可轻易模仿，降低了竞争优势的持续性。

2012 年之前的十年，白酒行业处于繁荣时期，量价齐升促使白酒企业不断提升白酒产品的价格，并加大营销力度，几乎没有白酒企业选用低成本战略与竞争者竞争。而其中采用低成本战略的老村长酒虽然占据不少北方市场，但却无法形成品牌优势。随着白酒行业“洗牌”持续，消费市场下移，以高端白酒为噱头的二、三线白酒企业，无法延续原有战略，被迫实施低成本战略，它们通过控制成本、规范定价，提供更多大众产品后才得以稳固白酒市场地位。其中，清香型白酒因生产周期短、出酒率高、成本低、口感轻等特点，具有较高的市场接纳度，最易实施低成本战略。

7.2.2 差异化战略

差异化战略是指企业创造出能使消费者产生差异认同感的产品或服务的竞争战略。差异化战略源于三个方面：①存在目标市场、目标消费群体，即存在个性化需求；②企业能满足顾客对产品设计、质量、价格、服务、速度、创新等方面的价值需求，即企业有创造差异的能力；③企业有实力将消费者与产品匹配。

差异化战略适用于以下情景：①市场存在大量对价格不敏感但对个性化产品存在刚性需求的消费者，且企业能提供相匹配的产品；②企业存在较多创造产品差异的机会，且消费者能识别产品差异；③企业竞争者均采用非差异化战略，且中小企业的成本优势不明显。但采用差异化战略也存在目标消费者不清晰、跌入小众市场陷阱、差异度易模仿等问题。因此，创造复制度低、创新力强、消费市场广阔的差异化产品是实施差异化战略的关键。

白酒企业差异化战略通常是一些一线品牌开辟蓝海市场以获得高于平均利润的战略。例如，2014 年，贵州茅台成立贵州茅台个性化定制营销有限公司，针对全球名人、企业、政府、个人及家庭、集团客户提供各种茅台系列定制酒产品，满足家庭聚会、企业商务宴请、纪念日定制、个性化定制等产品需求，取得良好的业绩。随后，泸州老窖、五粮液等名酒企业也开始探索差异化定制白酒。五粮液推出德古拉中式果汁预调酒，其定位为健康轻奢酒，满足精英白领等追求时尚、健康、品味等的需求；古井贡酒成立安徽百味露酒有限公司，满足年轻消费群体的消费需求。

7.2.3　聚焦战略

聚焦战略指专注服务于某一区域市场、某些目标消费者或提供某类产品的战略。按照聚焦对象的差异，分为产品聚焦战略、地区聚焦战略、顾客聚焦战略及利基战略。实施聚焦战略的关键在于：企业拥有受欢迎的特殊类产品；企业拥有专有技术；市场存在隔离结构；具有不易被模仿的产品线、技术及服务。聚焦战略适合以下情景：消费者群体划分明显，细分市场较多但竞争者能力有限，企业资源不能满足多个市场需求，细分市场成本较低，目标市场具有较好的发展潜力。采用聚焦战略有利于对抗竞争者且企业有能力提供细分产品与服务。但聚焦战略也会面临与整体市场竞争者竞争、被模仿者替代、被其他细分市场取代、消费者消费观念转型及高昂的退出成本威胁等风险。

实施聚焦战略的企业以中小企业为主。例如，趵突泉酒业借地域中的泉文化得到消费者的青睐；宁夏红枸杞酒以“红火”、健康等概念聚焦健康文化方向，形成地域品牌；今世缘酒业是综合实施聚焦战略与差异化战略的企业，主打省内白酒市场及婚庆市场，其产品以“喜结良缘”“龙凤吉祥”等文化载体切入喜酒市场，成为喜酒市场的主打产品；江西百年孤独借传统工艺及多年酿造积累，扩大产品文化内涵，形成聚焦战略；还有一些企业聚焦个性化文化，如酒鬼酒、小糊涂仙的一些产品系列迎合一些消费者的个性化需求。

7.2.4　动态竞争战略

动态竞争战略指在动态竞争环境中，通过进攻与反击竞争者获得短期竞争优势的战略。动态竞争战略是相对于静态竞争战略提出的，是通过分析与预测竞争者的价格、规模、绩效、反攻击者的手段与程度，攻击对手并与对手展开互动的竞争战略，其与其他业务战略的差异在于竞争双方处于博弈状态，战略的制定与实施处于动态变化中。实施动态竞争战略的关键在于：重视与竞争者的竞争互动；具有识别竞争对手、竞争者动力与能力的条件。当所处行业中企业是异质的且竞争者关系不对称时，适用动态竞争战略。但动态竞争战略会面临恶性竞争的威胁，可能招致报复等打击。

白酒企业实施动态竞争战略的能力更多反映在动态环境中，包括企业制定竞争策略的速度、实施程度、反击力度等。例如，当湖北稻花香酒业锁定河北市场并于 2012 年 12 月签订河北成安县白酒投资项目以借机打开华北、东北、西北三大市场时，越来越多的白酒企业开始对这一竞争行为进行“反击”；2013 年 8 月五粮液集团在邯郸建立白酒基地，并通过收购永不分梨酒业，实现河北就地勾兑灌装，其竞争对手泸州老窖也于同年 8 月与河北石家庄桥西糖烟酒食品股份有限公司合作投资，建设生产、仓储、物流等基地。白酒行业在河北省的一系列投资行为都是竞争攻击行为引起的反攻击行为。又如，白酒行业为反击预调酒竞争市场，2014年五粮液推出德古拉预调酒，古井贡酒推出BESE预调酒，但它们相比对手在营销力度及渠道开发上较落后，因此反击效果不明显。而要进一步攻击预调酒对手，白酒企业需要在销售渠道上从传统的餐饮消费转战KTV、酒吧、线上平台等，并在年轻消费者的电视剧、电影中加入营销手段。

上述四种业务战略的适用情景与风险见表7.2，白酒企业需要通过整合公司战略与业务战略，制定适合企业的转型战略。

表7.2 业务战略类型

业务战略	概念	原因	适用情景	风险
低成本战略	企业通过利用生产成本低于绝大多数竞争对手而获得竞争优势的竞争战略	规模带来的优势；与规模无关的竞争优势；与交易组织有关的优势	存在大量共性需求；消费者能识别产品差异；竞争者实施非差异化战略	抹杀个性化产品需求；投入大量固定资产；竞争者可轻易模仿
差异化战略	企业创造出能使消费者产生差异认同感的产品或服务的战略	存在个性化需求；企业有创造差异的能力；能实现销路	对价格不敏感，但对个性化产品存在刚性需求；较多创造产品差异的机会；竞争者均采用非差异化战略	目标消费者不清晰、跌入小众市场陷阱、差异度易模仿
聚焦战略	专注服务于某一地区市场、某些目标消费者或提供某类产品的战略	拥有专有技术；市场存在隔离结构；不易被模仿的产品线、技术及服务	消费者群体划分明显；细分市场较多，但竞争者能力有限；企业资源不能满足多个市场需求；细分市场成本较低；目标市场具有较好的发展潜力；采用聚焦战略有利于对抗竞争者	与整体市场竞争者竞争，被模仿者替代，被其他细分市场取代，消费者消费观念转型及高昂的退出成本
动态竞争战略	在动态竞争环境中，通过攻击与反击竞争者获得短期竞争优势的战略	重视与竞争者的竞争互动；了解竞争速率对竞争者的影响；具有识别竞争对手、竞争者动力与能力的条件	企业是异质的，且竞争者关系不对称	面临恶性竞争的威胁

7.3 白酒行业商业生态系统中各类企业的竞争战略

Iansiti 和 Levien（2004）在分析商业生态系统对企业战略、创新和可持续性的影响的基础上，将商业生态系统中所处地位与作用不同的企业划分为：网络核心型企业、支配主宰型企业、坐收其利型企业和缝隙型企业。参照此标准，本节将白酒企业分为网络核心型白酒企业、支配主宰型白酒企业、缝隙型白酒企业和坐收其利型白酒企业，其相应的战略分别为网络核心型白酒企业战略、支配主宰型白酒企业战略、缝隙型白酒企业战略、坐收其利型白酒企业战略。基于以上白酒企业的类型划分，各战略类型的白酒企业差别对比见表 7.3。四种类型的白酒企业从地位、作用和支配系统强度三个方面看，呈现出从强到弱的变化关系，从战略区域及产品线宽度看，呈现出从宽到窄的变化关系。在业务战略的基础上，对各种类型白酒企业未来的公司战略进行调整，使白酒企业符合各核心商业生态子系统的“生态位”要求，这再次表明战略调整对核心商业生态子系统的重要性。

表 7.3　网络核心型、支配主宰型、缝隙型和坐收其利型白酒企业比较

战略类型	网络核心型	支配主宰型	缝隙型	坐收其利型
地位	掌控系统命脉，是系统运行核心	占据系统重要地位	处于系统特殊位置	处于系统边缘地位
作用	搭建系统平台，维持系统的运行与稳定	侵占系统较多资源，对系统产生较大的侵蚀作用	开拓新兴市场，挖掘潜在消费者	对系统不产生较大的正、负面影响
战略区域	多个国家、全国	全国	某些地区	某些地区
业务战略	多元化战略、纵向一体化战略	横向一体化战略	聚焦战略	坐收其利战略
未来公司战略	多元化战略、国际化战略、并购战略	合作战略、动态竞争战略	顾客聚焦战略、利基战略	合作战略、聚焦战略
产品线	产品种类多	产品种类较多	集中单一产品或市场	产品种类单一
支配系统强度	强	较强	较弱	弱

7.3.1　网络核心型白酒企业及其战略

网络核心型白酒企业是商业生态系统的中枢，占据商业生态系统关键节点，利用较少节点就能掌握行业核心命脉，并向其他企业共享信息、技术，为其他企业提供网络节点、平台，以提高白酒行业的生产技术水平，将白酒行业商业生态系统化繁为简，为白酒行业商业生态系统的稳定承担更多责任。网络核心型白酒企业作为白酒企业的核心，发挥着引领性的指导作用。在白酒行业收缩的趋势下，网络核心型白酒企业致力于构筑系统平台，搭建白酒企业与顾客最紧密的联系平台，利用平台向每位系统成员提供所需信息；同时，中小企业与消费者也利用平台不断反馈信息，实现信息共享。其目的是做大白酒行业，使各白酒企业共享白酒行业发展红利，以共赢的战略方式取代零和博弈。网络核心型白酒企业专注于扩大市场势力，并采用多元化战略、国际化战略和并购战略，开拓蓝海市场，巩固核心地位，实现管理、经营、财务协同；在战略实施中，它能有效控制管理成本、减少过度投资、突出主营业务、实现信息对称。另外，网络核心型白酒企业一般拥有良好的社会责任形象，它们将培养社会责任的观念贯穿于采购、生产、

销售过程中，形成以社会责任为竞争优势的战略，为白酒企业树立了良好的社会形象，成为白酒行业的楷模，使白酒行业的社会责任深入人心。

7.3.2 支配主宰型白酒企业及其战略

支配主宰型白酒企业指实施横向或纵向一体化战略，盘踞与操控较多的系统节点，对其他白酒企业产生挤压作用的白酒企业。这类白酒企业通常占据较多市场资源，具有低成本优势，但获得的很多行业信息却不共享，它们从自身利益出发并利用信息不对称，做出损害商业生态系统的行为，导致白酒行业商业生态系统崩溃。此类企业需从行业发展的大局出发，维护白酒行业的持续健康发展，从恶性瓜分白酒市场转向积极拓宽白酒市场，采用合作战略、动态竞争战略，减少道德风险与逆向选择，建立风险共担、收益共享的战略联盟，有效增强审度环境变化与预测竞争对手反应的能力，建立一种合作、竞争相平衡的动态竞争关系；白酒行业规划需积极鼓励支配主宰型白酒企业共享信息，为其他白酒企业搭建基础平台，实现平台盈余共享，逐步发展成为网络核心型白酒企业。

7.3.3 缝隙型白酒企业及其战略

缝隙型白酒企业规模往往不大，较集中于某一专有市场或产品，能有效区别于其他白酒企业。这类企业专注顾客聚焦战略，明确战略目标，识别竞争优势，具体包括实施产品聚焦战略、地区聚焦战略、顾客聚焦战略及利基战略，减少与市场上竞争力强大的竞争对手正面竞争，留存实力，开辟大企业尚未发掘、尚未满足需求、实力单薄的小市场，满足目标市场的差异化需求。缝隙型白酒企业可以制定空缺市场战略，将白酒企业的精力集中至行业领导者忽略的市场、产品、顾客，通过开拓有增长潜力的领域，使白酒企业迅速发展，从而增加白酒行业商业生态系统的复杂性与稳定性；也可以实施专业化战略，将竞争行动集中在某一细分市场，通过向消费者供应特殊类产品、服务个性化需求，建立独特的竞争优势。而拥有优良产品质量的缝隙型白酒企业可以实行卓越产品战略，与对质量敏感的消费者签署长期合同，吸引消费者参与到产品开发中来。

7.3.4 坐收其利型白酒企业及其战略

坐收其利型白酒企业不属于有效的白酒企业，它们从系统网络中不断攫取价值与信息，但自身并不控制商业生态系统，也不为维护商业生态系统做贡献。这类白酒企业的存在及其战略的实施会严重损害商业生态系统的稳定。其生存空间较为狭小，也常受到业内其他企业挤压。因而，坐收其利型白酒企业应尽快调整战略，实施合作战略、聚焦战略，从细分市场出发，建立差异化目标战略，注重与其他白酒企业加强合作与交流，转向如缝隙型白酒企业发展，开拓细分市场或未被发觉的市场，完善白酒行业商业生态系统。

总之，网络核心型白酒企业、支配主宰型白酒企业占据了商业生态系统关键和较多的网络节点，构筑了核心生态系统的绝大部分网络结构，缝隙型白酒企业作为边缘节点补充白酒行业商业生态系统，从而形成超分工整合。各类型企业根据自身的特质与地位，实施不同倾向的战略，自发组合成有层次、有分工的系统结构，彼此不交叉但互补。

7.4　白酒产业链治理

前文关于白酒行业产业链的分析表明，白酒产业链属于市场主导型产业链，且缺乏治理的产业链易受到外部攻击。因此，白酒产业链亟须完善企业内部治理、集团治理及产业链治理。

7.4.1　公司治理

公司治理旨在解决从公司决策及高层管理行为中获利、所有权与控制权分离的潜在冲突及完善制度结构及市场结构的问题。为此，其重点研究三个方面：一是代理问题，这是公司治理存在并解决所有者与经营者制衡关系的关键；二是制度设计问题，这种制度受企业主观偏好与条件影响，具有内生路径依赖特质，能通过自我演进和内生博弈促使企业完善与发展；三是资源配置问题，即公司治理是企业的一种内部资源，这种资源能产生竞争力，实现资源优化配置、股东利益最大化，是从战略角度提出公司治理的存在价值。

白酒企业治理包括内部治理与外部治理，从白酒企业内、外部的影响因素出发，可以提出白酒企业治理的路径及优化措施。随着白酒企业经营困难加剧，外部资本注入的趋势明显增强；而伴随着企业股权结构改革，代理中的道德风险成为公司治理的突出问题。解决企业代理中的道德风险，需要引入比原有企业经营者更具有成熟经营理念、更熟悉行业发展状况、对于大多数白酒企业的经营发展发挥指导作用的职业经理人。但现有的白酒企业主要为中小企业，大多采用家族经营模式。同时白酒行业经理人市场发育不健全，关于职业经理人的信用评价、能力评价不足，若盲目选用职业经理人替代原有的家族经营模式，则可能会与预期的治理效果背道而驰。

外部资本注入企业后，可改变企业资本结构，进而决定企业治理结构。因此，融资渠道决定公司治理结构，成为影响白酒公司治理的一个因素。白酒行业中多数中小企业除了信用贷款外，还有以下融资方式。

(1) 原酒质押融资，指企业为实现快速融资、变现储存原酒，将库存原酒作为质押品融资的方式。这种方式解决合规抵押物融资不足问题，融资速度快，质押比率高且灵活，在贵州、四川白酒生产地运用广泛，工商银行、光大银行等开展了原酒质押融资业务。

(2)窖池抵押融资，指企业通过对窖池价值评估，向银行抵押融资，是企业合理运用无形资产进行有效融资的方式。例如，2012年四川宜宾高州原酒企业以酿酒窖池为抵押物，向工商银行宜宾分行作抵押贷款。

(3)股权融资。企业通过股交所挂牌可以实现股权、并购、债券等形式的融资，这种方式满足中小企业灵活的融资需求。例如，四川九里春酒业获得银行融资1000万元，直接融资3000余万元；四川东圣原酒企业、湖北武当酒业、河北三井酒业等均在股权交易所挂牌融资。

(4)酒交所融资。其具有融资与营销双优势，深得各类白酒企业的喜爱。酒交所提供原酒、成品酒、高端酒及酒类金融产品等多种交易产品。部分二线、三线品牌，如杜康、景芝、红楼梦等省内名牌均挂牌发行产品；一线品牌如泸州老窖、沱牌舍得、古井贡酒等也发行融资产品。

(5)信托融资。名优白酒生产企业可通过信托产品实现融资与销售。例如，2011年，沱牌舍得与工商银行四川分行推出“舍得30年年份酒”金融理财产品；四川信托推出《川信——国酒陈酿歌德茅台酒投资(一期)集合资金信托计划》信托产品。

(6)商标权质押融资，是名优白酒企业利用无形资产实现融资的新渠道。持中国驰名商标或省内知名商标且3年连续盈利的白酒企业，可以经评估机构评估后获得不超过商标专用权价值50%的短期1年贷款或不超过3年的中长期贷款。例如，2008年会稽山运用“会稽山”商标获得贷款，2012年宜宾红楼梦利用27件商标质押获得7000多万元贷款。

这些白酒行业特有的融资方式，拓宽了白酒企业融资渠道，培育了多层次的白酒金融市场，减少了金融环境对白酒企业的约束，使白酒企业从原有的周期长、利率高的间接贷款路径中解脱出来，摆脱了金融约束造成的股权结构及公司治理结构单一化的趋势。

近年来，白酒行业产业环境发生剧烈变化，从产业繁荣跌入产业低谷。当市场剧烈收缩时，白酒企业间争夺市场的力度加大。在供给侧结构性改革被提出之后，白酒企业基于公司治理角度进行了如下改革。

(1)白酒企业所有权改革。除了少数名优企业实现股权多样化，大多数白酒中小企业依旧是民营企业。已有研究表明，民营企业两权分离程度与产业竞争程度正相关，当白酒企业竞争程度激烈时，民营企业发展趋向所有权与经营权分离。在所有权改革过程中，遵循产权明晰、政企分开的原则，企业中市(区)、乡(镇)政府的管控逐步褪去，企业保持独立的经营地位；一些股份合作制企业通过管理层股权收购、职工持股、大众购买股票等方式，实现股权结构分散化；私营企业尤其是多数原酒企业，鉴于家族成员联系及规模限制，初期产权模糊，多数人拥有模糊的所有权与经营权，随着企业实力增强，产权界定更加明晰。部分企业通过引入战略投资者或外资并购企业股权的方式，实现所有权与经营权的分离。通过企业内生驱动，企业倾向部分经营权及所有权分离，企业股权结构进一步社会化、多样化，企业的所有权与经营权逐步分离。

(2) 白酒企业经营者激励。一旦企业的所有权与经营权分离，无论比例如何，在“理性人”假设背景下企业经理人都会追求自身利益最大化，会存在偏离所有者利益最大化的问题。因此，不同发展阶段的白酒企业需要设计合理的激励约束机制，制约与鼓励经理人。民营企业常通过亲缘关系、报酬、赋予控制权等激励措施保障经理人遵从所有者利益进行经营；股份企业还通过经理人持股来减少机会主义的产生。亲缘关系在民营企业、私营企业中发挥重要作用，通过树立实现家族企业荣耀及继承家族企业的使命与愿景，激励企业中的经理人以企业利益最大化作为经营第一准则。赋予控制权是民营企业或私人企业奖励经理人经营业绩及贡献能力的措施，但在具体实施方面赋予更多控制权会增加所有者的担心，因此实施效果较差。报酬是调节经理人贡献度的最好措施，一般将短期奖励与长期奖励、固定收入与浮动收入、现金收入与股票份额整合成一套激励报酬机制，以实现对经理人行为的约束与奖励。报酬机制会受经理人市场供求状况、经理人能力等客观因素影响，但是激励与保留经理人的最佳措施。

(3) 白酒企业组织结构转型。随着企业股权结构改变和企业战略调整，白酒企业组织结构也需转型。当企业实施多元化战略时，企业组织结构要转向事业部组织方式；当企业趋向一体化时，企业组织结构应转向职能型组织方式；当企业实施国际化战略时，国外的组织结构要实施多国或全球组织结构方式。除事业部、职能型、全球组织方式外，白酒企业要根据企业情况有效地结合各种组织形式，组建综合化、多元化的组织结构。白酒企业组织结构转型是一个复杂的过程，需要企业立足长远，制定企业整体发展策略与经营方针政策，明确经营单位管理目标与规划，沉淀企业文化，建立有序、有效的人事管理制度、现代企业制度，将职能化管理转向流程化管理，适量剪裁管理层级，建立扁平化组织结构，使企业组织灵活、富有弹性，以实现组织结构、人事管理、战略规划的组织流程再造。

7.4.2　集团治理

白酒行业中大型名优白酒企业占据绝对地位，而大型白酒企业常由白酒集团控制或组成。集团存在众多子公司，各子公司从事的业务各有不同，有些白酒集团成立的子公司是围绕白酒企业展开，各子公司处于相关联的平行关系；有些集团的白酒子公司仅开展其中一项业务，各子公司间没有实质的业务联系，各子公司处于无关联的平行关系，但职能型的子公司提供所有子公司的融资、物流等服务；还有一些白酒集团子公司又成立子公司，子公司间存在主从的隶属关系，集团通过交叉持股加强对子公司的控制。集团要实现资源优化配置，需要合理调配子公司，加强子公司间的合作，构建并完善集团治理机制。

集团治理是指集团上市公司通过层层把控、交叉持股等方式控制子公司及各种衍生企业的行为(武立东等，2007)。Stein(1997)提出集团公司存在的主要原因在于外部市场信息不对称且交易成本高，而集团内部具有信息对称的优势，集团内部交易成本低且具有相对控制权。Gopalan 和 Xie(2011)提出集团的存在可以释放子公司的融资约束，增强公司抗经济风险、行业风险、政策风险的能力。除此之外，集团还有减少代理中的道德风险、产生协同效应等优势，但同时也存在降低子公司灵活性、抑制效率的缺点，尤其易滋生“隧道行为”，损害股东权益及企业价值。

集团治理的方式主要有两种。第一，内部监控。尽管我国股票市场越发成熟，但发达程度远低于西方国家。白酒行业的发展更依赖于政府财政政策及货币政策的支持。白酒企业集团治理更趋向于交叉持股方式，即由白酒子公司、银行、投资公司、保险公司、物流公司等法人形成以产权为核心，相互监督、相互制衡的交叉持股模式。集团设有董事会，由集团内部人员担任各项职务，另设监事会，由监事会审核董事会提议。这种内部治理方式实现了子公司的竞争与合作，且结构稳固，有利于抵御外来企业的兼并。第二，外部监控。当资本市场成熟时，白酒企业集团可以采取外部监控方式，通过利用外部市场中的利益相关者监控集团。集团组织结构中，设立多层次的董事会，且董事会成员以外部兼任董事为主，但由于外部独立董事出席率低，董事会监事权会大大减弱。并且，集团股权结构中个人股占比较大，为有效防止一股独大的“隧道行为”，集团治理实现的主要方式是实施激励措施。

总之，集团治理是公司治理的复杂形势，白酒集团治理依赖于市场的成熟度。当市场发育度较低时，白酒集团倾向内部治理，主要采用交叉持股方式；当市场发育成熟时，白酒集团倾向更有效率的外部市场，并通过员工持股制度进行激励。并且，从集团的层次讲，多数集团的控制层级在 2～3 层，且隶属关系单一(武立东等，2007)。

7.4.3 产业链治理

公司治理与集团治理是企业内部治理的举措，当治理对象为多个白酒企业时，就涉及多家企业的合作与博弈及治理。相比公司治理与集团治理的单一动机，产业链治理的动机是多元的，它以各个战略主体目标为导向，对各主体间的关系及活动，用制度的手段进行动态调控。因此，产业链治理是产业层面最高形式的治理方式。从企业个体的公司治理到产业层面的产业链治理，还存在多个企业间形成的合作治理、网络治理、空间治理。合作治理是涉及企业间合作关系与合作活动的治理方式，从节约交易费用及资源专用型角度讲，合作的类型及内容就是治理的方式，合作中的契约、惩罚措施就是治理的手段。网络治理弥补了仅从企业间的关系及活动角度治理的缺陷，从企业间的网络结构角度治理。该理念从网络分析视角，将构成的经济网络作为治理对象，关注网络中节点、边界及网络整体的构造。网络治理是一种持续、开放、可自行选择的契约式经济活动协调方式。空间治理是将区域经济学中的空间聚集理念引入企业间关系中，将影响微观经济活动的技术、资金、组织形式、交易费用等因素融入空间结构演化过程中，以作为一种区域系统中的协调机制。

产业链治理作为管控产业链活动的形式之一，源于以下几种理论基础。第一，分工制度。产业中各组织间的分工与协作组成产业链形式，基于分工制度的安排与选择整合出最便捷的产品链条。产业链治理正是依照产业链分工的效率化、专业化，从治理角度形成最有效的产业链结构关系。第二，交易费用。产业链治理从交易费用和产权角度，以交易中实物流动过程中产生的产权与交易问题作为研究对象，这种治理方式往往是垂直一体化的。第三，非实物资源共享。非实物资源等具有模仿性差、专用性强等特点，处于相同产业链环节的企业可以实现资源共享，以较低费用替代自建。依据以上三种理论，杨锐(2012)指出产业链的三种基本治理模式为垂直网络组织模式、共享治理模式和行政治理模式。

本书将白酒产业链划分为生产、营销、终端三个环节，如图 7.1 所示。通过治理白酒产业链中各个环节的问题，发挥产业链的协同作用，实现白酒行业转型发展。

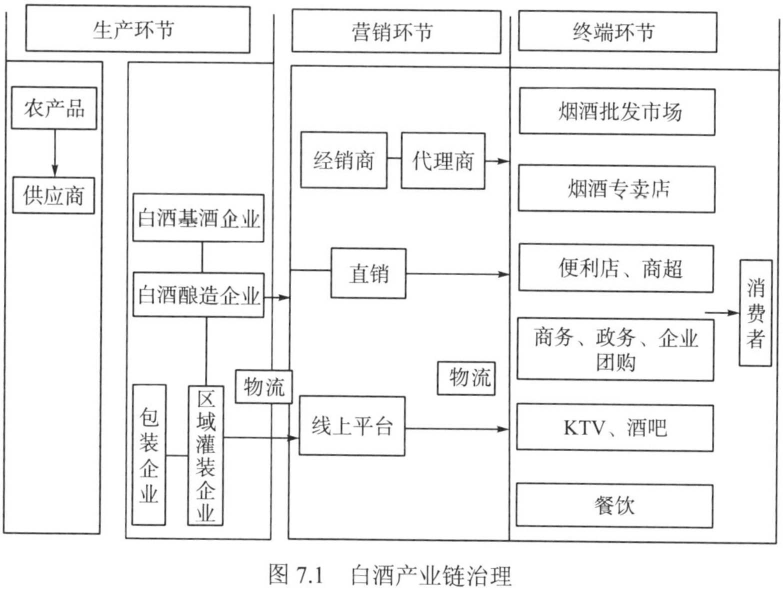

图 7.1　白酒产业链治理

1. 细化生产环节分工

原有白酒产业链中生产环节的分工需要更加明晰，由白酒酿造企业负责原材料采购、基酒酿造、勾兑灌装，直至运输至经销商手中，这种一体化不符合大多数白酒企业的需求。随着生产环节进一步分化，白酒企业已经有规模以上供应商，能更加专业化地满足基酒企业的个性化需求。在白酒行业转型中，白酒基酒企业通过兼并提高市场集中度，以低成本战略获得市场地位，削减小微规模基酒企业，减少质量隐患。白酒基酒企业向白酒酿造企业提供基酒，由白酒酿造企业产出成品。为减少酿造企业的库存、防止产能过剩，最终的灌装环节由区域灌装企业处理。这些灌装企业基本由酿造企业的子公司、区域事业部或合资公司组成，负责特定区域内的产品订单。这种区域灌装便于实现个性化定制的需求，其物流及仓储成本较低。

2. 营销环节精细化

营销精细化意味着产品多元化，形成不交叉的产品体系。各种产品依靠原有统一化销售渠道的方式将被淘汰，取而代之的是分渠道销售运作形式。

(1) 线上平台满足更多精细需求。线上平台规模占销售规模的比重显著增加，传统销售渠道收窄。线上平台通过终端设备收集白酒商品种类、外形包装、运输方式、到货时间等多方需求，线下实现白酒从灌装、包装、运输到消费的传递，这种线上、线下联合的发展模式省时、方便、快捷，如 O2O 模式、“互联网+”定制模式、B2B 模式、B2C 模式等。

(2) 传统渠道扁平化。传统渠道层次复杂，人力、资金成本较高，从产出到消费者中间程序多，时间成本也较高，削弱了企业终端市场竞争力。因此构建强有力的扁平化渠道，注重白酒体验式营销可成为企业转型升级的方向。

(3) 渠道分流，产品体系、价格体系的完善，趋向更精细的分销方式。从产品体系的角度，高档酒需要传统营销渠道。消费高端白酒的往往是商务、宴请等场合，这类消费人群首先会考虑白酒消费体验与白酒品质，更倾向去白酒专卖店精细挑选。定制酒营销需要线上平台渠道，定制酒消费者基于节日、宴请、企业商务等不同需求，需要批量定制个性化、标识化的白酒，在线上平台操作，可减少与企业沟通的成本，实现消费的快捷化。中档、低档白酒产品同时依靠线上平台与传统营销渠道，渠道的选取取决于消费者的个人偏好、消费场合及白酒购买成本。当从传统渠道获得白酒的成本更低、时间更快时，消费者偏向于选取传统渠道。消费者也可在线上平台对比周边同类白酒商品价格后，再进行选购。除传统渠道及线上平台外，常见的还有直销的销售模式，如超市和便利店销售模式，还有一些白酒企业针对政务消费、企业团购等也采用直销方式。

(4) 消费终端的结构性转变。根据消费终端不同，将消费渠道划分为政务终端渠道、饮用终端渠道、现代终端渠道、传统终端渠道四种，各种终端的形态、规模、定位、前景等见表 7.4。随着线上平台的广泛使用及反腐、限制“三公”消费政策的实施，传统终端渠道、政务终端渠道受到限制。现代终端渠道以体验式营销为主，销售为辅。

表 7.4　白酒产业链终端渠道分类

渠道类别	渠道模式	终端形态	渠道介绍	规模	产品定位	渠道前景
政务终端渠道	团购	政府、企事业单位	产品档次较高，对价格不敏感	—	商务宴请	差
饮用终端渠道	餐饮	酒店	档次品种齐全，价格高出正常价格	全国各种层次的餐馆	家庭宴请、商务宴请	一般
	夜场	酒吧	倾向高端白酒及中端可调制白酒，对价格不敏感	多分布在一线、二线城市	聚会、消遣	好
现代终端渠道	超市、商场	商场、超市	种类齐全，档次高的商超价格较高	多分布在一线、二线城市	个人消费、商务宴请、送礼	好
	品牌专卖店	各品牌专卖店	某一特类品牌，价格较低	数量较少	商务宴请、家庭宴请、送礼	好
传统终端渠道	便利店	社区小店	中低档次，价格较低，假货较多	分布在社区中，数量较多	个人消费	差
	烟酒专卖店	烟酒专卖店	各类档次，价格正常	分布在每个城市中，数量较多	家庭消费、个人消费、送礼	一般

3. 建立白酒电子溯源机制

原有白酒产品一旦出现质量问题，很难快速区分问题出现在生产过程还是流通过程，从而延缓解决问题的速度。建立白酒溯源机制，保证原材料采购、基酒酿造、勾兑、灌装、运输、库存等环节都进行档案记录。通过溯源技术，可在白酒商品的识别芯片上查找白酒的原材料、生产、储运等信息。通过这项机制可以有效核实白酒的身份信息，准确评估白酒价值，杜绝假酒、毒酒、年份虚假酒，有利于监管机构的审查与监督。

总之，以上三个方面的产业链治理，使产业链各个环节的分工精细化、专业化，压缩产业链环节，利用“互联网+”平台使产业链扁平化，减少交易成本、产权明晰，进而产生产业链发展协同效应。

第8章　白酒行业战略转型的风险及其防范对策

在白酒行业战略转型过程中，应该稳中求变，实施渐进式转型，建立长效的风险防范机制，做到事前分析与预防风险、事中降低风险发生概率、事后追踪溯源与减少次生风险发生，兼顾线上、线下双渠道混合监管，实现线上与线下监管融合，防止监管真空与缺失。本章从大数据、营销陷阱、国际化战略、政策调整、“价格倒挂”“腰部产品”等方面，探讨白酒行业战略转型的风险及其防范策略。在大数据风险方面，虽然大数据带来了新的机遇，但也存在较大隐患，要在技术、监管职能和法律法规方面做进一步完善；要防范白酒行业从“大众”市场转向“小众”市场的风险，把握白酒市场与产品的未来空间与价值；在白酒企业实施国际化战略转型中，要注重防范汇率风险、消费需求不匹配风险、标准不一致风险、关税壁垒风险和国际资本风险；要有效区分政策风险中的政策因素、经济因素、社会因素、技术因素、产业发展因素；特别要防范“价格倒挂”“腰部产品”等风险；制定系统的风险防范体系，行业和企业要做到转型前风险评估、过程中风险把控、风险发生后启动有效应对措施及应急标准，使风险得到有效削减。

8.1　大数据风险及其防范对策

大数据是一个整合不同数据来源，有混合结构、非结构化之分的数据库，具有数量大、产出快、类型多等特点，已经渗透各个行业，各类机构都在挖掘与应用大数据。白酒行业可以借助大数据技术，采集动态消费信息，如消费者收入信息、职业信息、酒龄信息、健康信息、饮酒消费信息等，通过动态追踪将信息汇报至数据工厂，利用数据挖掘技术、数据风险模型对数据展开解密和清洗，并将数据打包成数据产品服务于行业企业的发展。白酒行业大数据包括行业大数据、企业大数据及第三方大数据等类型，从而形成不同性能的相关大数据及各具特色的数据风险控制系统。行业大数据采集是对白酒行业的基本信息进行采集，是一种以服务行业发展为目的的信息征集。企业大数据采集分为两种形式：一是大型白酒企业通过数据挖掘，建立封闭式的数据模型；二是众多小型白酒企业通过共享数据，建立开放式的数据模型。第三方大数据采集则是专业大数据公司以销售专业数据产品为目的进行的数据搜集。白酒行业大数据系统如图8.1所示。

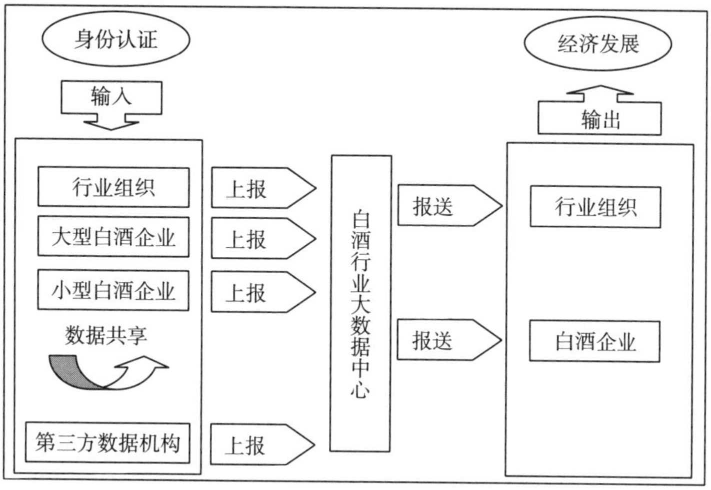

图 8.1　白酒行业大数据系统

大数据虽然带来新的机遇，但也存在较大隐患。一方面，数据的安全性存在隐患。大数据的海量信息通常包含较多私人敏感信息和商业信息，一旦有不法分子获取并加以利用，则将对行业造成严重影响(张茂月，2015)。特别是在数据管理法律法规和相关政策不够完善的情况下，大数据风险管理尚处于灰色地带。因此，进一步完善关于大数据管理与监管的法律法规是防范白酒行业战略转型风险的重要保障。另一方面，数据的可应用性存在隐患。在海量数据中，需要区分“信号”信息及阻碍、误导等“噪声”信息，只有有效区分这两种信息才能科学地进行预测；但用于区分“噪声”的数据清洗技术还不成熟，尤其针对白酒行业大数据的清洗有待进一步研究。因此，大数据的安全性与可应用性还需进一步完善。

关于大数据风险的防范包括技术性防范、监管类防范，以及法律层面的防范。技术方面，通过加密等措施杜绝商业间谍、黑客攻击、职员泄密等行为发生，减少经济损失。另外，可以向专业大数据技术安全保障机构申请技术支持，通过技术手段阻隔数据泄漏等事件发生。监管方面，设立相关监管机构或在相关机构中配置监管职能。政府部门或行业组织通过设立白酒行业大数据监管机构或职能，对数据的输入、处理、输出进行安全审查，剔除数据处理中的异常现象，保障行业数据的安全与可靠(黄国彬和郑琳，2015)。法律层面，通过颁布白酒行业大数据安全条例与法规，规范与制约大数据应用过程，禁止行业大数据违规使用，对违法者追究法律责任。

8.2 营销陷阱风险及其防范对策

在白酒行业战略转型中，“互联网+定制酒”商业模式转型、产品与市场结构化转型、营销创新驱动转型、消费驱动转型等路径都倾向白酒行业战略转型从“大众”市场转向“精众”“分众”市场，在白酒行业重构中走向微利。“精众”营销是指对目标群体进行划分，并依据目标群体的消费需求与习惯定制产品，最后以目标群体最易接受的方式进行营销，如聚焦“90后”“新生代”的营销战略。“分众”营销首先需要定义“分众”市场，用“分众”市场概念唤醒还未清晰的消费者需求，从而以新的思路划分“大众”市场，如彩色白酒市场。因此，“精众”营销是以目标消费者进行市场划分，而“分众”营销是从界定新市场进行市场划分，这两种方式都是细分市场。但在细分市场中，要警惕走向“大众”市场的另一个极端——“小众”市场陷阱。“小众”市场意味着产品的目标群体是特定而少量的，市场处于不稳定或收缩阶段，而消费者群体的培育较为艰难与缓慢。对于处于转型期的白酒企业，要规避专注于“小众”市场：一方面“小众”市场只能有限扩张，进入该市场会限制白酒企业的生产与经营发展前景；另一方面，过度细分的“小众”市场常处于或将消失的临界，往往会因某些技术的发展与某一消费群体的消失而消亡(杨永华和郭旭，2014)。

因此，白酒企业在选择营销转型路径时，除了要结合自身发展特点，还要侧重分析市场与产品的未来空间与价值，通常要选择发展空间较为广阔、发展潜力较大的市场与产品进行开拓，避开偏僻、没有发展空间的市场。对市场细分的过程要防止跌入“小众”市场陷阱。当白酒企业实施营销转型时，要对新产品的价值、价格、推广等各个环节进行考量，改变“区域专销”的传统营销模式，同时实施不同渠道产品差异化，选择最能发挥产品优势的渠道进行分渠道运作，减少不同渠道间的窜货行为并降低泛渠道运作成本。

8.3 国际化风险及其防范对策

自2012年以来，白酒行业在国内市场屡遭“碰壁”，行业发展前景较为暗淡。尽管行业销量有所增加，转型发展趋势较稳定，已呈现出弱复苏迹象，但消除产能过剩、改善消费环境、培育新型消费产品、实现行业快速增长还是一项艰巨任务。因此，各大白酒企业在满足国内市场的基础上，纷纷开拓国际市场，实施白酒企业国际化战略转型，已经呈现出一些不错的业绩。根据海关总署统计，2018年，我国白酒出口量为17210千升，同比增长3.86%，白酒出口额约为6.55亿美元，同比增长39.36%；白酒进口量为2970千升，同比增长22.73%，进口额为1.02

亿美元，同比增长 45.71%。以茅台为例，2018 年茅台集团出口茅台酒及系列酒 2177 千升，同比增长 20.00%，出口创汇 4.70 亿美元，同比增长 28.60%。其中“一带一路”沿线市场销量和销售额分别增长 36.40%和 13.70%，沿线市场总销量占海外市场总销量的 22.60%。目前，茅台海外市场分布于五大洲 67 个国家和地区，共有 115 家经销商。过去几年茅台产品在全球市场增长最为明显的是“一带一路”沿线国家。2018 年，茅台酒进入 38 个“一带一路”沿线国家。尽管成绩喜人，但相比于占世界烈酒产量的 1/3，却只占 8/1000 的国际市场份额，白酒国际化还需要很长时间。在白酒行业国际化战略转型过程中面临下述风险。

(1) 汇率风险。白酒企业在国际市场上进行进出口交易，会面临因无法预料汇率变动而引起的价值上涨与下降。过去，人民币处于单边升值，波动较小。白酒企业在国际市场较少使用外汇衍生工具进行套期保值，对于大多数进口型白酒企业来说，通常选择即期购汇或推迟购汇，利用美元贬值的现状选择更优的购汇机会。但随着人民币加入 SDR (special drawing right)，人民币会面临较大的贬值风险或波动性风险。因此，从事国际化经营的白酒企业需要利用金融衍生工具、提前或推延收付汇及套期保值等方式规避风险（谢非，2009）。

(2) 消费需求不匹配风险。白酒出口到国外面临较大的口感差异带来的障碍，国外市场缺乏白酒消费的环境与文化，消费群体集中在华裔群体，出口目的地也集中在有中国文化及华裔群体较多的国家和地区，如东南亚地区，以及韩国、日本等国家，对中国文化陌生的美洲、欧洲等出口数量较少。不仅如此，国外消费白酒的场所集中在酒吧等酒水场所，相比中国餐桌上的白酒消费，中国白酒企业还缺少对酒吧营销的经验。由此，白酒企业的国外市场在产品口感与消费环境等方面与消费需求存在错位，进一步阻碍了白酒企业的国际化进程。针对此种风险，可以采用文化渲染与产品改良双向并进的方法，拉近白酒与国外消费者的距离，使白酒被国际消费者接受。

(3) 标准不一致风险。正规白酒企业的白酒产品是符合国家生产标准的，但白酒中一些不危害人体健康的微量元素在出口时，可能并不符合一些欧美国家的食品法律法规。因此，生产标准不一致可能成为白酒国际化的又一阻碍。为防范标准不一致风险，白酒企业需要对出口白酒与内销白酒制定双重生产标准，力求以国际标准规范产品生产。

(4) 关税壁垒风险。一般来说，各国的酒类产业属于各国的本土产业，出于保护本土产业的需要，在进口酒类产品时，各国会设置较高的关税壁垒，以防止侵蚀本土产业。白酒产品在出口过程中可能因此而被压缩利润。针对关税壁垒风险问题，白酒企业可以先向与我国有较好贸易基础的国家出口，或选择有较多华裔居住的国家出口，以先易后难的原则，先积累出口经验再扩大出口市场。

(5) 国际资本风险。在今后较长时期内，白酒行业都会处于产业转型、企业转型阶段，为此，白酒行业需要制定更快速、更准确、更简洁的转型路径，防止落入“转型陷阱”。随着“一带一路”、自贸区及人民币加入SDR等的展开，白酒行业必然面临产业国际化问题。在吸纳国外优质资本时，应注意识别外资的恶意并购，防止外资以削弱中国品牌、抢滩中国市场为目的的注资行为；在白酒产品进入国际市场时，要克服文化依赖性强、区域性强、文化接受度较低的瓶颈，将白酒与国外消费习惯、口味相融合，突破文化差异，使白酒产品走向国际；在白酒行业融入现代酿造技术的过程中，要保留传统酿造工艺的核心价值，不可盲目追求生产效率与酿造精确，忽视白酒传统酿造的价值。在白酒行业国际化的同时，大量洋酒产品也进入中国市场，会对白酒等烈酒市场造成很大威胁。因此，白酒行业应注意国内、国外市场的双重挤压风险。相比洋酒，白酒的民族文化价值、工艺价值、酿造历史都有明显的文化优势，可通过挖掘白酒文化优势，实现其价值增值，带动行业转型升级。

8.4 政策风险及其防范对策

白酒行业政策包括产业政策、地区政策、企业政策。其中，政策风险体现在政策一致性、政策连续性与稳定性的转变。过度波动的白酒政策会破坏白酒行业的长期战略规划，对产业发展产生破坏性影响。当白酒政策的一致性发生改变而后期制定的白酒政策方向与前期不一致时，白酒行业与企业需要对环境与政策进行战略评估，并进行战略转型。当政策连续性被打乱、政策稳定性被破坏时，白酒行业与企业应审慎分析被打乱和被破坏的原因，有效区别影响因素，如政策因素、经济因素、社会因素、技术因素、产业发展因素等，通过分析政策转变原因，制定相应的战略转型路径。当阶段性政策转变时，白酒行业与企业应在短期内制定相应的对策，而从长期看应坚持原有战略，因为长期看白酒行业还会恢复原有状态。当经济因素、社会因素、技术因素、产业发展因素等导致政策变化时，白酒行业要进行系统、彻底地转型升级，对行业的经济、政治、技术、社会一般环境与行业竞争环境、产业链进行分析，评估行业的竞争能力，挖掘行业的核心竞争能力，并对转型中的机遇进行分析，对风险进行防范。

8.5 “价格倒挂”风险及其防范对策

高端白酒存在的“价格倒挂”现象，指高端白酒经销商为减少库存压力，采用低于上级经销商正常出库价格的销售价格卖出白酒的行为。本质上，这种行为并不是亏本低价销售，而是将上级经销商制定的销售政策中的利润部分用于补贴销售与出库的差额。产生“价格倒挂”现象的原因在于白酒销售方式的“终端制胜”法则将利润大幅下移，且销售任务等考核机制变相催生“价格倒挂”。这种现象最终会导致上级经销商逐渐丧失地位优势，以低价收回产品降低成本，滋生产品窜货、多次销售、利润降低、下级蚕食上级利益等，最后完全背离厂商意愿，导致产品退出市场。防止“价格倒挂”问题发生，需要规范产品出库价格，要求销售环节加价并保证正常利润；减少经销商层级，实现销售组织扁平化；保证产品区域间渠道不重叠，监控区域市场渠道；促销类产品要与正常销售类产品进行区分；改善经销商考核机制，以正常销售价格范围内的单品实际销售额为考核重点；在包装、规格、组合上根据市场差异有效区分。

8.6 “腰部产品”风险及其防范对策

“腰部产品”通常指品质较高但价格中端的白酒。受白酒消费结构影响，转型期间大众消费占行业消费的比例增加，许多企业实施“腰部产品”战略抢夺终端市场。中端消费市场在供给快速增加时，会使“腰部产品”成为继高端白酒后的第二类主要产能过剩产品，进而形成高端白酒与次高端、中端白酒共同挤压低端白酒的市场竞争格局，引发新一轮恶性竞争，不利于行业的稳定与转型发展。另外，高端白酒大规模涉足中端市场，会降低高端白酒形象，影响高端白酒在消费者心中的品牌认知度，不利于高端白酒的生产经营。高端白酒企业采取这种临时性战略行为时，其产品研发力度往往远远低于原有市场竞争者，常出现竞争力低下问题。因此，“腰部产品”战略并非适用于所有企业，白酒企业需要精准分析区域内中端白酒的竞争水平，制定精确的产品体系，减少盲目竞争行为。

参 考 文 献

白贵玉, 徐向艺, 徐鹏. 2015. 企业规模、动态竞争行为与企业绩效 —— 基于高科技民营上市公司面板数据. 经济管理, (7): 54-63.

白重恩, 路江涌, 陶志刚. 2006. 国有企业改制效果的实证研究. 经济研究(8): 4-13.

陈朝龙, 陈蛇. 2005. 家族企业复合型生命周期及转型的调查研究. 软科学, 19(5): 43-45.

陈传明. 2002. 企业战略调整的路径依赖特征及其超越. 管理世界(6): 94-101.

陈传明, 刘海建. 2006. 企业战略变革：内涵与测量方法论探析. 科研管理, 27(3): 67-74.

陈于后, 万东升. 2015. 基于信赖利益的行业核心价值体系构建 —— 以白酒行业为例. 湖南科技大学学报(社会科学版), 18(4): 59-62.

陈志, 董敏杰, 金碚. 2009. 产业竞争力研究进展评述. 经济管理, (9): 30-37.

迟国泰, 祝志川, 张玉玲. 2008. 基于熵权-G1 法的科技评价模型及实证研究. 科学学研究, 25(6): 1210-1220.

崔祯珍. 2009. 基于商业生态系统的企业生命力及其战略研究. 济南：山东大学出版社.

崔志, 王吉发, 冯晋. 2006. 基于生命周期理论的企业转型路径模型研究. 预测, 25(6): 22-27.

邓少军, 焦豪, 冯臻. 2011. 复杂动态环境下企业战略转型的过程机制研究. 科研管理, 32(1): 60-67.

董保宝, 葛宝山, 王侃. 2011. 资源整合过程、动态能力与竞争优势：机理与路径. 管理世界(3): 92-101.

杜国柱. 2008. 企业商业生态系统健壮性评估模型研究. 北京：北京邮电大学出版社.

杜龙政, 汪延明, 李石. 2010. 产业链治理架构及其基本模式研究. 中国工业经济(3): 108-117.

范保群, 王毅. 2006. 战略管理新趋势：基于商业生态系统的竞争战略. 商业经济与管理(3): 3-10.

方美燕. 2009. 四川省白酒产业区际竞争力研究. 成都：西南财经大学出版社.

傅翠晓, 黄丽华, 曾庆丰. 2010. 企业的 B2B 电子商务转型分析 —— 基于能力理论视角. 科学学与科学技术管理, 31(7): 123-129.

顾力刚, 谢莉. 2015. 商业生态系统中企业共生的实证研究. 中国科技论坛(2): 85-90.

郭喜明. 2003. 从生态学的隐喻出发 —— 商业生态系统研究. 广州：暨南大学出版社.

郭毅夫. 2002. 商业模式转型影响因素的实证研究. 中国管理科学(S2): 73-77.

韩珍堂. 2014. 中国钢铁工业竞争力提升战略研究. 北京：中国社会科学院研究生院.

郝栋. 2013. 中国创新模式的绿色化转型. 长白学刊(2): 24-26.

何婧, 徐龙炳. 2012. 产业资本向金融资本渗透的路径和影响 —— 基于资本市场“举牌”的研究. 财经研究, 38(2): 81-90.

黄国彬, 郑琳. 2015. 大数据信息安全风险框架及应对策略研究. 图书馆学研究(13): 24-29.

黄速建, 肖红军, 王欣. 2018. 论国有企业高质量发展. 中国工业经济(10): 19-41.

黄妍, 戴新民. 2013. 应用因子分析模型评价白酒行业上市公司财务竞争力. 酿酒科技(7): 117-120.

焦二满, 吴方星, 栾峰, 等. 2013. 传统白酒酿造企业全厂综合自动化发展的思考. 酿酒科技(5): 117-121.

金碚. 1997. 中国工业品国际竞争力 —— 理论、方法与实证. 北京：经济管理出版社.

赖登燡. 2017. 中国十二种香型白酒工艺特点及香味特征. http://www.sohu.com/a/162076770_661131.

李刚. 2010. 基于熵值修正 G1 组合赋权的科技评价模型及实证. 软科学, 24(5): 31-36.

李靖华, 郭耀煌. 2001. 国外产业生命周期理论的演变. 人文杂志(6): 62-65.

李梅英. 2006. 基于生物学的企业生态系统共生模式研究. 江海学刊(6): 90-95.

李明志, 柯旭清, 罗金峰. 2014. 产业组织理论. 第二版. 北京：清华大学出版社.

李善民, 王彩萍, 曾昭灶, 等. 2004. 中国上市公司资产重组长期绩效研究. 管理世界(9): 131-136.

李小玉, 薛有志, 牛建波. 2015. 企业战略转型研究述评与基本框架构建. 外国经济与管理, 37(12): 3-15.

李心丹, 肖斌卿, 王树华, 等. 2006. 中国上市公司投资者关系管理评价指标及其应用研究. 管理世界(9): 117-128.

李业, 朱七一, 梁经锐. 2001. 企业战略转移的理论探讨. 经济管理(6): 29-35.

梁运文, 谭力文. 2005. 商业生态系统价值结构、企业角色与战略选择. 南开管理评论, 8(1): 57-63.

林汉川, 管鸿禧. 2004. 我国东中西部中小企业竞争力实证比较研究. 经济研究(12): 45-54.

凌泽华. 2014. 基于 Malmquist 指数的上市公司生产效率动态变化分析 —— 以白酒产业为例. 财会通讯(14): 41-43.

刘炳胜, 王雪青, 李冰, 等. 2011. 基于主成分分析与 DEA-DA 组合的中国区域建筑产业竞争优势系统评价体系. 土木工程学报, 44(2): 143-150.

刘飞, 李谭君. 2011. 从生产驱动型现代化到消费驱动型现代化 —— 有关中国经济现代化动力机制的新命题. 经济问题探索(2): 59-64.

刘国亮, 薛欣欣. 2004. 比较优势、竞争优势与区域产业竞争力评价 —— 以山东省制造业为例. 产业经济研究(3): 35-41.

刘婷, 平瑛. 2009. 产业生命周期理论研究进展. 湖南农业科学(8): 93-96.

刘鑫, 薛有志. 2014. 新任 CEO 的企业战略转型动因理论模型研究. 经济管理, 36(10): 44-52.

卢益清, 李忱. 2013. O2O 商业模式及发展前景研究. 企业经济(11): 98-101.

迈克尔·波特. 2000. 群聚区和新竞争经济学, 未来的战略. 成都：四川人民出版社.

孟卫东, 张卫国, 龙勇. 2014. 战略管理 —— 创建持续竞争优势. 第二版. 北京：科学出版社.

潘剑英, 王重鸣. 2012. 商业生态系统理论模型回顾与研究展望. 外国经济与管理, 34(9): 51-57.

齐保垒, 田高良, 李留闯. 2010. 上市公司内部控制缺陷与财务报告信息质量. 管理科学, 23(4): 38-47.

钱冲, 廖永红, 张弦, 等. 2014. 白酒酿造新技术应用进展. 酿酒科技(7): 88-91.

任保平, 魏婕, 郭晗, 等. 2017. 超越数量：质量经济学的范式与标准研究. 北京：人民出版社.

芮明杰, 胡金星, 张良森. 2005. 企业战略转型中组织学习的效用分析. 研究与发展管理, 17(2): 99-104.

芮明杰. 2004. 再创业. 北京：经济管理出版社.

芮明杰. 2012. 产业经济学. 上海：上海财经大学出版社.

唐健雄, 李允尧, 黄健柏, 等. 2012. 组织学习对企业战略转型能力的影响研究. 管理世界(9): 182-183.

唐健雄, 王国顺, 周勇. 2008. 动态环境下的企业战略转型动因与阻力研究. 矿冶工程, 28(1): 100-104.

田世海, 韩琳. 2013. 基于生态位的物联网商业生态系统主体竞争合作演化模型研究. 科技与管理, 15(3) :54-58.

汪莹. 2008. 产业竞争力理论研究述评. 江淮论坛(2): 29-38.

王大为, 张舒乔. 2015. 基于熵值修正 G1 法综合评测我国的粮食安全水平. 中国物价(8): 59-61.

王德章, 赵大伟, 陈建梅. 2006. 产业竞争优势模型：基于黑龙江省绿色食品产业的实证研究. 中国工业经济(5): 32-39.

王恩旭. 2014. 基于 G1-熵值的智慧旅游城市建设水平评价模型及实证研究. 大连理工大学学报(社会科学版), 35(2): 72-77.

王国顺, 杨晨. 2013. 商业生态系统下缝隙型企业成长评价指标体系构建. 财务与金融(4): 46-49.

王化斌, 李明志. 2010. 对中国白酒标准化技术与发展的几点建议. 酿酒科技(1): 124-125.

王化成, 刘亭立, 卢闯. 2007. 公司治理与盈余质量：基于中国上市公司的实证研究. 中国软科学(11):122-128.

王秋丽, 陈瑾. 2014. 白酒行业上市公司综合效率分析. 中国管理科学(S1): 610-611.

王兴元. 2005. 商业生态系统理论及其研究意义. 科技进步与对策, 22(2): 175-177.

武立东, 张云, 何力武. 2007. 民营上市公司集团治理与终极控制人侵占效应分析. 南开管理评论(4): 58-66.

夏春玉. 2018. 中国高质量发展：基于新发展理念的指数评价与比较分析. 大连：东北财经大学出版社.

肖磊, 李仕明. 2009. 商业生态系统：内涵、结构及行为分析. 管理学家(1): 43-49.

谢德荪. 2012. 源创新：转型期的中国企业创新之道. 北京：五洲传播出版社.

谢非. 2009. 不确定条件下的企业国际贸易汇率风险度量与规避研究. 重庆：重庆大学出版社.

熊德平, 冉光和, 温涛. 2003. 论金融产业可持续发展的核心竞争力战略. 福建论坛(6): 21-25.

杨丽, 孙之淳. 2015. 基于熵值法的西部新型城镇化发展水平测评. 经济问题(3): 115-119.

杨柳. 2009. 产业空间集聚与区域经济发展 —— 基于白酒产业的分析. 成都：四川人民出版社.

杨嵘. 2004. 中国石油产业竞争力的国际比较. 经济评论, 17(1): 52-57.

杨锐. 2012. 产业链竞争力理论研究. 上海：复旦大学出版社.

杨永华, 郭旭. 2014. 变局下的白酒企业重构. 北京：中华工商联合出版社.

杨勇. 2014. 智能化综合评价理论与方法研究. 杭州：浙江工商大学出版社.

姚秋明. 2010. 企业战略调适理论研究评述与展望. 西南交通大学学报(社会科学版), 11(5): 75-81.

尹波, 赵军, 敖治平, 等. 2015. 商业生态系统构建、治理与创新研究 —— 以泸州老窖商业生态系统战略为例. 软科学, 29(6): 46-50.

张茂月. 2015. 大数据时代个人信息数据安全的新威胁及其保护. 中国科技论坛(7): 117-122.

张秀君. 2008. 后股权分置时代上市公司质量评价系统的基本架构. 企业经济(9): 166-168.

张跃文, 王力, 姚云, 等. 2018. 中国上市公司质量评价报告(2017—2018). 北京：社会科学文献出版社.

张宗新, 杨飞, 袁庆海. 2007. 上市公司信息披露质量提升能否改进公司绩效？—— 基于2002－2005年深市上市公司的经验证据. 会计研究(10): 16-23, 95.

赵喜仓, 邹威华, 曹明. 2014. 镇江市高新技术产业竞争力及产业结构研究 —— 基于动态偏离-份额空间模型的分析. 科技进步与对策, 31(3): 55-60.

郑亚莉, 宋慧. 2012. 中国知识产权保护对高技术产业竞争力影响的实证研究. 中国软科学(2): 147-155.

钟耕深, 陈衡, 刘丽英. 2011. 企业发展与商业生态系统演进 —— 基于奇虎 360 公司和腾讯公司纷争的案例分析. 东岳论丛, 32(10): 159-164.

钟耕深, 崔祯珍. 2009. 商业生态系统理论及其发展方向. 东岳论丛, 30(6) :27-33.

祝立群. 2007. 商业生态系统战略进化的作用机理. 求索(1): 40-42.

Adizes I. 1989. Corporate Life Cycles：How and Why Corporations Grow and Die and What to Do About It. Upper Saddle River：Prentice Hall.

Agarwal R, Gort M. 1996. The evolution of markets and entry, exit and survival of firms. The Review of Economics and Statistics, 78(3): 489-498.

Agarwal R, Helfat C E. 2009. Strategic renewal of organizations. Organization Science, 20(2): 281-293.

Amatucci F M, Grant J H. 1993. Eight strategic decisions that weakened gulf oil. Long Range Planning, 26: 98-110.

Coase R H. 1937. The Nature of the firm // Williamson O, Winter S. The Nature of the Firm：Origins, Evolution and Development. New York：Oxford University Press.

D' Aveni R A, Gunther R. 1994. Hypercompetition：Managing the Dynamics of Strategic Maneuvering. New York：Free Press.

Färe R, Grosskopf S, Norriss M, et al. 1994. Productivity growth, technical progress, and efficiency changes in the industrialized countries. American Economic Review, 84(1): 66-83.

Gopalan R, Xie K. 2011. Conglomerates and industry distress. Review of Financial Studies, 24: 3642-3687.

Gort M, Klepper S. 1982. Time paths in the diffusion of product innovations. The Economic Journal, 92(367): 630-653.

Hu G, Rong K, Shi Y, et al. 2014. Sustaining the emerging carbon trading industry development：A business ecosystem approach of carbon traders. Energy Policy, 73:587-597.

Iansiti M, Levien R. 2004. The Keystone Advantage：What the New Dynamics of Business Ecosystems Mean for Strategy, Innovation, and Sustainability. Massachusetts：Harvard Business School Press.

Klepper S, Graddy E. 1990. The evolution of new industries and the determinants of market structure. The RAND Journal of Economics, 21(1): 27-44.

Levy A, Merry U. 1986. Organizational Transformation：Approaches, Strategies, Theories. New York：Greenwood Publishing Group.

Li D, Liu J. 2014. Dynamic capabilities, environmental dynamism, and competitive advantage：Evidence from China. Journal of Business Research(1): 2793-2799.

Malmquist S. 1953. Index numbers and indifference curves. Trabajos de Estatistica, 4(1): 209-242.

Moore J. 1993. Predators and prey：A new ecology of competition. Harvard Business Review, (5/6): 75-86.

Moore J. 1996. The Death of Competition：Leadership and Strategy in the Age of Business Ecosystems. New York：Harper Business.

Porter M E. 1980. Competitive Strategy：Techniques for Analyzing Industries and Competitors. New York：The Free Press.

Porter M E. 1998. Clusters and the new economics of competition // Porter. Harvard Business Review, 76: 77-90.

Porter M, van der Linde C. 1995. Toward a new conception of the environment-competitiveness relationship. The Journal of Economic Perspectives, 9(4): 97-118.

Rong K, Hu G, Lin Y, et al. 2015. Understanding business ecosystem using a 6C framework in Internet-of-Things-based sectors. International Journal of Production Economics, 159: 41-55.

Schendel D. 1990. Introduction to the special issue on corporate entrepreneurship. Strategic Management Journal, 11: 1-3.

Stein J. 1997. Internal capital markets and the competition for corporate resources. Journal of Finance, 52: 111-133.

Utterback J M, Abernathy W J. 1975. A dynamic model of process and product innovation. Omega (3): 639-656.

Vernon R. 1966. International investment and international trade in the product cycle. Quarterly Journal of Economics (5): 197-207.